EL CAMINO DE LA
MASONERÍA

"Como un león adormecido, la masonería genera tanto curiosidad como desconfianza en quienes no estén afiliados a ella. Este libro de referencia expone a la criatura sin excusas ni misterios. Asimismo, convoca a sus miembros a revivir la moribunda Orden con la grandeza de su misión original para con la humanidad. Mark Stavish, cuyo trabajo se nutre de un profundo conocimiento de las tradiciones esotéricas, se ha ganado la gratitud de ambas partes".

JOSCELYN GODWIN, PROFESOR EMÉRITO DE MÚSICA DE LA
UNIVERSIDAD COLGATE Y COAUTOR DE
Symbols in the Wilderness y *Forbidden Fruits*

"*El camino de la masonería,* de Mark Stavish, ofrece una introducción muy completa a la Orden: su historia, estructura interna, creencias, objetivos, ritos e incluso su rico lenguaje simbólico. De manera excepcional, abarca las cuestiones sociales y culturales que rodean a la tradición, y en particular su relación y profundas conexiones con las sociedades ocultas y las corrientes esotéricas a las que algunos de sus más respetados miembros han aportado energía, conocimientos organizativos y rituales. De hecho, si no fuera por los cimientos disciplinarios proporcionados por la masonería, tal vez no existiría una tradición esotérica occidental de la que valiera la pena hablar. Esta encomiable obra ofrece al lector una visión general accesible y atractiva sobre este tema".

PETER MARK ADAMS, AUTOR DE *The Game of Saturn*, *Mystai*
y *The Power of the Healing Field*

"Mark Stavish ha escrito un libro de lectura obligada para todo aquel que esté interesado en la masonería y su camino esotérico... Este libro te hará viajar por su peculiar historia, abordando rituales y simbolismos, adentrándose en las filosofías de sus inexplorados inicios y en la era moderna. Prepárate para realizar un viaje a través de una apasionante lectura dentro de la fraternidad más venerable del mundo".

ERIK W. KROGSTAD 33°, MAESTRO MASÓNICO,
CONFERENCISTA Y BLOGUERO

EL CAMINO DE LA MASONERÍA

SUS SÍMBOLOS Y RITUALES
COMO PRÁCTICA ESPIRITUAL

Mark Stavish

Traducción por Carlos Iván Rojas

Inner Traditions en Español
Rochester, Vermont

Inner Traditions
One Park Street
Rochester, Vermont 05767
www.InnerTraditions.com

Copyright © 2007, 2021 de Mark Stavish
Traducción © 2025 de Inner Traditions International

Título original publicado en 2007 por Llewellyn:
   Freemasonry: Rituals, Symbols & History of the Secret Society.
Apéndice A "Sacred Geometry and the Masonic Tradition" © 2004, 2007, 2021
   por John Michael Greer. Se reservan todos los derechos.

Derechos reservados. Ninguna parte de este libro puede ser reproducida o utilizada de ninguna forma o por ningún medio, electrónico o mecánico, incluyendo fotocopia, grabación o por cualquier sistema de almacenamiento y recuperación de información, sin permiso por escrito del editor. Ninguna parte de este libro puede ser reproducida o utilizada para entrenar tecnologías o sistemas de inteligencia artificial.

ISBN 979-8-88850-295-2 (impreso)
ISBN 979-8-88850-296-9 (digital)

Impreso y encuadernado en China por Reliance Printing Co., Ltd.

10 9 8 7 6 5 4 3 2 1

Diseño por Virginia Scott Bowman. Maquetación por Alfonso Reyes Gómez. Este libro se ha maquetado en Garamond Premier Pro y se han utilizado Alchemist y Trenda como fuentes de visualización.
Ilustraciones en las páginas 24, 38, 57, 61, 62, 65, 68, 69, 71, 73 y 106 de Llewellyn.

Para hacerle llegar correspondencia al autor de este libro, envíe por correo una carta c/o Inner Traditions • Bear & Company, One Park Street, Rochester, VT 05767, y le reenviaremos la comunicación, o póngase en contacto directamente en **www.hermeticinstitute.org**.

Escanea el código QR y ahorra un 25 % en Inner Traditions.com
Explora más de 2.000 títulos en español e inglés sobre espiritualidad, ocultismo, misterios antiguos, nuevas ciencias, salud holística y medicina natural.

Este libro está dedicado a mi esposa, la doctora Andrea M. Nerozzi, y a nuestros dos hijos: Luke y Nathaniel. Ellos son la base y los pilares de mi vida, sobre los cuales se han construido todas mis buenas obras.

AGRADECIMIENTOS

Gracias a Jon Graham, Jeanie Levitan, Patricia Rydle, Albo Sudekum y a todo el personal de Inner Traditions por apoyar este proyecto. Forman un equipo de trabajo espectacular y han logrado que un "buen libro" sea mucho mejor.

Gracias a Carl Weschcke, de Llewellyn Worldwide, por publicar la primera edición de este libro bajo el título de *Freemasonry: Rituals, Symbols, and History of the Secret Society* en 2007. Que esta nueva y mejorada edición sirva de testimonio de la sabiduría de ambas editoriales y su personal.

Índice

Penetrar el maravilloso misterio
Prólogo a la edición del 2021 por Arturo de Hoyos, 33° ix

Prólogo a la primera edición por Lon Milo DuQuette, 32° xiii

Cómo usar este libro xviii

INTRODUCCIÓN

¿Cuál es el secreto de la masonería? 1

CAPÍTULO 1

¿Qué es la masonería? 12

CAPÍTULO 2

El Templo de Salomón y la leyenda de Hiram Abiff 31

CAPÍTULO 3

Iniciación masónica y la Logia Azul 51

CAPÍTULO 4

La visión del mundo en el Renacimiento
El mundo está vivo, y la magia está en marcha 77

CAPÍTULO 5

Geometría sagrada, catedrales góticas y artes
herméticas en piedra 90

CAPÍTULO 6

La Palabra Perdida y la búsqueda masónica   110

CAPÍTULO 7

El Rito Escocés y el surgimiento de la masonería esotérica 131

CAPÍTULO 8

La masonería oculta en el siglo XVIII   145

CAPÍTULO 9

El Rito de York y la supervivencia de los Caballeros Templarios 167

CAPÍTULO 10

La masonería y el resurgimiento del ocultismo europeo 182

CONCLUSIÓN

La masonería moderna
¿Mucho ruido y pocas nueces o el renacer de la Palabra Perdida? 199

Epílogo por Charles S. Canning, 33°   204

APÉNDICE A

La geometría sagrada en la tradición masónica
por John Michael Greer   207

APÉNDICE B

Simbología de los tableros de caballete y los grados   222

APÉNDICE C

Fragmentos de *Moral y dogma* sobre los tres grados de la
masonería   227

Notas   232
Bibliografía   237
Índice analítico   245

Penetrar el maravilloso misterio

Prólogo a la edición de 2021

Arturo de Hoyos, 33°

LA MAYOR Y MÁS ANTIGUA FRATERNIDAD del mundo, la masonería, ha sido calificada y definida de diversas maneras. La organización se autodefine como un sistema de moralidad envuelto en un velo de alegorías y símbolos. Entre sus principales objetivos está la búsqueda de la "luz", refiriéndose a la verdad o la realidad, o en palabras de John Locke: "el conocimiento de las cosas tal como son y no como aparecen en nuestra imaginación"[1]. De esta forma, fomenta la madurez en la responsabilidad individual y social a través de la comprensión del mundo y el lugar que ocupamos en él. Dentro de la logia, los masones evitan prudentemente aquellos temas que generen división, como la política y la religión. Mas bien, el "trabajo" masónico es una especie de culto a la elevación del ser humano mediante la superación personal (*laborare est orare*, "trabajar es orar"). Aunque la masonería reconoce la existencia de un ser supremo, deja al individuo las creencias religiosas sectarias y las preocupaciones, promoviendo únicamente la fraternidad. Así, trasciende de manera notable todas las fronteras, artificiales y naturales, y une a miembros que de lo contrario se habrían separado.

Sin embargo, la Orden es mucho más que eso. Albert Pike, famoso gran comandante del Rito Escocés de la Jurisdicción del Sur, declaró:

x ▮▮▮ Penetrar el maravilloso misterio

"La masonería es una marcha y una lucha hacia la luz. Tanto para el individuo como para la nación, la luz es virtud, hombría, inteligencia, libertad. La tiranía sobre el alma o el cuerpo, es oscuridad"[2]. Y en su más clara definición proclamó:

> La masonería es la sumisión de lo humano que hay en el hombre ante lo divino; la conquista de los deseos y las pasiones por el sentido de la moral y la razón; un esfuerzo, una lucha y una guerra continua de lo espiritual contra lo material y lo sensual. Esa victoria, cuando se logra y se asegura, y el conquistador puede descansar sobre su escudo y lucir los bien merecidos laureles, constituye el verdadero Sacro Imperio[3].

La masonería consigue esto a través del ritual y la instrucción simbólica. Esta práctica antigua y tradicional tiene la excepcional capacidad de llevar a sus iniciados a un ámbito mítico y simbólico donde, liberados de los pensamientos y preocupaciones del mundo moderno, logran una mayor comprensión y aprenden lecciones que les servirán de guía a lo largo de sus vidas.

La masonería es muy antigua y hoy sobreviven pocos documentos que nos permitan conocer más de su carácter original. El documento masónico más antiguo que se conoce, el *Manuscrito Regius* (circa 1410), incluye los Antiguos Deberes o Constituciones Góticas: leyes y código moral de conducta que observaban los albañiles medievales. Aún se conservan más de 120 documentos antiguos en los que se detallan estos principios. Lo que hoy llamamos "logia" no era más que la pequeña vivienda privada del maestro albañil, que poseía el contrato de construcción de alguna obra medieval. Se erigía cerca de la construcción,, y otros albañiles podían correr con la suerte de ser invitados a formar parte de esa fraternidad. Es probable que a estos primeros albañiles se les leyeran los Antiguos Deberes, se les contara la historia mítica de su oficio y se les dotara de formas secretas de reconocimiento, como apretones de manos y contraseñas especiales. Eran hombres religiosos y constructores de catedrales, cuyas historias estaban llenas de relatos sobre la construcción de la Torre de Babel, el Arca de Noé y, más tarde, el Templo del Rey Salomón. Los primeros albañiles o masones también contribuyeron en la reconstrucción de Londres tras el gran incendio de 1666. Y en la década de 1640 ya se admitía a personas que no formasen parte de las logias masónicas. Esto marcó un alejamiento de la masonería, como hermandad puramente operativa y comercial, hacia una masonería especulativa o filosófica. En 1717 se reunieron en Inglaterra varias logias con el fin de formar una gran logia, cuya acta de constitución es considerada por muchos como el inicio de la masonería como fraternidad. Los Antiguos Deberes fueron recopilados y publicados en lo que se conoció como *Las constituciones de los masones* (1723), donde leemos que Adán fue el primer masón y que el Jardín del Edén era su logia. Esta obra, el primer libro masónico oficial, sigue influyendo hoy en las leyes de todas las grandes logias del mundo.

Los primeros registros sobre rituales masónicos se encuentran en el *Manuscrito de la Casa de Registros de Edimburgo* (1696), aunque es poco lo que allí se expone. Las descripciones de los rituales son muy sucintas y con pocas explicaciones en cuanto al significado de cada acción. No obstante, sabemos que había secretos por descubrir en los rituales. El *Manuscrito Dumfries No. 4* (1710) declara que "ninguna logia o quórum de masones entregará el secreto real a alguien de manera arbitraria; sino que, después de una larga deliberación, dejadle aprender sus preguntas por el corazón, y luego sus símbolos, y que después haga como la logia piense que debe hacer". Hay mucho debate y especulación entre los estudiosos de la masonería moderna sobre el origen de algunas de estas prácticas y símbolos. La masonería siempre ha sido ecléctica, adoptando lo que fuese necesario para crear y mejorar sus ceremonias, rituales e instrucción. Dado que los miembros tenían prohibido transcribir los rituales y entregar sus secretos, disponemos de muy pocas descripciones, aparte de los primeros tratados antimasónicos y de publicaciones que revelaban los rituales masónicos. Estas incluían ciertas expresiones enigmáticas. Por ejemplo, *A Letter from the Grand Mistress of the Female Freemasons* (*Carta de la Gran Maestra de las Masonas,* una burla a la masonería que apareció en una publicación anónima de 1724, aunque generalmente se le atribuye a Jonathan Swift), hace referencia a la "filosofía cabalística" de la masonería, mientras que *The Grand Mystery Laid Open, or the Free Masons Signs and Words Discovered* (*El gran misterio desvelado, o los signos y palabras de los masones al descubierto,* una nota anónima publicada en 1726), dice que los secretos masónicos "no se comunican a ningún nuevo miembro que haya sido admitido, porque son cabalísticos".

¿A qué se refieren estas observaciones? No sabemos con certeza. En una carta dirigida a Robert F. Gould (principal historiador masónico de Inglaterra) en 1888, Pike destacó lo siguiente:

> No puedo entender qué pudo inducir a Ashmole, Mainwaring y a otros hombres de su clase a unirse a una logia de masones, salvo por lo siguiente: como los alquimistas, herméticos y rosacruces no tenían una asociación propia en Inglaterra o Escocia, se unieron a las logias masónicas para encontrarse unos con otros sin levantar sospechas, y estoy convencido de que fueron los hombres que heredaron sus doctrinas los que introdujeron sus símbolos en la masonería, guardando para sí mismos los significados herméticos[4].

Después de estudiar el texto y los argumentos de Pike, Gould confesó: "No hay nadie entre nuestros escritores masónicos británicos que pudiera haber escrito a su mismo nivel". También señaló: "Sus conferencias sobre simbolismos me impresionaron mucho, en especial, la manera efectiva en que demuestra cómo se ha perdido el significado de lo que ahora se hace en la logia"[5]. Así las cosas, la masonería tiene muchas cosas de origen desconocido, que a su vez son prácticas y simbólicas, o exotéricas y esotéricas.

En esta obra, audaz y esclarecedora, el hermano Mark Stavish explora la historia, los rituales y las filosofías de la masonería, así como sus posibles relaciones con otras tradiciones esotéricas, sociedades ancestrales e incluso con la física moderna. Explora una variedad de ritos y prácticas masónicas, e investiga cómo la Orden hace alusión o preserva corrientes y tradiciones ocultas, bajo la superficie de la vida mundana. Pero este libro es más que una lectura amena. Al final de cada capítulo, el hermano Stavish resume los puntos clave, proporciona tareas y sugiere material de lectura adicional. En otras palabras, se trata de un cuaderno de trabajo o de un curso práctico para animar a sus lectores a profundizar en el maravilloso misterio de la masonería.

ARTURO DE HOYOS, 33°, GRAN CRUZ, MAESTRO Y CABALLERO DE HONOR DE LA CRUZ DE YORK, LOGIA MCALLEN N° 1110, AF Y AM DE TEXAS, GRAN ARCHIVISTA Y GRAN HISTORIADOR DEL CONSEJO SUPREMO, 33° DE LA JURISDICCIÓN DEL SUR (CONSEJO SUPREMO MADRE DEL MUNDO), CASA DEL TEMPLO, WASHINGTON, D.C.

Prólogo a la primera edición

Lon Milo DuQuette, 32°

La masonería es una ciencia moral progresiva dividida en diferentes grados, y conforme sus principios y ceremonias místicas se desarrollen e ilustren de forma periódica, se pretende y se espera que causen una impresión profunda y duradera en su mente.

GRAN LOGIA DE CALIFORNIA, *CIFRADO DE CALIFORNIA: UNA VALIOSA AYUDA PARA LA MEMORIA (1990)*

SON LAS 4:00 A.M. Paso sin hacer ruido por delante de las habitaciones donde están durmiendo mis hermanos y salgo al oscuro pasillo que conduce a la escalera del atrio. El atrio es un espacio enorme, de casi setenta metros de largo y más de quince de ancho, construido al estilo del Imperio romano. El suelo de mármol está adornado con símbolos masónicos incrustados en bronce y piedras de colores contrastantes. Las columnas dóricas y jónicas, que flanquean el gran salón y sostienen los pasillos y las habitaciones del segundo piso, lucen insignificantes comparadas con las altísimas columnas corintias que sostienen el techo abovedado de tres pisos de altura, cuyo vitral central baña la sala con la suave luz brillante de la luna.

Hay cinco estatuas de bronce cuya presencia me complace honrar. Son las cuatro figuras de las diosas de las virtudes cardinales: Templanza, Prudencia, Fortaleza y Justicia. Están colocadas en las esquinas de la sala que recorro lentamente, pasando de un pedestal a otro. La quinta diosa está ubicada en el centro de la sala y no tiene inscripciones ni emblemas. Simplemente se lleva el dedo índice a los labios, como si quisiera acallar al universo. Es aquí, a los pies del silencio, donde me siento en el frío suelo y cierro los ojos. Pareciera haber transcurrido solo un momento antes de oír el cálido sonido de un cuenco en el templo. Los demás ya están despiertos y nos llaman a la meditación del amanecer. Me quito los zapatos delante de la puerta del salón de la logia y entro de puntillas a sentarme. La sala está a oscuras, salvo por una vela en el altar central. Tras unas breves palabras de introducción e instrucción, cerramos los ojos y entramos a nuestros templos interiores. Cuarenta minutos después ha salido el sol. Abrimos los ojos y vemos que la sala está iluminada por tres grandes vitrales italianos que forman toda la pared sur del salón de la logia. Cada vitral representa una de las tres edades del hombre: la juventud, la madurez y la vejez. Mis ojos se detienen en cada una de las escenas mientras analizo los episodios bien vividos de mi existencia, en contraste con el tiempo malgastado.

Después del desayuno nos reunimos bajo lámparas de araña de cristal checo en la espaciosa sala de recepción, y por primera vez vemos quiénes han venido este año. Reconozco inmediatamente a algunas de las estrellas más brillantes del firmamento de la masonería moderna. También veo a amigos y colegas de años pasados, escritores, eruditos, profesores y estudiantes. Como siempre, hay varios hermanos que han sido invitados por primera vez a presentar ponencias y dar conferencias.

Nos reuniremos por tres días, en los que tendremos presentaciones y discusiones sobre asuntos y temas relacionados con los aspectos esotéricos de la Orden Masónica. Nos hemos reunido en secreto y de manera informal, sin estatutos, a fin de explorar la masonería como arte y ciencia autotransformadora, para trabajar y elaborar estrategias sobre la mejor manera de proceder para proteger, preservar y hacer avanzar el alma esotérica de la Orden.

El lugar de esta reunión no podía ser otro. Se trata de uno de los edificios masónicos más grandes y arquitectónicamente más espectaculares del mundo, inexplicablemente abandonado por su equipo habitual de custodios y conserjes mientras duren nuestras reuniones. El edificio en sí es fascinante. Todos nos sentimos humildes ante su belleza y sus perfectas proporciones. Es casi imposible no sentirse elevado, mientras cada uno intenta intuitivamente ajustar sus imperfecciones internas para reflejar las perfecciones externas de la geometría sagrada que nos rodea. Mientras caminamos por el laberinto sagrado o nos sentamos a estudiar en silencio en la biblioteca gótica o reflexionamos sobre la alquimia a los pies de las esfinges asirias nos preguntamos unos a otros: "¿Está pasando esto de verdad?".

Sí. Realmente está pasando, y **así** es como siempre soñé que sería la masonería.

Sin embargo, **así** no es como todos los masones piensan que debería ser la Orden. De hecho, hay muchos que ahora sienten que las raíces esotéricas de nuestra antigua institución son una vergüenza: vínculos extraños y malsanos con el paganismo, el ocultismo y quizás incluso con el satanismo. Te sorprenderá saber que hay un esfuerzo concertado dentro de la masonería para divorciar de una vez por todas a la Orden de su herencia esotérica y convertirla en una organización abierta solo a hombres que profesen ciertas convicciones religiosas. Aunque la tradición masónica establece que un candidato solo tiene que profesar la creencia en un ser supremo y en una forma de vida después de la muerte, hoy en día hay jurisdicciones y logias en el mundo que no consideran la solicitud de un individuo si creen que su religión no es lo suficientemente convencional o si su interés por la naturaleza esotérica de la Orden es sospechosamente intenso.

Por eso, lamentablemente no puedo decir en qué país tiene lugar nuestro encuentro. Tampoco puedo revelar los nombres de los participantes ni las circunstancias que nos reúnen, y menos los detalles de nuestras actividades y objetivos. Por necesidad, la masonería ha vuelto a convertirse para nosotros en una sociedad secreta.

Lo que hace que este movimiento antiesotérico sea tan inoportuno y suicida, es el hecho de que el número de miembros de la masonería está cayendo en picada. Las logias están cerrando o fusionándose con otras por falta de miembros. La masonería, tal y como la hemos conocido durante los últimos trescientos años, estará muerta en poco tiempo si no se hace algo. Irónicamente (y para terror de los antiesotéricos), el único grupo demográfico que está solicitando membresía en números significativos es el de jóvenes interesados en los misterios esotéricos de la Orden.

Por fortuna, y al menos por ahora, la masonería exotérica sigue siendo, en su mayor parte, una institución muy inclusiva. Hasta en los sectores más conservadores, el liderazgo aún alaba el concepto de que la masonería abre sus puertas a hombres honorables de todas las razas, religiones, tendencias políticas y circunstancias socioeconómicas*. Aparte de los deberes obligatorios requeridos para avanzar de grado, el masón individual es libre de estar tan interesado o desinteresado como quiera en la historia, los rituales, las tradiciones y los misterios de la Orden. Actualmente, y para alivio de los antiesotéricos, la mayoría de los masones, una vez elevados al alto grado de Maestro Masón y, si lo desean, avanzan en la consecución de grados en concordancia con otros ritos, se alegran de dejar atrás las cosas pintorescas y curiosas, y simplemente disfrutan formar parte de una de las organizaciones de servicio más activas y generosas del mundo.

Así es como debe ser, así que por favor no piensen que estoy denigrando las contribuciones y esfuerzos de un hermano que desee participar a cualquier nivel. El mundo necesita una organización de servicio generosa que patrocine hospitales, clínicas y becas. Y algunos hombres necesitan de un lugar de bien donde reunirse socialmente, una o dos veces al mes, con otros hombres de bien. Añade a esto la posibilidad de que algunos hombres tengan la necesidad psicológica de maquillarse como payasos y conducir diminutos coches en desfiles.

Sin hombres como estos, la masonería no sería (al menos de momento) la organización fraternal más grande y rica del mundo. Son hombres buenos que **mejoran** gracias a su participación en la Orden. Pero también hay entre ellos quienes desean transformarse espiritualmente mediante los secretos más profundos de la masonería, y en la actualidad estos son los únicos hombres que presentan solicitudes en números significativos. (Aun así, apostaría a que incluso algunos de los payasos que conducen coches diminutos, si reciben la educación adecuada, podrían sentirse atraídos por el lado esotérico de las cosas).

La triste realidad es que la mayoría de los masones no se topa con hermanos bien informados o material que pueda despertar su curiosidad más allá de preguntarse: "¿Qué hay de cena en la reunión?". Y conste que no es porque no haya información disponible. A lo largo de los siglos se

---

*Aunque existen varias organizaciones masónicas, como la masonería mixta o co-masonería, que acepta a hombres y mujeres, y otras que adoptan ritos exclusivos para mujeres, la masonería "habitual" sigue siendo, de momento, una fraternidad masculina.

han escrito libros muy buenos, algunos de los cuales se pueden encontrar en las bibliotecas de las logias locales de todo el mundo, pero muchos de estos libros se escribieron en el siglo XIX, en una época en la que el interés por la masonería esotérica alcanzó su apogeo y en la que incluso un título de bachiller significaba estar familiarizado con el griego y el latín, además de filosofía, religiones e historia. Cualquiera que haya empezado a leer *Moral y Dogma*, de Albert Pike, sabrá exactamente a qué me refiero.

Lo que le ha faltado al masón moderno, y lo que el hermano Stavish afortunadamente nos presenta ahora, es un estudio directo y detallado de la masonería y los innumerables movimientos e ideas que dieron origen a la Orden en todas sus manifestaciones. Es más, él pone todo esto en relación con la ciencia, la filosofía y el misticismo del siglo XXI y desafía al lector a hacer lo mismo. *El camino de la masonería* es una formación de artes liberales en masonería en un solo volumen, y nunca antes en la historia de la Orden ha sido más importante para los masones ser educados de esta manera. Quisiera tener la posibilidad de hacer llegar el libro del hermano Stavish a cada hermano recién formado, no solo para su propio beneficio, sino para beneficio de individuos que a lo largo de sus vidas lo valorarán como un digno ejemplo de un miembro bien informado e ilustrado de la fraternidad.

> *¡Que la bendición del Cielo caiga sobre nosotros y sobre todos los masones comunes! ¡Que prevalezca el amor fraternal y que toda virtud moral y social nos consolide! Amén.*
>
> ORACIÓN DE CLAUSURA DEL MAESTRO MASÓN

LON MILO DUQUETTE, 32°
AUTOR DE *THE KEY TO SOLOMON'S KEY:*
SECRETS OF MAGIC AND MASONRY

Cómo usar este libro

Si bien numerosos libros explican los rituales y símbolos de la masonería, ninguno los ha situado realmente en el contexto adecuado para que comprendamos por qué son tan importantes para nosotros hoy día, tal como lo fueron hace trescientos años. *El camino de la masonería* guía al lector para entender los acontecimientos que dieron origen a la masonería, su relevancia actual y cómo vivir una vida "masónica" como creador, constructor y amigo de la divinidad y la humanidad, aunque nunca te pongas un mandil masónico.

A pesar de que este libro se puede leer como un resumen de los simbolismos y las ideas masónicas, así como de su relación con el Renacimiento y el pensamiento clásico, su principal función debe ser la de un manual de autosuperación, ya que ese es el objetivo final de la masonería, el esoterismo y las diversas terapias modernas que seguramente la mayoría de los lectores ya conoce.

Comienza cada sesión de lectura con una oración al Gran Arquitecto del Universo, el dios de tu entendimiento, para que te ilumine en este viaje tan especial y único. Ten a la mano un cuaderno y lápices, o bolígrafos de colores, y lee al menos uno de los libros de la lista de lecturas sugeridas en cada capítulo. Presta atención a tus sueños a medida que avanzas en este libro. Deja que las ideas estimulen tu energía creativa. Practica al menos una de las tareas que aparecen al final de cada capítulo. Anota ideas, inspiraciones y otras cosas que te surjan "de la nada" conforme vayas avanzando. Con el tiempo podrás poner en práctica, en el mundo de acción, lo que has aprendido. Únete a un grupo cívico o hazte voluntario de una causa que no sea política ni religiosa. Te sorprenderá ver lo mucho que te bendice ayudar a los demás y lo mucho que tienes para dar. Agradece a diario las bendiciones que recibes y dedica tiempo, tan a menudo como puedas, a la meditación y la oración.

INTRODUCCIÓN

¿Cuál es el secreto de la masonería?

CUANDO SE LE PREGUNTA a los masones si la masonería es una sociedad secreta, muchos responden simplemente que es una "sociedad con secretos". Es decir, hay cosas dentro de la masonería que son, o debieran ser, conocidas solo por sus miembros. Una verdadera sociedad secreta es eso, secreta, y oculta su existencia y esconde sus motivos al público en general, y a veces hasta a sus propios miembros. Si la masonería fuese una sociedad secreta, entonces sería una sociedad muy incompetente. Los salones masónicos, con sus salas de logias y de banquetes, salpican la mayoría de los paisajes urbanos. Existen versiones enormes y ornamentadas —a menudo denominadas "templos", pues son templos de aprendizaje— que pueden verse en casi todas las grandes urbes, en las zonas más antiguas y arraigadas de la ciudad. Se han escrito miles de libros sobre la masonería, muchos de ellos autoría de masones, (como este), y hay cientos de sitios web dedicados a la masonería en todas sus formas y variedades. Los masones realizan desfiles, apoyan obras benéficas, llevan joyas y corbatas distintivas y hasta pegan calcomanías en sus vehículos para reconocerse cuando viajan. A pesar de ello, mucha gente suele pensar que la masonería es secreta y algo a lo que hay que temer.

Siempre se ha dicho que la masonería oculta sus secretos a los profanos e impone juramentos para mantener tal secretismo, so pena de los castigos más horribles para quienes violen los juramentos[*]. Si bien esto

---

[*]Vale la pena observar que la palabra del inglés antiguo para designar al que rompe un juramento es *wærloga*, o hechicero, término que durante el siglo XVIII se asoció a practicantes masculinos de la magia. Fue un periodo en el que la magia y el esoterismo estaban profundamente arraigados en la proliferación de ritos masónicos.

es cierto, sigue planteando la interrogante de **cuál** es exactamente el secreto de la masonería, o al menos de qué se trata. Muchos autores han convertido a la masonería en su industria editorial personal, escribiendo un sinfín de especulaciones sobre "el secreto". Para algunos, el secreto es literalmente un tesoro enterrado en algún lugar bajo el Monte del Templo en Jerusalén, la Capilla Rosslyn en Escocia o el famoso Poso del Dinero de Oak Island en Nueva Escocia. Para otros, es un secreto esotérico, una forma o estilo de iniciación, posiblemente obtenido por los caballeros templarios durante su paso por el Medio Oriente y, simbolizado por la misteriosa cabeza de Baphomet. Otros dirán que no existen secretos, excepto en la medida en que uno sea capaz de encontrarlos, convirtiéndolo así en una decisión personal de cada masón. Últimamente, muchos grandes maestros de diversas jurisdicciones han señalado que la mayoría de los rituales masónicos se publican de alguna manera más o menos exacta y, por lo tanto, los únicos secretos reales que tiene la masonería moderna son los signos de reconocimiento entre sus miembros: divertidos apretones de manos, contraseñas y otras antiguallas de tiempos idos, cuando no se emitían tarjetas de cuotas, cuando la membresía estaba prohibida (por príncipes que temían posibles desafíos democráticos a su poder) y cuando la masonería era considerada como herejía por la Iglesia católica romana.

Cuando el propietario de Llewellyn Publications, Carl Weschke, me propuso en 2006 que escribiera un libro sobre la masonería, me alegré y al mismo tiempo me sorprendí. No era ningún secreto que, en cuestión de meses, el éxito de ventas de Dan Brown, *El código Da Vinci*, se estrenaría como película con un reparto de lujo, y que todo el mundo querría hacerse con una parte del pastel, una vez que la masonería se convirtiera en el tema candente de la temporada. La verdadera pregunta que me planteaba era cómo escribir un libro sobre la masonería que respondiera a las necesidades de los distintos lectores, algunos de los cuales serían masones, otros masones potenciales y otros más meros interesados en el tema. Cuanto más pensaba en ello, reflexionaba sobre mis propias experiencias masónicas y hablaba con otros miembros de la Orden sobre sus expectativas de la masonería, sus experiencias y lo que más les gustaría ver, más claro me quedaba que el mensaje de este libro se extendería mucho más allá de los límites de un único movimiento, por más grande o importante que pudiese ser.

Ante todo, es fundamental que cada lector tenga claro que no existe tal cosa como "el libro" sobre la masonería. La masonería se define como un sistema de enseñanzas morales envueltas en un velo de simbolismos. Significa que cada masón es libre de interpretar su experiencia ritualista del modo que considere apropiado, y nadie puede decirle que está equivocado. Esto coloca a la masonería en una situación particular que refleja claramente la actitud reinante en la época en que surgió. Ofrece un marco intelectualmente liberal en el que uno puede reunirse con otros, en tanto el secretismo protege, hasta cierto punto, a la organización y sus miembros de ser señalados como una amenaza a los poderes externos establecidos. Si no existe un sistema de creencias, aparte de la creencia en un ser supremo, no puede tratarse de una religión y, por lo tanto, no compite con el sistema religioso del momento.

Aun así, los símbolos utilizados por la masonería que tienen sus raíces en prácticas religiosas y místicas —principalmente de la tradición judeocristiana— también incluyen elementos que, aunque no se identifican claramente, no son bíblicos. Construir o crear es la base de la masonería, y durante generaciones se dijo que el origen de la fraternidad había que buscarlo en los gremios medievales de la construcción. Las tradiciones orales aseguran que los masones, o sus predecesores, poseían algún secreto oculto que habían traído de Jerusalén o de otros lugares, y que lo habían plasmado en la iconografía de las grandes catedrales góticas. Fulcanelli, el misterioso alquimista francés del siglo XX, expuso este tema en *El misterio de las catedrales*, donde afirma que la totalidad del corpus alquímico se encuentra en las construcciones en piedra de catedrales como Notre Dame y Chartres.

Es fácil imaginar por qué las mentes modernas pueden afirmar y creer semejante idea. Mientras escribo esto, escucho un disco con una composición del siglo XII, que pese a su edad resulta fascinantemente eterna: *Vision: The Music of Hildegard Von Bingen*, interpretada por Richard Souther, con Emily Van Evera y la hermana Germaine Fritz como vocalistas. Cuando escuché por primera vez la música de Hildegard, hace ya muchos años, me quedó claro cuál era la diferencia entre el culto en la Alta Edad Media y el culto hoy, y por qué tantos hombres y mujeres añoran una especie de Alta Edad Media que nunca tuvo lugar, entre ellos el erudito masónico y rosacruz A. E. Waite. En las imágenes de la baraja del tarot creadas bajo su dirección, vemos representaciones idílicas de un mundo rural gótico en el que la búsqueda del santo grial lo abarca todo, así como una conexión perfecta que une las creencias cotidianas, casi paganas o chamánicas del mundo campesino, con el culto comunitario de la Iglesia y el misticismo iniciático.

La belleza, el encanto y la inspiración de lo que nuestros antepasados construyeron en nombre de Nuestra Señora, pueden verse en todas las ciudades y pueblos europeos. Los últimos vestigios del paganismo celta, romano, egipcio y germánico quedaron consagrados en las catedrales católicas, en las estatuas de mármol y madera de María, la Madre de Cristo, el Hijo del Sol, enviando su silencioso mensaje a las generaciones futuras. Al escribir sobre estas fabulosas estructuras y los hombres que las construyeron, Joseph Fort Newton afirma en *The Builders: A Story and Study of Freemasonry*, lo siguiente:

El hombre no fue creado para ser pusilánime, ni para ser carcomido por la ansiedad o ser prisionero de una soledad silenciosa, ni para vivir en una crueldad ciega. Fue creado para grandes aventuras si comprende las leyes de la vida y tiene la llave de la bondad para abrir puertas. Y en su búsqueda por encontrar lo mejor en los demás descubrirá algo en sí mismo que no había advertido antes. Para cada uno de nosotros, aunque no seamos inteligentes o tengamos posiciones de mando, sino seres comunes y desconocidos, la vida puede ser apasionante y maravillosa, llena de significado y de música, si tenemos la fe para confiar en el Dios que nos creó y la sabiduría para vivir, amar y aprender.

La masonería consiste en construir: construir una persona mejor, una comunidad mejor, una sociedad mejor y un mundo mejor, en ese orden.

Conocemos lo que valora una comunidad en función de lo que construye y lo que permite que languidezca o se deteriore. En la Alta Edad Media, durante el periodo gótico, se crearon templos de piedra y luz para alabar a la Madre de Dios. En su momento fueron las estructuras principales de un pueblo o ciudad y dominaban el paisaje, y por lo general eran los edificios más altos de la zona, visibles a kilómetros de distancia. Ahora construimos rascacielos de hormigón para almacenar a los seres humanos, mientras transfieren dinero invisible e información de una fortaleza digital a otra. Estos edificios pertenecen tanto a propietarios privados como al masivo sistema de servicios sociales que lleva más de tres generaciones mermando la creatividad y la responsabilidad de las personas. Basta con observar el tamaño del edificio del Departamento de Servicios Sociales y Humanos, en el centro de Filadelfia, y compararlo con la Gran Logia de Pensilvania (justo enfrente), la vecina iglesia de la Trinidad, el Ayuntamiento de Filadelfia o cualquiera de los muchos edificios de oficinas, para comprender el mensaje que se envía sobre qué se considera valioso. Tal vez el ejemplo más famoso y menos reconocido de arquitectura, que actúa como expresión de un simbolismo oculto, sea el Pentágono, en Washington D.C. Aunque el edificio debe su nombre a que tiene cinco lados, pocos reconocen que tanto el pentagrama como el pentágono están vinculados simbólicamente a Marte, el antiguo dios romano de la guerra. Una vez más, conocemos los valores de una cultura por lo que construye.

John Anthony West escribe en el prólogo de *The Return of Sacred Architecture: The Golden Ratio and the End of Modernism*, de Herbert Bangs, maestro en arquitectura:

> Hasta hace poco, la arquitectura constituía la expresión artística más elevada y completa de una civilización sofisticada. Era el marco en el que se manifestaban las demás artes. A ella se dirigía la mayor parte de la creatividad de cualquier sociedad; la arquitectura expresaba y consagraba el alma. De hecho, si no tuviéramos historia escrita, podríamos hacernos una muy buena idea de la esencia viva de cualquier civilización solo con observar atentamente en qué empleaba su energía creativa. La energía creativa del antiguo Egipto se dedicó a sus templos, pirámides y tumbas; la de Roma, a sus vías, enormes proyectos cívicos y coliseos; hoy, nuestra energía la dedicamos a elaborar complejos sistemas de defensa antimisiles y productos desechables diseñados para alimentar nuestra cultura materialista y consumista[1].

Por lo tanto, cualquier edificio representa los ideales de la época en la que se construyó. El crudo funcionalismo de la arquitectura moderna es suficiente para destruir cualquier sentido de lo divino, así como del individuo, para denigrarlo a nada más que un saco de huesos ambulante. Lo que nos hace sentir inspirados en Estados Unidos son las iglesias, las catedrales, incluso las instalaciones cívicas como museos y, por supuesto, los templos masónicos, todos ellos construidos antes de la Segunda Guerra Mundial y muchos incluso en el siglo XIX. Y aunque aún seamos jóvenes, según estándares europeos, el esnobismo continental no debería enorgullecerse demasiado, pues dos guerras mundiales y un colapsado sentido de identidad nacional, junto con los valores morales y éticos de un materialismo social desatado, han causado daños importantes.

A lo largo de todo esto, la masonería ha permanecido como una constante.

A riesgo de ser redundante más adelante en el libro, es importante tener en cuenta que las lecciones de la masonería son universales, en el sentido de que tratan las aspiraciones y esfuerzos humanos por mejorar, sin olvidar la búsqueda de la luz. La masonería también demuestra la importancia del compromiso con un ideal único, y cómo ese compromiso puede permitir que un movimiento no solo sobreviva, sino que crezca bajo la presión de la oposición e incluso la persecución. Los interesados en la comunidad y las organizaciones deberían tomar nota de que la masonería es un ejemplo perfecto de "descentralización centralizada". Aunque está ligada a puntos de referencia específicos e inamovibles, o a signos, símbolos, palabras, documentos y aspectos masónicos específicos, varía considerablemente cómo se trabajan los grados masónicos de un rito a otro y de una jurisdicción a otra. En un contexto masónico, la jurisdicción es la región geográfica de una logia, y sus ritos se refieren al estilo y tipo de rituales, así como a la estructura organizativa y administrativa de la logia. Cada logia obedece a la gran logia que la creó, pero tiene un amplio margen de autonomía en estos aspectos.

Tal autonomía, junto a su localización (lo que significa que los miembros de la logia proceden de la comunidad de esa logia), ha conferido una gran singularidad a la expresión masónica, tanto para lo bueno como para lo malo. La masonería es un modelo viable para los nuevos movimientos espirituales, si es que quieren ser algo más que ferias renacentistas que no cobren cuotas de admisión o meros escapismos contraculturales.

A pesar de las promesas de progreso eterno, de abundancia material y de un mundo sin sufrimiento, todo lo que existe tiene su momento y acaba por pasar. A través de sus símbolos, la masonería enseña y demuestra aquello que es permanente e inalterable, la esencia de cada cosa, y enseña cómo reconocerlo. Por esta misma razón, los ejemplos de este libro han sido tomados de diversas publicaciones de rituales y jurisdicciones masónicas. Normalmente, tal enfoque parecería azaroso o demasiado ecléctico. Sin embargo, dado que toda la masonería está unida por sus símbolos, y puesto que sus rituales son expresiones plenamente localizadas de esos símbolos, reflejados en el contexto de un lugar y un tiempo específicos, es posible ampliar nuestra comprensión de la masonería y sus lecciones —lecciones que pueden ser aplicadas incluso por quienes no pertenezcan a la Orden— al examinar esas expresiones.

Si alguien preguntara qué es lo que caracteriza a un masón, no habría una respuesta única. Las virtudes de fe, esperanza y caridad están encarnadas en la masonería, al igual que la regla de oro de "hacer a los demás lo que quieras que los demás hagan contigo". Si nos guiamos por los grados de la iniciación masónica, podremos ver que un masón, alguien que ha trabajado para encarnar el ideal masónico y es más que un mero pagador de cuotas o un simple portador de insignias, es ante todo un caballero. Es paciente ante la ira, no tarda en perdonar, es generoso con los elogios y cortés al hablar. Su forma de tratar a los demás es la regla por la que se le juzga y se le mide, así como a la fraternidad. Es un erudito, en el sentido de que busca la superación personal y el conocimiento de sí mismo, de la humanidad y del mundo en el que vive. Nada le es totalmente ajeno, y las siete artes y ciencias liberales (de las que hablaremos en el capítulo 3) son sus claves para el despertar. Un masón sabe que, mejorándose a sí mismo, mejora al mundo, y así se vuelve un ejemplo para sus hermanos y su comunidad. Es un hombre religiosamente devoto o, para ser más exactos, de inclinación mística. Su atención se dirige siempre hacia lo inefable y lo sublime, pues en ello reside la Luz del Trono Oriental, el lugar ubicado al "Este" de la logia, donde se sienta el Maestro para presidir los trabajos de la misma. Y en su interior construye el Templo de la Sabiduría, esa estructura

8 ▮▮▮ Introducción

filosófica personal que le permite comulgar con su propia conciencia, obtener la comprensión de Dios y servir a sus semejantes. Esto lo hace en silencio y sin ruidos de martillo, mallete o cincel, pues solo en las profundidades del silencio puede hablar la sabiduría. Por último, es un místico, porque esto es lo más privado y personal que hay en él. El hecho de que sea un hombre de bien, generoso con todos y que fomente el aprendizaje y la transformación personal, es suficiente para que los demás lo noten. No esconde su luz, pero tampoco la lleva como una insignia de honor. Si los demás la ven en él, que así sea; si no, tampoco pasa nada. Sin embargo, cuando se le pregunta, comparte libremente su sabiduría con los demás, y si se le pregunta más, hablará sobre cómo todos pueden encontrar la luz en su interior, sin ser un fanfarrón ni hacer proselitismo. De este modo, el "secreto" de la masonería está al alcance de todos, pero como sucede con el Evangelio, a menudo aparece bajo un velo. Como dice el proverbio: "Quien tenga oídos, que oiga; quien tenga ojos, que vea".

Muchos de mis hermanos masones quedarán sorprendidos al leer este libro, por la clara conexión que establece entre la Orden y las doctrinas esotéricas asociadas con los aspectos prácticos del ocultismo, principalmente la magia ritual, la alquimia y la astrología. Para muchos masones de Estados Unidos y de otras partes del mundo, los símbolos de la masonería se consideran extensiones de la experiencia cristiana, en vez de lo que realmente son: sus precursores. Incluso una investigación superficial revelará que en el contexto de la experiencia judeocristiana encontramos rastros persistentes de las antiguas y misteriosas tradiciones de Egipto, Caldea, Grecia, Roma, Persia e India. La experiencia ritual masónica tiene sus raíces en estas mismas tradiciones, por lo tanto, no puede considerarse cristiana desde el punto de vista doctrinal. Para aquellos masones que objetan esta conexión y no ven lo que tienen ante ellos, les sugiero que consulten la Biblia, versión Rey Jacobo, que se les entregó al convertirse en masones de grado 32 por el Rito Escocés. En ella encontrarán una serie de preguntas y respuestas, muchas de las cuales les sorprenderán si se toman el tiempo para leerlas e investigar el significado real de las palabras y su contexto.

Lo que verán a continuación se encuentra en las primeras páginas de la Santa Biblia preparada para el Rito Escocés (publicada por Heirloom Bible Publishers, de Wichita, Kansas), la cual se entrega al recibir el grado 32.

Preguntas y respuestas relativas a personajes, lugares, palabras y frases utilizadas en el simbolismo masónico

Extracto del material de Charles H. Merz ("Ask Me Brother"), con permiso de los editores: Macoy Publishing Company, Nueva York, N.Y. Preparado por S. J. Pridgen.

P: Alejandría: ¿Dónde se encuentra y para qué se indica?

R: Egipto, escuela de filosofía, a la cual los maestros masones deben mucho por sus espléndidas doctrinas.

P: "A.U.M." ¿Qué quiere decir o qué significa?

R: Es el nombre trilateral de Dios, sagrado entre los hindúes, al igual que el Tetragrámaton entre los judíos. Se compone por letras sánscritas con sonido. La A representa al Creador, la U al preservador y la M al destructor; es decir: Brahma, Vishnu y Shiva.

P: Idioma hebreo: ¿Por qué es tan importante en la masonería?

R: Porque el alfabeto y sus valores numéricos son la clave para el gran número de palabras empleadas en la masonería, así como en los misterios de la Biblia.

P: Hermes Trismegisto: ¿Quién fue él?

R: El "Tres Veces Grande", célebre legislador, sacerdote y filósofo egipcio, vivió hacia el año 2670 a.C. De las artes herméticas adoptamos, en la masonería, ritos herméticos y grados herméticos.

P: Vientos masones: ¿Cuál es la idea básica?

R: Sopla desde Oriente, de acuerdo con la creencia de la Edad Media de que todas las cosas buenas, como la filosofía y la religión, provienen de Oriente.

P: Monarca: ¿Qué monarca (es) el hijo de David y (cuál) es el significado literal de su nombre?

R: Salomón: Composición cabalística. Su forma exterior expresaba el simbolismo de los tres oficiales principales de una logia masónica: el Sol, Om; el sol meridiano, On; y el sol poniente; o sea: Venerable Maestro, Segundo Guardián y Primer Guardián.

10 ▮▮ Introducción

Otras preguntas y respuestas hacen referencia a algunas de las ideas presentadas en este libro, como el místico patriarca bíblico Enoc, así como los símbolos que la masonería comparte con la hermandad esotérica de los rosacruces. Otros temas inesperados son el hecho de situar los orígenes de la masonería en el más antiguo de los misterios ancestrales y en el signo astrológico de Leo, y hacer referencia a la criatura mágica, o serpiente, conocida como Shermah, que según la leyenda, Salomón utilizó para construir el Templo.

Una vez más, aquellos con ojos para ver y oídos para escuchar comprenderán la importancia de las preguntas y respuestas anteriores, tanto dentro como fuera del contexto masónico. A pesar de todo, algunos masones se mantendrán fieles a su creencia de que la masonería es simplemente una extensión de la experiencia judeocristiana, y hasta cierto punto eso siempre será así. Sin embargo, las antiguas tradiciones del misterio son llevadas a la experiencia ritual masónica. Con este hecho en la mano, quienes se oponen a la masonería encontrarán una mayor justificación para difamar a la Orden; pero, insisto, ya sea en este libro o en otro encontrarán una justificación, de todos modos. ¡Incluso si tuvieran que inventarla!

NOTA PARA QUIENES NO SON MASONES

La mayoría de los lectores de este libro no son miembros de la Orden. Algunos lectores quizá conozcan a alguien —un amigo o familiar— que sea masón y simplemente querrán saber más sobre la masonería. Otros más podrían estar interesados en los llamados secretos de la fraternidad y en sus significados. Cualquiera que sea el caso, aquel que no sea masón en algún punto del libro tendrá que preguntarse: "¿Qué tiene que ver conmigo la filosofía masónica, si no soy masón? ¿Cómo puede esto mejorar mi vida?". La respuesta a esa pregunta es exactamente la razón por la que se escribió este libro. La filosofía masónica es universal y las lecciones que puede enseñarnos trascienden cualquier secta o culto. Aquellos lectores que sean practicantes de alguna religión o que pertenezcan a organizaciones iniciáticas o esotéricas, encontrarán que los ejercicios pueden ser benéficos para su grupo específico. Algunos pueden incluso llegar a convertirse en "hermano (o hermana) sin mandil".

Nullius in verba, "en la palabra de nadie", es la mejor descripción de la masonería y de cualquier intento por escribir un libro o enciclopedia sobre este tema. La masonería, como veremos en breve, es una materia muy amplia y como entidad viva no tiene doctrinas ni credos oficiales, solo exige el requisito de creer en un ser supremo. Aunque se ha hecho todo lo posible por demostrar la relación directa del material aquí presentado con la masonería antigua y moderna, no es de modo alguno excluyente. Cada masón debe llegar a comprender la Orden tanto como pueda. Este libro representa mi esfuerzo por cumplir el juramento, al que me obligué de rodillas ante el Altar de Luz, presente en todas las iniciaciones masónicas.

Para que quede claro al lector: a pesar de sus connotaciones filosóficas y religiosas, la masonería no es una religión, aunque comparte el propósito de la religión en el sentido de que fomenta la unión de cada individuo con Dios. La masonería no exige un conjunto específico de creencias, salvo la creencia en un ser supremo, e incluso esta es una idea difusa al tener un sentido individualista. Aunque algunos dicen que la masonería es una organización religiosa, lo más correcto sería describirla como especulativa y filosófica. La masonería no tiene credos ni sacramentos, ni medios de salvación, y es una creación humana, no una revelación divina. En definitiva, la masonería tiene que ver con la superación personal y con ayudar a los demás, pues lo que hacemos en esta Tierra es una expresión de cómo entendemos nuestra relación con la divinidad. El resto son simplemente detalles.

MARK STAVISH
DIRECTOR DE ESTUDIOS
INSTITUTO DE ESTUDIOS HERMÉTICOS
WYOMING, PENNSYLVANIA
DÍA DE SAN JUAN,
27 DE DICIEMBRE DE 2006
REAFIRMADO EL 4 DE JULIO DE 2020

1
¿Qué es la masonería?

El método de iniciación, como vemos, es una vía básicamente intuitiva. Esta es la razón por la que la masonería utiliza símbolos; para provocar el entendimiento que se obtiene mediante la analogía.

Paul Naudon, *La francmasonería*

LA MASONERÍA HA CAPTADO la atención de la gente desde sus inicios, por tener la reputación de ser una sociedad de secretos. Sin embargo, además de secretos, o cosas que solo conocen sus miembros, la masonería es también una organización que posee muchos misterios, entre los que destaca el origen mismo de la Orden. Como organización, la masonería se define a sí misma como "un peculiar sistema de moralidad, velado en alegorías e ilustrado por símbolos". Por consiguiente, "la masonería hace mejores a los hombres buenos".

Aunque interesantes, estas definiciones no son muy ilustrativas. Para saber más, debemos examinar la historia de la masonería y cómo llegó a convertirse en el punto de encuentro de hombres de todas las clases sociales y creencias filosóficas, en una época en la que la estructura de clases era rígida y las guerras religiosas hacían estragos en Europa. La masonería (o mejor dicho, la Orden de Masones Libres y Admitidos) obtiene su sistema de iniciación de tres grados de las técnicas y métodos del primitivo gremio de albañiles, así como de los relatos bíblicos sobre la construcción del Templo de Salomón. A partir de estos dos recursos, relativamente sencillos, surgió una compleja estructura de rituales, simbolismos, filantropía y filosofía. El simbolismo es, en cierta forma, tanto el misterio como el secreto. Desde un principio, los símbolos exclusivos de la masonería, como la Palabra de Masón (véase la página 118) y la leyenda de Hiram Abiff (véase el capítulo 2), se convirtieron en fuente de numerosas especulaciones que sugerían que los masones estaban al tanto de enseñanzas esotéricas secretas y de operaciones ocultas. Esta reputación, unida a su crecimiento a lo largo y ancho de la organización, creó un clima perfecto para que la masonería se convirtiera en un vehículo para la promoción de ciertas ideas espirituales que estaban fuera de lo convencional. Aunque este tipo de campañas solían ser de carácter privado, más que dirigidas de forma centralizada por una gran logia, la masonería se convirtió en el coto de caza de grupos esotéricos en busca de miembros, treinta años después de la formación de la primera gran logia. Las razones son sencillas: los masones eran cultos, tenían contactos sociales y podían viajar con relativa libertad, y es posible, quizá, que en la formación de la primera gran logia hubiera influencias tempranas del ocultismo.

LA MASONERÍA OPERATIVA Y ESPECULATIVA

Los gremios medievales de la construcción, o primeros sindicatos, tuvieron su origen en la construcción de las grandes catedrales y obras públicas de la época. Dado que muchos de los oficios se transmitían de padres a hijos, o de maestros a aprendices, los métodos y técnicas se cuidaban celosamente, no solo para garantizar una formación adecuada, sino también para limitar el número de trabajadores en un determinado oficio. En torno a estas organizaciones se desarrollaron ritos y rituales de avance y todos ellos reflejaban, en cierta medida, el tema dominante de la religión en la vida cotidiana e impregnaban su oficio con algún matiz religioso o filosófico. El catolicismo romano y la ortodoxia oriental están repletos de santos patronos, y muchos de ellos estaban vinculados a un oficio particular, sirviendo de nexo directo con Cristo o la divinidad y de conducto para la bendición divina sobre un área de trabajo o actividad específicos.

Los miembros de estos gremios disponían de medios para reconocerse entre sí durante sus viajes, así como a la hora de solicitar trabajo en un proyecto determinado. Ese "código secreto", por así decirlo, fomentaba un sentimiento de fraternidad que iba más allá del simple trabajo diario. Al mismo tiempo, el método de transmisión de conocimientos de maestros a aprendices significaba que, de alguna manera y aunque fuese ligeramente, los miembros de estos gremios podían sentirse conectados con los grandes constructores de antaño, en un linaje que se remontaba a los colegios romanos de arquitectura, los templos de Egipto e incluso al propio rey Salomón.

A pesar de sus conocimientos exactos y precisos, la mayoría de los miembros de estos gremios eran analfabetos. Los que sabían leer y escribir actuaban como contratistas en los proyectos y se comunicaban con los patrocinadores eclesiásticos o de la realeza, lo cual les proporcionaba cierta interacción con las élites gobernantes de las distintas ciudades, regiones y países donde acudían a trabajar.

Dada esa íntima conexión y la consolidada red de logias de construcción y gremios relacionados que existían en toda Europa, no es de extrañar que alrededor del año 1640, hombres que no eran albañiles operativos fuesen admitidos en logias masónicas y fueran reconocidos como masones aceptados o especulativos. Se daba preferencia a los familiares de albañiles operativos, pero la razón inicial para admitir a quienes no fuesen albañiles en las logias parece haber sido exclusivamente económica. Las cuotas de afiliación eran considerables, por lo que debían ir acompañadas de beneficios que compensaran sus costos. Lo que hizo de este hecho algo único —y hasta crucial— es que un buen número de oficios de clase media de pronto se quedaron sin gente. Al cabo de medio siglo, la mayoría de los masones de la casi totalidad de las logias eran aceptados y no operativos. Esta tendencia continuó durante el siglo XVIII, con muchas logias compuestas exclusivamente de hermanos aceptados, sin un solo albañil entre ellos.

Esto no tendría mayor importancia si no fuera por una serie de acontecimientos que se produjeron en Europa durante el siglo XVII. Mientras los gremios de la construcción aceptaban en sus filas a trabajadores ajenos a la albañilería, la Guerra de los Treinta Años tocaba a su fin. La Ilustración Rosacruz, un intento por promover el liderazgo hermético y de inclinación esotérica en toda Europa para acabar con las guerras sectarias, había fracasado, y numerosos grupos y círculos de hombres cultos y adinerados, con un marcado interés por el esoterismo, la alquimia, la cábala, el hermetismo y los ideales utópicos, necesitaban un lugar seguro donde reunirse a escondidas. Para muchos, el gremio de la masonería era el lugar perfecto, y ya existían precedentes. Como veremos más adelante, es posible que los templarios utilizaran el gremio de los albañiles con el mismo fin. Tras el arresto de sus hermanos de armas en 1309, los templarios huyeron a Escocia y posiblemente a otras zonas que no estuvieran bajo el estricto control papal, con la finalidad de esconderse entre los albañiles. Esto les permitió seguir comunicándose entre ellos y viajar sin llamar demasiado la atención.

Lo mismo ocurriría siglos más tarde con los herméticos, que huían o buscaban un medio seguro para viajar, hacer contactos y procurar hospedaje cuando se encontraban en tierras extranjeras. La rapidez con la que las logias operativas fueron absorbidas por los miembros especulativos fue clave en la línea de pensamiento masónico, así como en la formación de la primera gran logia, la Gran Logia de Inglaterra. Y las preguntas a las que constantemente nos enfrentamos son: "¿Por qué hombres educados y ricos buscarían asociarse con otros hombres de clase social obviamente inferior? ¿Qué ofrecían los masones?". La respuesta, como veremos más adelante, puede que tenga mucho que ver con una palabra: **geometría.**

Durante el Renacimiento y el primer periodo de la Ilustración, las matemáticas se consideraban un medio para alcanzar el conocimiento puro, el acceso a los reinos celestiales de la mente y las ideas puras. Las matemáticas, como método repetible y demostrable, ofrecían certidumbre, algo que la fe por sí sola no podía lograr. Eran la puerta de entrada al imperio de la razón (en lugar de la fe), y como resultado, junto al hecho de que los números estaban asociados con el ocultismo, las matemáticas eran ilegales en la época medieval y el cero estaba prohibido por considerarse el número del Diablo. Es fundamental comprender que, en esa época, la ciencia, la filosofía y el esoterismo no se consideraban campos de estudio separados, más bien compartían una superposición importante. Los eruditos conocían, al menos superficialmente, el misticismo judío (cábala), la alquimia, la astrología y las teorías de la magia natural. La magia natural fue la piedra angular de la filosofía y el ocultismo renacentistas; proponía que el universo estaba compuesto por una serie de energías, ideas y planos de conciencia interconectados (con habitantes elementales, celestiales y demoníacos) y que se podía influir en ellos mediante símbolos, sonidos y actos físicos como operaciones alquímicas y ceremoniales.

16 ▮▪▮ ¿Qué es la masonería?

A pesar del clima de miedo que rodeaba al estudio de tales temas, no todas las sociedades que investigaban los reinos ocultos de la naturaleza eran secretas en aquella época. Entre las más famosas e influyentes se encontraba el *College for the Promoting of Physico-Mathematical Experimental Learning* (Colegio para la Promoción del Aprendizaje Experimental Físico-Matemático), rebautizado como *The Royal Society of London for Improving Natural Knowledge* (Real Sociedad de Londres para la Mejora del Conocimiento Natural) en 1663. La "Royal Society", como se le conocía, tuvo al rey Carlos II como uno de sus benefactores e incluyó entre sus primeros miembros a algunos de los masones más prominentes, como el arquitecto *sir* Christopher Wren (que desempeñó un papel clave en la reconstrucción de Londres tras el gran incendio de 1666)*, el filósofo John T. Desaguliers, el ingeniero militar Robert Moray (socio de Francis Bacon y René Descartes) y el académico Elias Ashmole.

ELIAS ASHMOLE:
MAGO ANGELICAL Y "PRIMER MASÓN"

A menudo se cita a Elias Ashmole (1617–1692) como el "primer masón", y en algunas historias se le atribuye falsamente la cofundación de la orden†. Este gran halago, aunque incorrecto, indica la influencia que tuvo en la formación de los primeros ideales masónicos, lo cual fue posible gracias a su amor por el saber y su obsesión por la era antigua.

Nacido en la ciudad de Lichfield, Staffordshire, en 1617, Ashmole asistió a la escuela local, se recibió de abogado y estableció su despacho en Londres‡. Se hizo masón el 16 de octubre de 1646. Tras su matrimonio en 1649, la fortuna de su esposa le permitió dedicarse por completo a la

---

*Cuarenta mil edificios y ochenta y seis iglesias quedaron destruidos en el gran incendio de Londres de 1666. Como consecuencia, se necesitaron albañiles operativos de toda Inglaterra para reconstruir la ciudad.

†Robert Moray (1608–1673), por ejemplo, se hizo masón antes que Ashmole. Moray, uno de los 114 fundadores de la Royal Society, era un ávido investigador de la alquimia, la ciencia de la época o, más exactamente, de la anterior, ya que cada vez era más atacada por metodologías más pragmáticas y objetivas.

‡Una pequeña placa que adorna la casa natal de Ashmole reza: "Priests' Hall, casa natal de Elias Ashmole, heraldo de Windsor ante Carlos II. Fundador del Museo Ashmolean de Oxford. Nacido en 1617. Fallecido en 1692. Egresado de Lichfield Grammar School".

investigación académica, en particular a la alquimia, la cábala, la magia y la astrología. Era un ávido anticuario que coleccionaba numerosos libros y manuscritos. Su extensa colección acabó convirtiéndose en el museo que lleva su nombre en la Universidad de Oxford, y entre sus libros más famosos se encuentran los cuadernos originales del doctor John Dee y Edward Kelley, en los que se detallan sus "experimentos enoquianos", es decir, sus comunicaciones con el mundo de los espíritus. Estos cuadernos acabaron formando parte de las piezas del Museo Británico y constituyeron el núcleo del sistema enoquiano utilizado por la Orden Hermética de la Aurora Dorada, por Aleister Crowley y otros magos ceremoniales. Además, Ashmole conservó importantes textos herméticos y alquímicos, como el *El libro ritual de alquimia*, de Thomas Norton, y escribió un libro sobre los orígenes de la Orden de la Jarretera, publicado en 1672. Titulado *The Institutions, Laws, and Ceremonies of the Most Noble Order of the Garter* (Instituciones, leyes y ceremonias de la Nobilísima Orden de la Jarretera), se convertiría en su obra magna.

Ashmole era amigo íntimo del astrólogo William Lilly; parece que se ayudaron mutuamente para mantenerse a salvo durante los turbulentos años de la guerra civil inglesa y la Restauración de Carlos II. Lilly, según parece, es el padre de la astrología inglesa, habiendo ganado una suma asombrosa en vida gracias a la exactitud de sus predicciones. Su obra maestra, *Astrología cristiana*, de más de ochocientas páginas, fue el libro de referencia estándar sobre astrología en lengua inglesa hasta el renacimiento astrológico de finales del siglo xix.

Al igual que Lilly, Ashmole no se contentó con ser un mero estudioso de las artes ocultas. Siguió ávidamente los métodos operativos de la alquimia, la astrología y la magia angelical (la comunicación con ángeles y los mensajeros de Dios a través de diversos medios rituales y meditativos), en su búsqueda de la sabiduría y el conocimiento de Dios*. Incluso calculó un horóscopo el 23 de octubre de 1667 para descubrir el momento más propicio para que el rey Carlos II colocara ceremonialmente la primera piedra de la

---

*Coincidentemente, la noción de un "lenguaje angelical" o lengua primordial, buscada por muchos durante este periodo, acabaría encontrándose en grados posteriores del Rito Escocés, incluso haciendo referencia a Athanasius Kircher y su argumentación sobre un alfabeto angelical, obras bien conocidas por Ashmole y otros herméticos.

Royal Exchange (Bolsa de trabajo). Desafortunadamente, con la publicación en 1659 de *A True and Faithful Relation of What Passed for Many Years between Dr. John Dee and Some Spirits* (Relato veraz y fiel de lo que ocurrió durante muchos años entre el doctor John Dee y algunos espíritus), de Meric Casaubon, los ataques a las obras de Dee, que se sabía estaban en la colección de Ashmole, crearon un vendaval de controversias que más tarde se entenderían como el principio del fin de la visión hermética del mundo.

Aunque gran parte del pensamiento antimístico de la época tenía como objetivo acabar con la proliferación de sectas y las guerras religiosas que habían diezmado a Europa Central e Inglaterra, también marcó el inicio de una visión del mundo sumamente materialista, mecanicista y ateísta que alcanzaría su plenitud en el siglo XX, con el comunismo y el capitalismo liberal como principales ejemplos.

En el transcurso de los siguientes tres siglos, el modelo científico —base de la sociedad moderna— se perfeccionaría, pero no se comprendería del todo. Como resultado, sus aplicaciones técnicas se convirtieron en un sustituto de la introspección genuina, engendrando filosofías falsas como el modernismo, o la creencia en el progreso eterno y en un mundo sin limitaciones, y el llamado materialismo científico del marxismo, el ateísmo y el "consumismo" contemporáneo*.

LA ROYAL SOCIETY

Para comprender en su justa medida la importancia de la Royal Society y los aportes de sus miembros, es importante reconocer que, como cualquier organización nueva, no surgió de la nada. Tardó en organizarse y crecer, y tuvo sus detractores en la prensa y la Iglesia, así como en un sector de individuos que son poco más que ignorancia e hipocresía revestidas de un barniz de respetabilidad, conocidos como "la sociedad".

La Royal Society fue, en muchos sentidos, una extensión de las ideas filosóficas defendidas por Francis Bacon, por lo que formó parte de una corriente de transmisión de ideas y formación de grupos destinados a

---

*Esto se ve más claramente en la ciencia ficción, sobre todo en la serie de televisión y las películas de *Viaje a las estrellas*, donde no existe problema alguno que no se pueda resolver tecnológicamente.

transformar la sociedad y el mundo en general. Esta transformación, esbozada por Francis Bacon en *La gran restauración*, se basaba en los conocimientos fundamentales de la época: todos los aspectos del saber divino, humano y natural. Bacon creó dos escuelas o grupos para promover el estudio de estos temas, sobre todo porque el conocimiento divino y natural generalmente incluía el estudio de la cábala, la magia, la alquimia y la astrología. Una de las escuelas, la Escuela del Día, era abierta, mientras que la otra, la Escuela de la Noche, era privada. La Escuela de la Noche, secreta, daría lugar al llamado Colegio Invisible, asociación informal de individuos implicados en la investigación de los secretos de la naturaleza, cuyas exploraciones los ubicaban en potencial oposición a las autoridades existentes de la época; algunos de sus miembros más tarde formarían la Royal Society, influyendo así en el desarrollo de la masonería.

LA PRIMERA GRAN LOGIA

En los inicios de la masonería, los masones solían reunirse en tabernas y cafés y daban a sus logias el nombre del lugar donde se congregaban. En febrero de 1717, las logias Apple Tree, Crown, Goose and Gridiron y Rummer and Grapes se reunían en la taberna Apple Tree de la calle Charles, en el distrito londinense de Covent Garden. De las cuatro logias existentes, tres estaban compuestas principalmente por masones "operativos", con algunos masones "aceptados" entre sus filas. La logia Rummer and Grapes era un caso distinto, pues estaba compuesta exclusivamente por masones "aceptados", todos caballeros, y algunos nobles también. Sus debates se centraban en el futuro de la masonería en Inglaterra.

Lo que más preocupaba a sus miembros era cómo distinguir la masonería de otros clubes y grupos sociales del Londres de la época. Dado que muchos de estos clubes existían con el único propósito de beber, comer, apostar y frecuentar burdeles, querían establecer normas para definir quién podía ser masón y qué código de conducta se esperaba de sus miembros.

Los hombres que se reunían en la taberna Apple Tree querían ver crecer la masonería. Vivían en la ciudad más grande y de mayor crecimiento en Europa. La movilidad social aumentaba a medida que los trabajadores del campo se trasladaban a la ciudad; así surgió una clase media de comerciantes para hacer frente a las necesidades de la creciente población urbana. De repente, obreros calificados, comerciantes, banqueros y nobles iban a reunirse todos en un mismo lugar: la logia masónica. Y para controlar a este conjunto de hombres de rango social heterogéneo —algo inaudito hasta entonces— decidieron agruparse para formar una gran logia, y el 24 de junio de 1717 eligieron a Anthony Sayer como primer gran maestre de la Gran Logia de Inglaterra*. Sayer era un caballero y un masón aceptado. Con su elección para dirigir a los masones, la organización se separó aún más de sus raíces operativas y se adentró en el futuro de la masonería especulativa, ocultista y filosófica, como veremos más adelante.

LAS *CONSTITUCIONES* DE ANDERSON

Durante los primeros años de la Gran Logia de Inglaterra, se solicitó a James Anderson, ministro presbiteriano, que escribiera una historia de la masonería exponiendo sus reglas y principios. El resultado fue su *Libro de las Constituciones*, publicado en 1723. Anderson utilizó la palabra constituciones, en plural, tanto en el título como a lo largo de toda la obra, para demostrar que no se trataba de la idea de un individuo o de una logia en solitario, sino de una síntesis de preceptos que, en efecto, eran una versión actualizada de los Antiguos Deberes o de las Constituciones Góticas. Los Deberes expuestos en las *Constituciones* de Anderson fueron adoptados casi universalmente por las diversas logias masónicas, y su lectura anual a los miembros es práctica común incluso hoy en día. En síntesis, los Deberes establecen cómo ha de comportarse un miembro de la Orden en relación con sus hermanos y con la sociedad en general, y destacan la importancia de la observancia religiosa, la generosidad, la rectitud moral y ética, el servicio a Dios y a la comunidad, y evitar hacer cosas en público o en privado, con un hermano o con los profanos (no masones), que puedan dañar el buen nombre y la reputación de la masonería.

---

*Dada la turbia naturaleza de la historia masónica, muchos relatos de la organización simplemente parten de la fecha en que se fundó la primera Gran Logia, en 1717, ya que hay pocos registros sobre la Orden antes de esa fecha. Esto puede llevar a la suposición de que la masonería tiene sus orígenes en 1717, pero eso es inexacto. Para que se creara la primera gran logia tendrían que haber existido logias locales.

Entre las reglas más importantes de las *Constituciones*, para mantener la paz, la armonía y el buen orden en las logias y en las actividades fuera de ellas, está la prohibición de discutir sobre política y religión entre masones. Las *Constituciones* exigen que los masones crean en un ser supremo, pero no se establece cuál; el documento se refiere simplemente al "Gran Arquitecto del Universo". Este pronunciamiento de carácter no denominativo suscitó de inmediato el amor u odio hacia la masonería, en una época en que las luchas sectarias estaban siempre en el umbral de todas las actividades sociales, políticas y económicas. Por primera vez, y a través del vehículo de la masonería, hombres de todas las sectas y estratos sociales de Inglaterra se sentaban juntos en la misma sala, en un entorno de amor fraternal y amistad. Muchos pensaban que esto no podía conducir a algo bueno. El Gran Arquitecto del Universo era visto como algo distinto al Dios único de la "única fe verdadera", y los rituales de la masonería eran condenados por ser considerados los últimos vestigios de las prácticas de ocultismo, contrarias a las enseñanzas de la Iglesia.

Una de las protestas más condenatorias fue la de la Iglesia católica romana en 1738, la cual emitió un edicto que prohibía a sus miembros convertirse en masones. Más tarde, otras sectas cristianas emitieron prohibiciones afirmando que la masonería era un movimiento inherentemente deísta, y que dejar que los individuos descubrieran a Dios por sí mismos solo conduciría de nuevo a las luchas sectarias que habían asolado a Europa por generaciones. La Iglesia católica romana continuaría repitiendo esta prohibición, así como las razones para justificarla, en un lenguaje cada vez más hostil, el más famoso de los cuales fue *Humanum Genus*, del papa León XIII, encíclica (carta papal) publicada en 1882. El documento, de veinticinco páginas, afirmaba inequívocamente que, desde el punto de vista de la Iglesia católica romana, la masonería era maligna, ya que se basaba en la razón y no en la fe. El papa Pío XII retomó la bandera antimasónica en la década de 1950, cuando denunció públicamente a la masonería, junto a otras organizaciones cívicas, por ser demasiado liberales en sus asociaciones y puntos de vista religiosos. A principios de la década de 1980, la Iglesia católica romana adoptó una postura menos condenatoria hacia la masonería en general, pero seguía prohibiendo a sus miembros

22 ❚■❚ ¿Qué es la masonería?

unirse a ella, y en caso de hacerlo, no podrían recibir los sacramentos y se encontrarían en estado de "grave pecado". El papa Benedicto XVI reafirmó esta postura en 1983, cuando en su rol de cardenal como Joseph Alois Ratzinger dirigió la Congregación para la Doctrina de la Fe, organización sucesora de la Inquisición.

Entre otras cosas, la doble idea de prohibir a los miembros hablar de política y religión y de sentar en la misma sala a hombres de todas las clases sociales, se convirtió en un punto sensible para quienes veían en la masonería el germen del igualitarismo. Se temía que en ella se urdieran conspiraciones contra los gobiernos (y algunas se urdieron), y que el derecho a opinar sobre la representación (gobierno republicano) o el derecho a votar (reformas democráticas) no hicieran más que socavar al gobierno monárquico. En muchos países, la masonería se vio obligada a sobrevivir en la clandestinidad, ya que algunos la consideraban una amenaza para el orden natural. El principio masónico de que todos los miembros deben ser buenos ciudadanos del país en el que viven, fue simplemente ignorado por los detractores de la Orden.

SÍMBOLOS MASÓNICOS Y DESARROLLO DE UN MOVIMIENTO

Entre aspectos más interesantes de la masonería figuran sus símbolos. Por **símbolos** entendemos las antiguas costumbres, prácticas o peculiaridades utilizadas por los masones en sus ritos. Por ejemplo, es frecuente que, en algún rito masónico, escuchemos mal pronunciada una palabra o frase en hebreo o latín, pero eso ocurrirá de manera uniforme en toda la jurisdicción. Esta pronunciación es exclusiva de la masonería y, por lo tanto, se acepta el uso del término o palabra. Los símbolos masónicos son algo extraño, en el sentido de que nadie se pone de acuerdo sobre cuántos hay; algunas listas cuentan tan solo tres y otras contienen hasta cincuenta y cuatro. Tampoco hay acuerdo sobre cuáles son exactamente, pero en su mayoría están reconocidos por las distintas grandes logias y son fácilmente reconocibles por cualquier hermano que esté de visita. Así, la realización de una iniciación puede tener diferencias en ciertos elementos de forma, pero las partes y elementos clave serán reconocidos por cualquier visitante que haya experimentado iniciaciones similares en otro lugar. Por ejemplo, la estructura del salón de la logia, la ubicación de los oficiantes, sus funciones, los métodos utilizados, la vestimenta y las reglas de etiqueta en general, son casi idénticos en toda la masonería. Estos símbolos referenciales ofrecen un hilo conector y de continuidad en un sistema mundial muy diverso e independiente en muchos aspectos.

Algunos de los símbolos emblemáticos enumerados por distintas autoridades, como Albert Mackey, son de carácter administrativo, tales como los que se requieren para celebrar reuniones periódicas, para contar con una recomendación personal de membresía, y para que los solicitantes puedan pagar su afiliación con sus propios fondos y acudir por voluntad propia. Esta última parte es la más crítica, ya que ningún individuo debería convertirse en masón en contra de su voluntad, por presiones de amigos o familiares, o por razones mercenarias o de otro tipo, ya que esto anularía los ideales de la masonería y sus juramentos serían una mentira.

Los símbolos están sujetos a cambios e innovaciones. Por ejemplo, antes se utilizaba un pequeño triángulo equilátero para representar al Gran Arquitecto del Universo; hoy en día suele utilizarse una Biblia. Con la Biblia se adoptó el uso de pasajes de las Escrituras para cada uno de los grados: Salmo 133 para el Aprendiz Ingresado; Amós 7:7–8 para el grado de Compañero; y Eclesiastés 12:1–7 para el Maestro Masón. Estos son solo los pasajes más utilizados, y su uso no es uniforme en todas las jurisdicciones y ritos. Algunos ritos y rituales siguen utilizando el triángulo junto con la Biblia o algún Volumen de la Ley Sagrada. El texto religioso o filosófico que se usa como Volumen de la Ley Sagrada (VLS) varía de una logia a otra, e incluso se puede cambiar al momento de la iniciación a petición del candidato; tal diversidad es parte de lo que distingue a la masonería de otras organizaciones estrictamente religiosas o sectarias.

Además del VLS hay dos símbolos que conforman las herramientas más rudimentarias y básicas o mobiliario, como se les llama, para abrir una logia masónica: la escuadra y el compás. En conjunto, el VLS, la escuadra y el compás se conocen como las tres Grandes Luces. A pesar de las diferencias que pueda haber entre ritos, rituales y jurisdicciones, las tres Grandes Luces son requeridas y deben estar presentes para que una logia masónica pueda sesionar. Las tres Pequeñas Luces son el sol, la luna y el maestro de la logia, pues así como el sol gobierna en el día y la luna en la noche, el maestro gobierna en la logia con justicia y equidad para todos sus miembros. Es el ejemplo viviente del idealismo masónico.

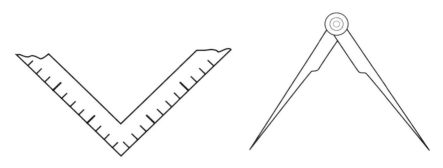

La escuadra y el compás

La caridad y la formación del hombre

La masonería es esencialmente una organización espiritual que fomenta la investigación y la expresión espiritual del individuo, sin vincular a sus miembros a un credo específico, doctrinas o prácticas. En su lugar, los masones deben adherirse a un código moral para mejorar su carácter individual y, por consiguiente, el de la comunidad, persona a persona y no a través de movimientos de masas o de legislaciones.

La acción educativa se lleva a cabo mediante rituales que representan ciertas virtudes morales y éticas, como se ilustra en la literatura sagrada y los acontecimientos históricos y míticos. Estas iniciaciones, como se les conoce, inculcan un conjunto de símbolos e ideas concretas en la psique de los participantes. La caridad es la más alta de las virtudes, porque incorpora a todas las demás. Esto se manifiesta principalmente en la conducta del individuo, en el servicio a la comunidad y en la defensa de las libertades.

Todos los miembros de la fraternidad son iguales y pueden disfrutar sin prejuicios de los derechos y privilegios de la membresía. Con frecuencia se nos recuerda acerca de casos en que hombres de gran rango, poder y privilegio solían acudir a su logia, donde su propio criado o empleado presidía como maestro, por lo que debían subordinarse a él en esa responsabilidad. Es importante considerar el rol del maestro de la logia como una gran responsabilidad, no como un simple papel que alguien juega para luego irse a casa. Asumir esa función requiere de mucho tiempo y atención. Por tal motivo, los maestros del pasado que ejercieron y cumplieron con sus períodos, gozan de un respeto especial entre los miembros.

LOS ANTIGUOS Y LOS MODERNOS: LAS PRIMERAS CRISIS DE LA ORDEN

En los años posteriores a la constitución de la Gran Logia de Inglaterra, los ideales de la masonería fueron puestos a prueba. La Gran Logia de Inglaterra ejercía su dominio sobre las otras grandes logias que le siguieron, en particular la de Irlanda (1725) y Escocia (1736). Se constituyeron grandes logias en Francia; aunque las fechas no son muy claras, parecen haber sido creadas antes de la década de 1730. En Alemania (1737), Dinamarca (1745) y Países Bajos (1756) se establecieron grandes logias. Las primeras grandes logias en las colonias inglesas fueron fundadas por la Gran Logia de Inglaterra y se ubicaron en Filadelfia (1731) y Boston (1733), a las que rápidamente siguieron otras. Pronto entraron en competencia grandes logias que se formaron en distintos países, para oponerse a lo que percibían como la imposición de dictámenes de la Gran Logia de Inglaterra, restándoles independencia. Muchas de estas grandes logias estuvieron activas por generaciones, pero finalmente fueron absorbidas por la Gran Logia Unida de Inglaterra, mientras que otras, como las de las colonias y las de Europa, mantuvieron su estatus independiente. Las más importantes de estas nuevas logias que se opusieron a las resoluciones provenientes de las grandes logias, dieron lugar a muchos de los aspectos más interesantes de la masonería moderna, incluyendo la batalla entre los Antiguos y los Modernos.

En 1751, veintiocho años después de la publicación de las *Constituciones* de Anderson que describían las reglas y regulaciones de la masonería, un grupo de masones irlandeses que vivía en Londres formó la Gran Logia de los Antiguos. La Gran Logia se fundó en 1717 y prohibía a los masones irlandeses asistir a las logias de Londres, en protesta contra lo que los Antiguos consideraban una observancia laxa de las tradiciones y los símbolos masónicos. Se desató una crisis entre los dos bandos: los Antiguos, que abogaban por una observancia más detallada y tradicional de la masonería, y los Modernos, como se les conocía, que pugnaban por una mayor flexibilidad en la práctica de las logias. Entre las preocupaciones de los Antiguos estaban la falta de igualdad de los Modernos, el abandono del rezo en las logias, la negativa a reconocer el grado de Arco Real (discutido en el capítulo 9) y la falta de observancia de las festividades de los santos Juan Bautista y Juan Evangelista.

Finalmente, en 1813 los dos bandos se juntaron mediante una elaborada ceremonia de armonía y unión —el verdadero esplendor masónico— para formar la Gran Logia Unida de Inglaterra. Aunque la unificación pudiera parecer un asunto menor en la historia de la fraternidad, es fundamental entender que los masones de entonces fueron hombres de convicciones y honor, pues incluso estando en profundo desacuerdo entre ellos sobre cuestiones que consideraban básicas para la Orden, finalmente pudieron llegar a una resolución razonable y viable en la verdadera forma y estilo masónicos. Los suyos no eran ideales que seguían solo por conveniencia; por el contrario, los defendían siempre que eran puestos a prueba, aunque a veces fuera de manera imperfecta.

La crisis entre Antiguos y Modernos significó otro punto de inflexión en la masonería. Así como la aceptación de "caballeros" en las logias, menos de un siglo antes, había iniciado su transformación desde gremios puramente operativos hacia organizaciones sociales más amplias, la formación de la primera gran logia condujo a un movimiento cultural y cívico de mayor amplitud, y la lucha de ideales entre Antiguos y Modernos vendría a crear una tercera transformación en la masonería: el surgimiento de organizaciones anexas.

LA MASONERÍA COMO METÁFORA DEL DESARROLLO INDIVIDUAL

Desde tiempos de los gremios medievales, la masonería había cambiado organizacionalmente, tanto en apariencia externa como interna. Las metáforas que se insertaron en los rituales de trabajo de albañilería se transformaron fácilmente en metáforas del desarrollo humano, tanto a nivel individual como social. Se "construía" y se "levantaba" una mejor persona y una mejor sociedad. Un edificio se diseñaba con belleza, inspiración, reverencia, culto y funcionalidad; aplicar el mismo razonamiento a las personas y a la sociedad podría permitir una vida mejor. Los masones creían que la razón, el intelecto y el estudio de las siete artes y ciencias liberales (gramática, retórica, lógica, aritmética, geometría, música y astronomía) complementarían —y en muchos casos reemplazarían— a la fe ciega y la devoción que exigía la Iglesia medieval, debilitada durante el Renacimiento. Ahora bien, cuando Europa occidental estaba a punto de entrar en la era de la Ilustración Dios existía, pero para conocer y comprender al Gran Arquitecto del Universo primero había que conocerse y comprenderse a uno mismo. La autorreflexión, la conducta moral y ética, y la superación personal a través del camino del conocimiento y la sabiduría y su sistema más preciso, el método científico, eran las herramientas que la masonería ofrecía a sus miembros en sus viajes de autodescubrimiento. Las claves de esa superación personal estaban incrustadas en los símbolos de la masonería, así como en las catedrales góticas de siglos anteriores, una superación profundamente personal, espiritual y, tal como lo demostraron algunos de los miembros más importantes de la Royal Society, profundamente esotérica. En los grados del Rito de York y del Rito Escocés, así como en numerosos ritos que desde hace mucho tiempo han quedado inactivos, se preservaba y demostraba a los miembros la mitología, la historia y el simbolismo del hermetismo. De acuerdo con el auténtico proceder masónico, los símbolos e ideales estarían a la vista en las estructuras, rituales e iniciaciones, pero no se darían explicaciones sobre ellos. Este comentario final es fundamental, ya que cada masón debe llegar a comprender a su manera lo que se le presenta. Las claves del hermetismo, así como de los demás temas relacionados, están siempre presentes y siempre ocultas (a simple vista) en los rituales masónicos, la mayoría de los cuales fueron creados durante el prolífico período de expansión masónica en el siglo XVIII.

¿Qué es la masonería?
Puntos clave

1. La masonería se define a sí misma como "un peculiar sistema de moralidad, envuelto en un velo de alegorías e ilustrado con símbolos".

2. El objetivo de la masonería es "hacer mejores a los hombres buenos", a través de la filosofía, la caridad y la fraternidad.

3. Los rituales de la masonería se derivan principalmente de las referencias bíblicas sobre la construcción del Templo de Salomón, la mitología masónica específica y prácticas gremiales comerciales anteriores, que datan al menos de la Edad Media.

4. Los masones "operativos" son albañiles que se dedican a las artes de la construcción.

5. Los masones "especulativos" o "aceptados" son los miembros de gremios masónicos que no son operativos, pero que participan en las aplicaciones filosóficas, morales y esotéricas de las prácticas y símbolos masónicos.

6. Elias Ashmole y Robert Moray, fueron dos figuras claves en la masonería antes de 1717.

7. A Elias Ashmole suele llamársele "el primer masón" y se le atribuye el mérito de cofundar la Orden. Aunque ambas afirmaciones son falsas, indican la importante influencia que tuvo en la Orden a fines del siglo XVII. Ashmole era socio de William Lilly, autor de *Astrología cristiana*, y fue un ávido coleccionista de manuscritos esotéricos y de ocultismo. La colección de materiales de John Dee, recopilados por Ashmole, se encuentra en el Museo Británico.

8. Robert Moray fue uno de los fundadores originales de la Royal Society y un ávido investigador de la alquimia.

9. La primera gran logia, la Gran Logia de Inglaterra, fue fundada en 1717. Antes de esa fecha, los registros sobre masonería son escasos, aunque no cabe duda de que la Orden ya existía.

10. En 1723, bajo la dirección de la Gran Logia de Inglaterra, James Anderson, ministro presbiteriano, publicó su *Libro de las Constituciones*, donde describe la historia de la masonería, sus reglas y prácticas.

11. Las antiguas costumbres, prácticas y peculiaridades en la celebración de los ritos masónicos, se conocen como símbolos. Aunque pueden variar de una logia a otra y no existe un número fijo de símbolos,

muchos son fácilmente identificables por cualquier masón que esté de visita en otra logia, independientemente de su lugar de origen.

12. La primera gran crisis de la masonería se produjo en 1751, cuando un grupo de masones irlandeses que vivía en Londres formó la Gran Logia de los Antiguos, dividiendo a la masonería inglesa en dos bandos: los Antiguos, adheridos a tradiciones más antiguas, y los Modernos, que favorecían la presentación de rituales más elaborados y filosóficos. Esta división finalmente se reconcilió, lo que dio origen a la actual Gran Logia Unida de Inglaterra.

Tareas para el capítulo uno

1. Imagina cuál era el contexto social en el siglo XVII y a principios del siglo XVIII. Imagínate en ese contexto. ¿Cómo intentarías organizar a la gente? ¿Qué tipo de red de contactos necesitarías? ¿Cuáles serían las reglas? ¿Cómo seleccionarías, admitirías y reconocerías a sus miembros? ¿Cuáles serían los ideales unificadores más importantes? ¿Cómo empezarías a poner en práctica tales ideales?

2. Reflexiona sobre tu participación en la sociedad. ¿A qué organizaciones perteneces? ¿Son básicamente para la promoción de negocios, el entretenimiento o el desarrollo personal? Basándote en tu autoevaluación, identifica las distintas organizaciones de servicio de tu comunidad, como el Club de Leones, el Club Rotario, Kiwanis o instancias similares, y únete a una como medio para poner en práctica tus ideales más elevados de una manera no sectaria y apolítica, sin recibir crédito individual por tus acciones.

¿Qué es la masonería?
Lecturas recomendadas

The Golden Builders: Alchemists, Rosicrucians, and the First Freemasons, de Tobias Churton (Red Wheel/Weiser, 2005). Una exploración bien escrita y detallada de los primeros años de la masonería y su relación con las tradiciones anteriores de alquimistas y rosacruces.

Gnostic Philosophy: From Ancient Persia to Modern Times, de Tobias Churton (Inner Traditions, 2005). Una mirada al más amplio contexto de las prácticas espirituales personales y la iluminación en relación con las tradiciones esotéricas occidentales, en las que la masonería juega un papel central.

The Origins of Freemasonry: Facts and Fictions, de Margaret C. Jacobs (University of Pennsylvania Press, 2006). Una exploración espectacular y una lectura maravillosa sobre los primeros años de la Orden, realizada por una de las principales eruditas del mundo.

2

El Templo de Salomón y la leyenda de Hiram Abiff

Así, la masonería no pretendía ser la heredera legítima del Templo, pero no negaba la existencia de vínculos tradicionales entre el Templo y las Logias.

JEAN TOURNIAC, *PRINCIPES ET PROBLÈMES SPIRITUELS DU RITE ÉCOSSAIS RECTIFIÉ ET DE SA CHEVALERIE TEMPLIÈRE*

LO QUE SE CONSIDERA ARQUITECTURA en el mundo moderno generalmente no es más que una mezcla de utilitarismo burdo, como los bloques de apartamentos de hormigón de la era soviética y las expresiones de neurosis psíquica que cobran vida tridimensional en actos de arrogancia tales como la Torre Sears (ahora llamada Torre Willis), toda la ciudad de Las Vegas y el complejo turístico para ultramillonarios de Dubái, donde se puede esquiar en espacios interiores a pesar de que la temperatura media exterior sobrepasa los 38 grados centígrados. A partir de estas creaciones vemos claramente, aunque de manera inconsciente, la verdad de que cada edificio es una especie de templo, y cada cultura rinde tributo a sus dioses construyéndoles el templo más grande y más céntrico que se pueda concebir. Durante los períodos medieval y renacentista, las iglesias y catedrales eran los edificios más grandes de las ciudades y ocupaban la plaza central. Conforme aumentó la vida civil, este espacio fue compartido por edificios de gobierno, y en el siglo XIX vemos que la religión y el gobierno literalmente comenzaron a situarse a las sombras del comercio y la banca. Para mediados del siglo XX, el rascacielos se convirtió en la nueva torre de luz que guiaba los pasos del ser humano, y hacia finales de la centuria, muchos de los edificios más grandes y céntricos fueron destinados a programas sociales de gobierno.

Cada uno representa las verdaderas y más profundas creencias inconscientes de su generación, y con cada uno vemos la transición del arte a la función, del ideal a la utilidad y de la inspiración a la muerte en un cubículo. El edificio representa el mundo interior manifestado, la visión del cosmos, y en ninguna parte esto fue más evidente que en los períodos clásico y medieval. El templo es el microcosmos colectivo que todos pueden ver y en el que todos pueden participar; es la historia mítica encarnada. En el mundo antiguo dominaba la suposición de que existía una presencia inmanente de lo divino.

En el mundo moderno, ya sea en la falsa utopía del comunismo (así como en su engañosa rectitud política) o en el consumismo vacuo y la búsqueda excesiva de riqueza material en que se ha transformado el capitalismo, el tema dominante es el progreso eterno bajo la dirección del materialismo científico. No sorprende que, durante décadas, y sin un final aparente, formas simplistas y radicales de fundamentalismo religioso hayan atraído a seguidores no solo de las clases más bajas de la sociedad, sino también —y cada vez más— de las clases media y alta*.

EL TEMPLO DE SALOMÓN

La construcción del Templo de Salomón es el acontecimiento histórico más importante de la tradición masónica y constituye la base de todo el trabajo

---

*Vale la pena que bajo esta luz recordemos el Shiva Purana, que dice: "El final del Kali Yuga es un período particularmente favorable para buscar el conocimiento verdadero. Algunos alcanzarán la sabiduría en poco tiempo, pues los méritos adquiridos en un año durante la Era Treta (el segundo ciclo, la Era del Ritual) pueden obtenerse en un solo día en el Kali Yuga". En la filosofía tradicional india hay cuatro etapas del despertar espiritual humano, que ocurren en orden descendente. Son similares a las que encontramos también en la mitología griega. De ellas, la más alta es la Era Dorada y la más baja es el Kali Yuga, o Era de Hierro. Debido a que pocas personas practicarán el Kali Yuga, se requerirá un mayor esfuerzo y, por lo mismo, se pueden obtener mejores resultados que en una era más fácil. El aprendizaje está en que obtenemos más habilidades y una mejor comprensión mediante la superación de las dificultades.

de grados, incluyendo los grados explicativos posteriores al de Maestro Masón, que desarrollan y explican los significados más profundos de los tres primeros grados y constituyen la base del Rito Escocés y del Rito de York. El Templo de Salomón es, sin lugar a dudas, el edificio más importante del simbolismo esotérico occidental. Mientras que el complejo de la Gran Pirámide, el Templo de Luxor e incluso la Cripta puramente simbólica de Christian Rosenkreutz desempeñan papeles importantes, solo el Templo de Salomón ha continuado siendo un punto focal histórico y espiritual, desde su construcción, para creencias y prácticas tanto exotéricas como esotéricas.

En *The Temple at Jerusalem: A Revelation*, John Michell, uno de los principales exponentes mundiales de la geometría sagrada, hace la siguiente observación:

> El plano del Templo que fue revelado al rey David, al igual que el plano del Tabernáculo que lo precedió, era una composición de proporciones y armonías que representaban la estructura del universo. Su medición se hizo utilizando ciertas unidades "sagradas", todas ellas relacionadas con el pie, medida que se utiliza hoy en día, y también relacionadas con las dimensiones de la Tierra. Al describir su visión del Templo, el profeta Ezequiel mencionó tres unidades en sus dimensiones; codo, el codo y palmo o codo mayor y la vara de seis codos mayores[1].

Un cubo son 1,728 pies, explica Michell. El aspecto duodecimal del codo (1,728 es el producto de 12 × 12 × 12) puede apreciarse cuando se representa en pies, y puede remontarse directamente a las unidades de medida utilizadas en la construcción de monumentos egipcios y de la Gran Pirámide en particular. Además, señala que las distintas unidades de medida de las civilizaciones antiguas —griega, romana, egipcia y hebrea— se relacionan entre sí mediante simples proporciones. Su unidad esencial y su uso en todo el mundo sugieren que derivan de una civilización más antigua, aún por descubrir, que una vez ocupó el planeta Tierra*.

En este mismo contexto, Michell también sugiere que, aunque el Templo de Jerusalén suele verse únicamente en el contexto de las religiones abrahámicas, tuvo gran importancia para una fe más antigua que

---

*Para un análisis detallado de este tema, véase *Uriel's Machine*, de Christopher Lomas.

las precedió y que también procedía de la misma fuente cosmológica. Michell señala:

> Ya sea por casualidad o por intención divina, Jerusalén se ha convertido en el templo de cuatro religiones distintas, como los cuatro ríos del paraíso que surgían de debajo del Templo hacia las cuatro direcciones: los judíos al este, los musulmanes al sur, los cristianos al oeste y, en dirección al polo norte, los seguidores de aquel antiguo sistema religioso que precedió a los demás[2].

Construido en la ciudad de Jerusalén (cuyo nombre significa "nueva paz") hacia mediados del siglo X a.C. y hecho de piedra, madera de cedro y oro, el original Templo de Salomón era una estructura pequeña diseñada para albergar el Arca de la Alianza. En 1 Reyes 5:15–7:51 y 2 Crónicas 1:18–5:1 se dan detalles sobre el diseño y equipamiento del Templo; sus dimensiones eran de sesenta codos de largo, veinte de ancho y treinta de alto. Un codo, estandarizado más tarde en la Edad Media, es aproximadamente la longitud desde el codo hasta la punta del dedo medio, es decir, entre dieciocho y veintidós pulgadas (la palabra "codo" se deriva del latín *cubitus*, codo). De ello se deduce que el Templo medía algo más de cien pies de largo, treinta de ancho y cincuenta de alto. La parte central del Templo medía cuarenta codos y servía de lugar santísimo o santuario interior. Aquí, detrás de una gruesa cortina, donde solo podía entrar el sumo sacerdote y solo una vez al año, se guardaba el Arca de la Alianza.

El Arca de la Alianza era fundamental para la identidad de los primeros judíos, ya que contenía las tablas rotas de los Diez Mandamientos, recibidas por Moisés en el monte Hebrón y rotas por él cuando vio a los judíos adorando el vellocino de oro. El Arca está asociada a una gran cantidad de leyendas y tradiciones, tanto antiguas como contemporáneas, entre las que se incluye la afirmación de que posee poderes ocultos*.

---

*La película *En busca del Arca perdida* es la más famosa en este género, y en poco tiempo las casas editoriales la convirtieron, junto con todo lo relacionado al Santo Grial, el Templo de Salomón, los Caballeros Templarios y la masonería, en una redituable industria. Gran parte del material no es más que una mera especulación colgada del escueto marco de una cronología histórica que pretende rellenar las piezas faltantes del rompecabezas.

Resulta interesante, desde una perspectiva masónica, que la relación simbólica entre la longitud, la anchura y la altura de la logia sea 3:1:2, similar a la serie de golpes que da un maestro con su martillo para dar inicio a las actividades de una logia. Esa proporción, así como los valores numéricos de 60, 20 y 30, que se ajustan a ella, también han sido objeto de interminables especulaciones desde la perspectiva simbólica de la geometría sagrada y su numerología.

Una logia masónica se configura según el simbolismo geográfico tradicional, con la entrada en el oeste, los asientos a lo largo de los lados norte y sur, y el puesto del maestro en el este. El maestro es la cabeza oficial de la logia durante su mandato. El primer vigilante y el segundo vigilante son oficiales elegidos que prestan asistencia en las funciones rituales y también en la capacitación de futuros maestros. La disposición de los oficiales se conoce como "Línea", ya que generalmente uno sirve primero como segundo vigilante, luego como primer vigilante y finalmente como maestro de logia. Los vigilantes primero y segundo se ubican al oeste y al sur, respectivamente. Ningún oficial se sienta en el norte. El Guardatemplo es el vigilante externo que se sienta fuera de la sala para vigilar que no entren personas ajenas a la Orden mientras la logia está en sesión. Por tradición, esta función le corresponde al anterior maestro de la logia una vez finalizado su mandato, aunque no siempre es así. Los demás oficiales se sitúan tanto dentro como fuera de la logia y desempeñan funciones administrativas y ritualistas.

Las logias masónicas modernas siguen un patrón general del Templo de Salomón. Dos grandes pilares, llamados Jaquín y Boaz, flanqueaban la entrada del Templo de Jerusalén. La logia masónica también tiene estos dos pilares. Dependiendo de la jurisdicción, algunas logias presentan dos grandes pilares ubicados delante de la entrada a la sala de la logia. En otras logias, los pilares se representan con unas columnas que portan el primero y segundo vigilantes. Además del lugar donde se encuentren, los pilares masónicos se denominan Pilares del Pórtico, como deferencia a su ubicación en el histórico Templo. Esto indica algo que pocos saben sobre el ritual masónico: los tres grados tienen lugar en la entrada o alrededor de esta, y nunca dentro de la logia como tal o en el espacio que representa el Lugar Santísimo del antiguo Templo. En la logia moderna, este Lugar Santísimo se sitúa en un área que hay entre el puesto del maestro, al este, y el altar, en el centro de la sala*.

En 2 Crónicas 3:15–17 encontramos lo siguiente:

> También construyó dos columnas de treinta y cinco codos de altura delante de la casa, y el capitel que había sobre cada una de ellas era de cinco codos.
>
> E hizo cadenas, como en el oráculo, y las puso sobre las cabezas de las columnas e hizo cien granadas y las puso sobre las cadenas.
>
> Y erigió las columnas delante del templo, una a la derecha y otra a la izquierda; y puso por nombre, a la de la derecha, Jaquín, y a la de la izquierda, Boaz.

Jaquín y Boaz son probablemente los símbolos más notorios y reconocibles en la masonería, los cuales le confieren un poderoso vínculo con tradiciones esotéricas más antiguas, en particular con el misticismo judío o cábala. En el *Sefer Yetzirah*, uno de los primeros manuscritos cabalísticos, estos pilares se mencionan en relación con el Árbol de la Vida y las Diez Esferas de la Creación, o *Sefirot*†. Estas esferas se utilizan ampliamente en las prácticas cabalísticas, y se dice que juntos representan una escalera al cielo. En el simbolismo masónico, las escaleras representan el ascenso del hombre de la ignorancia a la iluminación, o de la crudeza al refinamiento.

En el *Sefer Yetzirah* leemos:

> El surgimiento de las diez esferas a partir de la nada es como un relámpago, pero sin fin. Su palabra está en ellas, cuando van y vuelven

---

*Otros aspectos de la logia se basan más en la alegoría y la mitología masónicas que en hechos históricos. Entre ellos figuran los ornamentos de una logia, cuyos símbolos principales son el piso de tablero de ajedrez, la tabla de caballete y el pentagrama. Estos ornamentos no son en modo alguno universales y, como tantas otras cosas, estarán presentes en una jurisdicción, pero ausentes en otra.

†Para más información sobre el Árbol de la Vida y las Sefirot, véase *Kabbalah for Health and Wellness*, revisado y actualizado por Mark Stavish (2017).

y corren por orden suya como un torbellino y se humillan ante su trono (capítulo 1, sección 5).

… Estas son las diez esferas de la existencia, salidas de la nada. Del espíritu del Dios Viviente emanó el aire; del aire, el agua; del agua, el fuego o éter; del éter, la altura y la profundidad, el este y el oeste, el norte y el sur (capítulo 1, sección 9).

… Él creó una realidad de la nada, trajo la inexistencia a la existencia y talló, por así decirlo, pilares colosales con el aire intangible (capítulo 2, sección 6).

El primer Templo de Salomón permaneció en pie por casi quinientos años, o hasta 586 a.C., cuando fue destruido por los asirios tras una revuelta fallida del pueblo judío. Durante setenta años estuvo en ruinas, tras lo cual gran parte de la población de Israel fue deportada a Babilonia, iniciándose el período conocido como "cautiverio de Babilonia". Fue durante este periodo en que se creó el Talmud de Babilonia, y cuando la angelología y demonología judías se vieron influenciadas por las tradiciones y prácticas de magia babilónicas imperantes. Y cuando los babilonios, a su vez, fueron conquistados por los persas, el rey Ciro permitió que Esdras y setenta seguidores regresaran a su tierra natal para ver qué había sido de ella y de sus habitantes. Lo que Esdras encontró fue poco más que gente viviendo en casuchas y ruinas, judíos solo de nombre, sin conocimientos sobre sus creencias o prácticas religiosas. Cuando los judíos restantes pudieron abandonar Babilonia y reunirse con Esdras, el Templo fue reconstruido, aproximándose al diseño original del primer Templo. Este segundo Templo fue renovado posteriormente por el rey Herodes; la construcción comenzó hacia el año 20 a.C., pero fue arrasado por los romanos en el año 70 d.C., tras otro fallido levantamiento judío.

El Templo fue objeto de mitos y misterios durante toda la Edad Media. Durante las Cruzadas, los templarios establecieron su primer cuartel general en las antiguas caballerizas del Templo en ruinas. Esto daría lugar a un sinfín de especulaciones acerca de sus actividades. Las recientes pruebas arqueológicas demuestran que se llevaron a cabo extensas excavaciones de túneles durante el período templario.

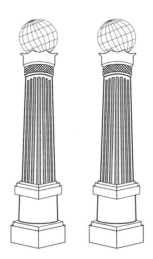

Jaquín y Boaz, pilares del Pórtico

SALOMÓN, EL MAGO

Salomón, tercer rey de Israel, ascendió al trono tras la muerte de su padre, el rey David, a finales del siglo x a.C. Los cuarenta años del reinado de Salomón (circa 986 – circa 933 a.C.) supusieron el máximo esplendor del reino israelí. Esto se debió en gran parte a los logros de David, a la capacidad administrativa de Salomón y al debilitamiento temporal de los imperios vecinos de Egipto y Babilonia.

La supuesta sabiduría de Salomón es bien conocida y está recogida en relatos bíblicos, mitos populares e incluso en los medios de comunicación modernos. También existen referencias gnósticas de Salomón, como la que figura en uno de los textos de Nag Hammadi. Su sabiduría se extendía a los campos de la magia y las artes ocultas. Ya en el siglo I d.C. se atribuían a su autoría libros sobre invocación y magia.

Uno de estos libros; el *Testamento de Salomón*, cuenta cómo construyó el primer Templo por medios mágicos, sometiendo a su poder a cincuenta mil *djinn*, o seres mágicos (posiblemente demonios), para que le hicieran el trabajo.

En *Antigüedades de los judíos*, escrito hacia el año 93 d.C., el historiador judío Flavio Josefo señala: "Él (Salomón) no era en modo alguno inferior a los egipcios, de quienes se dice que superaban a todos los hombres en entendimiento... Dios también le concedió la capacidad de expulsar demonios; una ciencia útil y sanadora para el hombre"[3].

La imagen de Salomón como mago siguió ganando terreno, y llegó a estar incluso al nivel de la de Thot o Hermes Trismegisto, al punto de que en la Edad Media y principios del Renacimiento estas dos figuras —una egipcia o "pagana" y la otra judía— eran consideradas como el arquetipo de los magos.

En una época en la que se consideraba que la magia era obra del diablo, el pentagrama —conocido como "pata de cabra"— y la cacería de brujas (y las masacres contra los judíos) estaban frescos en la memoria, se hicieron esfuerzos considerables por sanear e integrar tales ideas esotéricas.

Para que la gente los aceptara, se difundía que Hermes era contemporáneo de Moisés y que, por supuesto, el Sabio Salomón era un mago que solo utilizaba sus conocimientos para el bien.

Sin embargo, esta "limpieza" no fue aceptada universalmente. Una colección de escritos, conocida como literatura salomónica, constituyó la base de una rama de la magia conocida como magia salomónica. Entre estos libros figuraban el *Testamento de Salomón*, así como la conocida *Llave Menor de Salomón* y la *Llave Mayor de Salomón*, el *Libro de Salomón sobre gemas y espíritus*, el *Shem ha-Mephorash del Rey Salomón* y diversos libros sobre las artes notariales. Las artes notariales constituyen un campo de la magia de especial interés para los eruditos del Renacimiento, ya que supuestamente permiten aprender cualquier materia rápidamente y sin dificultad. Se dice que Salomón recibió sus conocimientos directamente de Dios; sin embargo, pese a ello (o posiblemente por tener un tono demasiado gnóstico), la Iglesia Católica Romana reprendió de forma excepcional las artes mágicas, condenándolas en repetidas ocasiones y destruyendo ejemplares de libros sobre el tema cuando se les encontraba. El folclor del Medio Oriente y del sur de Asia avala la visión de Salomón como mago, y gran parte de lo que conocemos en este contexto nos ha llegado a través de *Las mil y una noches*. Traducido por *sir* Richard Francis Burton (y publicado como *El libro de las mil y una noches*), los relatos sin censura están contenidos en dieciséis volúmenes que se publicaron entre 1885 y 1888.

Burton fue uno de los viajeros, lingüistas y amantes más célebres del mundo, cuyas aventuras tuvieron lugar en plena era victoriana, y era masón, iniciado en la Logia de la Esperanza, en Karachi, India. Su fascinación por los relatos antiguos comenzó en los inicios de su carrera y se empeñó en recopilar, en la medida de lo posible, información e historias de cuentos durante sus extensos viajes por el norte de África, el Medio Oriente y Asia. La traducción hecha por Burton se considera insuperable, no solo por su interpretación de la poesía, sino por sus notas, extraídas directamente de su experiencia con la cultura árabe y musulmana, de la sabiduría popular, la magia popular, el misticismo sufí y la sexualidad.

Las mil y una noches, como se conoce comúnmente la colección, es básicamente una serie de relatos que forman parte de una historia mucho mayor donde desempeñan un papel clave la magia, el misticismo y diversos seres míticos. El más largo de los relatos, del cual se dice que fue contado durante cincuenta y tres noches, es el de "La reina de las serpientes", que guarda relación directa con experiencias místicas muy veneradas en culturas asiáticas. Los símbolos de la alquimia y la magia están presentes en la iconografía. Tal es el caso del famoso anillo de Salomón, símbolo místico de la unión divina con el que Salomón mantiene sellados a los *djinn* (o demonios) en un recipiente de bronce. Para los masones y los rosacruces, sin embargo, lo que más interesa en "La reina de las serpientes" es la búsqueda de la tumba de Salomón, la cual se dice que está escondida en el monte sagrado de Qaf. Qaf, según Burton, era una interpretación de las montañas persas de Alborz (las montañas de Elburz, en el Irán actual). Es en las montañas de Alborz donde el redentor del zoroastrismo espera la segunda llegada de un "gran mensajero" y el fin del mundo. Según la leyenda relatada por Burton, es en ese monte sagrado donde se encuentra el ataúd de Salomón, tras haber sido transportado a través de los Siete Mares Místicos.

Burton señala, además, que el simbolismo utilizado en *Las mil y una noches* es claramente sufí en muchos aspectos, y que el símbolo del ave, ideograma del alma en el Medio Oriente, es un motivo común. El vuelo del ave denota la búsqueda humana de las realidades divinas y su peregrinaje a través de la vida. Burton traduce este deambular como "viajar", y a quienes emprenden dicho viaje los llama "viajeros", término comúnmente usado para referirse a un masón[4]. Temas similares aparecen en el *Picatrix*, texto árabe de magia y misticismo que data del Renacimiento o incluso antes.

EL *PICATRIX*

El *Picatrix* es un texto muy completo sobre magia empática y astral, de gran peso en círculos del Renacimiento. Se ocupa principalmente de la construcción de talismanes (o imágenes mágicas físicas) y se basa en la posición zodiacal de los planetas y en la creación de oraciones o invocaciones al poder espiritual personificado por los planetas. Se describen más de cincuenta imágenes (posiblemente de origen babilónico)[5], así como momentos, lugares, actitudes y gestos rituales apropiados para que el operador pueda invocar con éxito el poder del planeta elegido. El título de la obra, *Picatrix*, es el nombre latino dado a la traducción de 1256 de *Ghayat al Hakim fi'l-shir* (el objetivo de los sabios a través de la magia), texto árabe sobre magia generalmente atribuido al matemático hispano musulmán del siglo XI al-Madjriti*. El texto latino, muy utilizado en el Renacimiento, difiere ligeramente del original árabe y es más corto. Aunque nunca se imprimió, gozó de una amplia difusión en forma manuscrita a lo largo de los siglos XV y XVI[†6].

Las piedras preciosas y las gemas son los materiales preferidos para elaborar imágenes o talismanes. De hecho, las gemas con imágenes de deidades se utilizaron durante el periodo medieval e incluso muchos monasterios tenían sus propios camafeos, así como reliquias, cruces, libros, altares y relicarios adornados con gemas de diferentes tipos.

Sin embargo, el conocimiento de cómo tallar dichas imágenes en gemas se perdió durante los siglos segundo y tercero. La práctica de crear

---

*El título, *Picatrix*, posiblemente sea una corrupción del nombre Hipócrates, y sus imágenes quizá sean de origen babilónico. Véase *The Survival of the Pagan Gods,* de Jean Seznec (Princeton, New Jersey: Princeton University Press, 1981), 53, 60.

†El texto arabico original se tradujo primero al español, bajo el patrocinio de Alfonso el Sabio, rey de Castilla; desgraciadamente, el manuscrito español no se ha conservado. Posteriormente se tradujo al hebreo con el título *Takhlit he-hakham*.

estas imágenes fue sustituida por la simple posesión de la gema correspondiente; inclusive el pasaje del *Picatrix* donde se detalla la creación de tales talismanes, parece haber desaparecido.

CLAVICULA SALOMONIS

La *Clavicula Salomonis* o "Llave de Salomón" es uno de los textos de magia más famosos y que sigue ejerciendo gran influencia en círculos de magia hasta nuestros días. El texto, presuntamente escrito por el rey Salomón, contiene treinta y seis imágenes diferentes de talismanes, así como instrucciones detalladas sobre su elaboración, uso y finalidad. Los talismanes se describen según su relación con los siete planetas clásicos. Al igual que Moisés, Hermes Trismegisto y otros, a Salomón generalmente se le relaciona con textos de magia, debido a la abundante mitología que rodea su reinado. Se dice que poseía un anillo mágico y que lo utilizó para controlar a cincuenta mil demonios en la construcción de su famoso templo. A pesar de ser pseudoepigráficos, es decir, compilados por alguien que no es precisamente su autor, muchos de estos libros siguen teniendo gran valor en la magia.

En lugar de tener su verdadero origen en las manos del propio rey Salomón, la *Clavicula Salomonis* fue una creación muy posterior, y es una combinación de elementos mágicos cristianos, judíos y árabes. De hecho, se tradujo al hebreo durante el siglo XVII para intentar dar credibilidad a su presunta antigüedad. Del mismo modo, la famosa obra *Libro de la magia sagrada,* de Abramelín, supuestamente escrito por "Abraham, el judío de Worms" en el siglo XV, fue escrito originalmente en alemán[7].

La mayoría de los talismanes descritos en la *Clavicula Salomonis* utiliza una estrella de cinco puntas (pentagrama) o una estrella de seis puntas, comúnmente llamada Estrella de David (*Magen David*). Este símbolo, aunque ahora se le identifique universalmente con el judaísmo, ya se utilizaba en la Edad de Bronce y aparece en culturas tan dispersas como la británica o la mesopotámica, con ejemplos de la Edad de Hierro procedentes de la India e Iberia[8].

El uso de este símbolo se hizo frecuente entre los judíos y sus vecinos durante el periodo del Segundo Templo, donde se utilizó junto al pentagrama y la esvástica en los siglos II o III, aunque tal vez con fines meramente decorativos. El hexagrama no aparece en ninguno de los papiros de magia ni en las fuentes de magia judías, y tampoco se asocia a tales prácticas sino hasta principios del periodo medieval.

En los textos árabes, el hexagrama se utilizaba junto con otros símbolos geométricos y se conocía como "Sello de Salomón", término adoptado posteriormente por muchos judíos y, hacia el siglo VI, por los cristianos bizantinos. A partir del siglo XIII, el símbolo aparece en las biblias hebreas de Alemania y España[9].

Los magos árabes utilizaban mucho este símbolo, intercambiándolo por el pentagrama. En los círculos judíos, su uso era mucho más limitado. Sin embargo, la idea de que tiene algún tipo de poder mágico puede proceder de fuentes islámicas. Es en el Corán donde se ve por primera vez a David haciendo uso de las enseñanzas mágicas ocultas e internas del judaísmo[10].

Entre los siglos XIII y XVII, el significado mágico y el uso de la Estrella de David aumentaron en popularidad, complejidad y significado. En el siglo XIV, Carlos IV permitió a los judíos de Praga crear una bandera para su comunidad. Se cree que fue la primera vez que se utilizó este símbolo para designar a una comunidad claramente judía. En el siglo XIX, los judíos empezaron a utilizar la Estrella de David para representar al judaísmo en su conjunto, del mismo modo que la cruz representa al cristianismo. Así, el símbolo adquirió un uso generalizado. Apareció en libros, literatura religiosa y membretes de organizaciones judías, en sinagogas y otros lugares[11].

SHEKINAH: LA DIOSA DEL TEMPLO

Se decía que en el interior del Templo de Salomón moraba la presencia de Dios y que podía ser percibida directamente por los presentes. Esta presencia divina, conocida como *shekinah*, se describe como una gran nube ondulante que se manifestaba durante los ritos y era físicamente palpable y tangible. La *shekinah* tiene atributos claramente femeninos, y en la tradición oral y en el Zohar su presencia se describe con iconografía sexual. Aunque algunos sugieren que esto podría ser el reflejo de los primeros rasgos politeístas en el judaísmo primitivo, otros señalan que Salomón pudo haber estado secretamente asociado al culto de Astarté y que durante el periodo romano se estableció un templo dedicado a Venus en el Monte del Templo. Todas estas teorías reflejan el culto a una deidad femenina.

El Templo de Salomón, e incluso el propio Salomón, están vinculados al culto, la expresión y la unión concreta con el poder creador del cosmos en términos claramente femeninos y sexuales. Si bien esta conexión se ha perdido para la mayoría de los judíos y cristianos, puede encontrar su supervivencia parcial en el "genio de la masonería", espíritu guía de la masonería que es claramente femenino y que se invoca al cierre de cada reunión de la logia. Se le llama "Sabiduría" y posiblemente se identifique con *sophia*.

Como veremos más adelante, esta noción de una presencia femenina de la deidad, en el mundo material tangible, era de gran importancia para los adeptos del Renacimiento. En esa época, el *anima mundi* o "alma del mundo" se describía como femenina, y tanto la alquimia como la geometría se personificaban como femeninas. Incluso vemos que las grandes revelaciones de la época, como la que se detalla en el manifiesto de 1616 *Las bodas alquímicas de Christian Rosenkreutz*, van precedidas de la visita de un ángel femenino. Y en la masonería, conceptos importantes como la Sabiduría, la Palabra y el Espíritu Santo también son de naturaleza femenina y constituyen las piedras angulares del simbolismo en la masonería.

SALOMÓN Y LA DIVINIDAD FEMENINA

Está claro que Salomón rendía culto a algo más que al altar de Yahvé, dios de los judíos, quizá en parte por haber introducido en Jerusalén a obreros de regiones vecinas para ayudar en la construcción del Templo. El diseño y construcción del Templo se rigieron por las estrictas normas de sus propios templos cananeos y sirios, en particular Tell Tainat, un templo sirio del siglo IX a.C. Los restos excavados de Tell Tainat muestran un templo dividido en tres secciones —entrada, nave y vestíbulo— junto con dos pilares a la entrada. Los trabajos en bronce realizados por Hiram Abiff, arquitecto del templo, guardaban similitud con los de otros cultos del Mediterráneo Oriental. Esto se debe a una sencilla razón: durante este periodo, las diferencias básicas en los rituales entre el culto de Yahvé y los cultos vecinos eran nominales, y la principal diferencia radicaba en las enseñanzas morales y cosmológicas.

Sin embargo, a pesar de que Salomón comprometió su devoción a Yahvé, las condenas bíblicas contra él son leves, en comparación con las de otros que se desviaron de la única y verdadera fe. En el primer Libro de los Reyes, y nuevamente en *Antigüedades de los judíos,* de Josefo, se afirma claramente que Salomón introdujo cultos adicionales en Jerusalén como resultado de su matrimonio con princesas extranjeras; sin embargo, los apologistas tienen razón solo en parte. Estas introducciones no se hicieron cuando ya Salomón era anciano, sino durante la construcción del Templo, y fueron esenciales para ello. Los matrimonios políticos fueron cruciales para que Salomón pudiera mantener la paz en sus fronteras; así, en lugar de tener que mantener un gran ejército, podía liberar mano de obra para sus enormes proyectos de construcciones civiles y religiosas.

Se dice que Salomón rendía culto al altar de Astarté; sin embargo, es posible que se trate de una confusión con la diosa Asera, bien conocida por los judíos e introducida en Jerusalén a raíz del matrimonio de Salomón con una princesa sidonia. Asera era una diosa de la agricultura y la fertilidad y, como muchas deidades de la cultura politeísta, a menudo se amalgamaba y se confundía con otras deidades. Asera era bien conocida por los obreros sidonios y tirios que Salomón importó para construir el templo dedicado a Yahvé.

HIRAM ABIFF Y LA PARTICULAR MITOLOGÍA DE LA MASONERÍA

Aunque la iniciación y la alegoría masónicas utilizan numerosas citas de las escrituras judías, en realidad hay muy poco en la masonería que pueda relacionarse históricamente con la Biblia. La mayor parte del ritual masónico es un mito compuesto o un cuento de moralidad creado para plantear una cuestión filosófica o moral, más que intelectual. Sin embargo, debido al limitado número de miembros base de la fraternidad con buen conocimiento de las escrituras religiosas o de historia, a menudo se pasa por alto este punto y se afirma que la masonería se encuentra en la Biblia. Sería más exacto afirmar que las escrituras judías, y más tarde las cristianas, pueden encontrarse en la masonería. Un ejemplo perfecto de la creación de este tipo de mitos lo podemos encontrar en una de las figuras centrales de la masonería: Hiram Abiff, el gran maestro asesinado por sus compañeros, en torno a quien se consagra la totalidad del 3er grado. Como escribe A. E. Waite en su *Nueva Enciclopedia de la Francmasonería*:

> La leyenda del maestro constructor es la gran alegoría de la masonería. Sucede que su historia figurativa se basa en el hecho de una personalidad mencionada en las Sagradas Escrituras, pero este antecedente histórico es un accidente y no la esencia; el significado está en la alegoría y no en cualquier punto histórico que pueda haber detrás[12].

Y para confundir las cosas más, el nombre de Hiram se utiliza dos veces en el ritual y mito masónicos: Hiram, rey de Tiro, e Hiram el constructor, que junto con el rey Salomón, constituyen los tres grandes maestros tradicionales de la masonería primitiva.

Hiram, rey de Tiro

El rey Hiram de Tiro era amigo del rey Salomón y, según las escrituras, lo ayudó a construir el primer templo en torno al cual se desarrolla toda la iniciación masónica. Tras la coronación de Salomón, Hiram envió embajadores y regalos. Salomón solicitó la ayuda de Hiram para construir el templo de Jerusalén e Hiram, a su vez, envió dinero, hombres y suministros acompañados de la siguiente respuesta:

"He oído el mensaje que me enviaste, haré lo que tú quieras en cuanto a las maderas de cedro y ciprés. Mis siervos las bajarán desde el Líbano hasta el mar, y haré de ellas balsas para ir por mar hasta el lugar que me indiques, y allí haré que las desaten y tú te las llevarás. Entonces cumplirás mi deseo dando alimento a mi casa" (1 Reyes 5:8–9).

Hiram hizo cortar madera y la envió al puerto de Jaffa, y desde allí se trasladó por tierra a Jerusalén.

A cambio, Salomón dio una gran cantidad de trigo y aceite para sostener la mano de obra que Hiram había enviado, y también dio al rey

Hiram veinte ciudades en la región de Galilea. Al parecer, Hiram no quedó satisfecho con este regalo y visitó personalmente a Salomón para informarle de su descontento.

Hiram, el constructor

Aunque el rey Hiram de Tiro y el rey Salomón de Israel desempeñan papeles importantes en la mitología masónica, al compararlos con Hiram Abiff pasan a ser actores secundarios. Este Hiram, también conocido como Hiram el constructor, fue uno de los trabajadores enviados por el rey de Tiro para ayudar en la construcción del Templo de Salomón. Se le describe en el ritual masónico y en las escrituras judías como "un hombre astuto, dotado de entendimiento" (2 Crónicas 2:13) e "hijo de una viuda de la tribu de Neftalí, y su padre era un hombre de Tiro, artífice del bronce, Hiram estaba lleno de sabiduría y entendimiento y de astucia para realizar todas las obras de bronce" (1 Reyes 7:14).

El nombre Abiff se deriva de la palabra hebrea *ab*, "padre", y es una designación de alto rango y respeto. De hecho, fue consejero y amigo de ambos reyes. Este nombre se utiliza para hacer una clara distinción entre Hiram, el rey de Tiro, y su leal arquitecto y amigo, Hiram el constructor, o Hiram el arquitecto. La singular veneración por el segundo Hiram dentro de la masonería dio lugar al término arcaico "hiramitas", en referencia a los masones en general, y en particular a aquellos que afirmaban que la fraternidad descendía del arquitecto del Templo.

La importancia esotérica radica en que Hiram el constructor erigió los dos pilares, Jaquín y Boaz, y tanto Hiram el constructor como Salomón estaban llenos de sabiduría (*hockmah*) y entendimiento (*binah*), las dos esferas del Árbol de la Vida que coronan los pilares. En el plano espiritual, ambos eran iguales, quizá incluso desiguales, siendo Hiram el superior de los dos, ya que es él quien fue asesinado más tarde y en torno del cual se tejen las leyendas de la Orden y su sabiduría secreta.

Según la Biblia, Hiram Abiff "asentó las columnas en el pórtico del Gran Salón; colocó una columna a la derecha y la llamó Jaquín y colocó la otra columna a la izquierda y la llamó Boaz. En la parte superior de cada columna había un tallado de lirios. Así quedó terminada la obra de las columnas" (1 Reyes 7:21–22).

Las columnas estaban decoradas con tallados de granadas, símbolo de fertilidad y abundancia, ya que la fruta del granado era la manzana original del árbol del conocimiento del bien y del mal del Jardín del Edén. Si el árbol del conocimiento podía corromper al hombre y provocar su desgracia, el Árbol de la Vida era capáz de proporcionarle los medios para recuperar su gloria original.

De aquí se desprende una comprensión peculiar de la alegoría masónica y de sus sutiles enseñanzas sobre la igualdad y la autoridad. Los tres grandes maestros tradicionales tienen la misma importancia en el trabajo, ya que se necesita la sabiduría de Salomón para visualizar el Templo, la riqueza o la fuerza del rey de Tiro para construirlo, y las habilidades de Hiram el constructor para añadir belleza a la obra final. He aquí los tres pilares de la masonería: sabiduría, fuerza y belleza, simbolizados por los tres oficiales principales de una logia masónica: el maestro, el primer vigilante y el segundo vigilante. Son estos oficiales los que gobiernan la logia, dirigen su trabajo e inician a nuevos miembros. Si no están presentes, no se podrá abrir la logia.

El Templo de Salomón y la leyenda de Hiram Abiff
Puntos clave

1. La arquitectura moderna es utilitaria y carece de valor espiritual. Es decir, no nos inspira grandeza ni fomenta acciones desinteresadas o ideas que trasciendan el materialismo.

2. Las civilizaciones pueden conocerse por su arquitectura; un edificio es el mundo interior manifestado tridimensionalmente en el mundo material. Es un microcosmos colectivo para que todos lo vean y formen parte de él; es decir, el mito hecho carne.

3. La construcción del Templo de Salomón, en Jerusalén, es el acontecimiento más importante de la tradición masónica y, en cierto modo, es la base de todos los rituales y grados de la Orden.

4. El Templo es una composición de proporciones y armonías que representan la estructura del universo.

5. Se construyeron dos pilares sagrados en el pórtico del Templo: Jaquín y Boaz. En el *Sefer Yetzirah*, antiguo texto místico judío, se encuentra una descripción de los pilares que vincula este aspecto del

simbolismo masónico con interpretaciones tanto bíblicas como esotéricas y con el Árbol de la Vida.

6. La masonería se construye sobre tres pilares: sabiduría, fuerza y belleza. Estos ideales están representados en la logia a través de los tres oficiales principales: maestro, primer vigilante y segundo vigilante.

7. Las logias masónicas tienen elementos ornamentales que las distinguen de otros edificios. Entre ellos se encuentran el piso a cuadros, el caballete y el pentagrama. Estos elementos no son comunes en todas las jurisdicciones.

8. Salomón es conocido en el Medio y Lejano Oriente, sobre todo en el folclor judío y árabe, como un mago que utilizó medios ocultos para construir el Templo. Muchas de estas historias se encuentran en la traducción de los dieciséis volúmenes de *Las mil y una noches,* de *sir* Richard Francis Burton.

9. La imagen de mago que se tenía de Salomón en la Edad Media y el Renacimiento ha dado lugar a que se le atribuyan numerosos manuscritos. Las obras más célebres de la literatura salomónica son la *Llave mayor de Salomón* y la *Llave menor de Salomón.*

10. Se decía que durante los ritos en el Templo se manifestaba la *shekinah* o presencia divina. Sus atributos, claramente femeninos, llevaron a muchos a creer que Salomón también adoraba en secreto a la diosa Astarté. Durante la época romana se erigió un templo a Venus sobre las ruinas del Templo. La masonería, a su vez, se refiere al "genio de la masonería", espíritu que guía a la Orden, en términos claramente femeninos.

Tareas para el capítulo dos

1. ¿Qué más se puede aprender sobre Salomón, la magia, la *shekinah*, el *Sefer Yetzirah*, la cábala y sus vínculos con la masonería?

2. Observa los edificios de tu entorno inmediato y anota los sentimientos que te provoquen.

3. A partir de estos sentimientos, escribe las cualidades espirituales que podría reflejar tu entorno arquitectónico. ¿Qué cambios habría que hacer para mejorarlo?

4. Reflexiona sobre tres formas prácticas de mejorar las cualidades espirituales de tu vecindario y tu comunidad.

5. ¿Qué dice tu religión o tradición espiritual sobre el concepto de divinidad femenina? ¿Qué importancia tiene este principio para el bienestar físico y psicológico?

El Templo de Salomón
y la leyenda de Hiram Abiff
Lecturas recomendadas

The Key to Solomon's Key: Secrets of Magic and Masonry, de Lon Milo DuQuette (CCC Publishing, 2006). DuQuette ofrece una introducción informada y provocativa a la presunta relación entre el Templo de Salomón y las tradiciones medievales de magia "salomónica".

The Hebrew Goddess, de Raphael Patai (Wayne State University Press, 1990; pub. orig. 1967). El estudio de Patai sobre la divinidad femenina en el judaísmo es una obra fundamental respecto del papel oculto y la supervivencia del culto a Dios en las tradiciones monoteístas.

The Temple at Jerusalem: A Revelation, de John Michell (Samuel Weiser, Inc.: 2000). Una de las obras más intrigantes e importantes sobre geometría sagrada, geomancia y energías de la tierra.

From the Ashes of Angels: The Forbidden Legacy of a Fallen Race, de Andrew Collins (Bear and Co., 2001). Una mirada detallada y bien documentada a las opiniones heréticas relacionadas con las interacciones de la humanidad y los seres angelicales.

3

Iniciación masónica y la Logia Azul

Esencialmente, la iniciación pretende trascender las posibilidades del estado individual del ser humano, hacer posible la transición a estados superiores y, por último, guiar al individuo para que supere cualquier tipo de limitación.

René Guénon, *Consideraciones sobre la Iniciación*

LA MASONERÍA ES UNA ORGANIZACIÓN FRATERNAL cuyas actividades giran en torno a los rituales de la logia. Para hacerse miembro, uno debe presentar una solicitud y ser aceptado como candidato para la iniciación masónica. Es posible que el solicitante de la membresía se someta a la investigación del comité de afiliaciones de la logia, para luego enterarse de que su solicitud ha sido rechazada, o le han dado bola negra, en referencia al uso de bolas negras (negación) y blancas (aprobación), utilizadas cuando se vota una solicitud. La votación ha de ser unánime. En teoría, solo se puede rechazar a alguien de una logia por motivos masónicos, es decir, si el solicitante ha cometido un delito legal o moral grave y no se le considera un buen representante del ideal de la masonería. Aunque el proceso ha sido objeto de abusos y a menudo no ha estado a la altura de las circunstancias, ha conseguido mantener un nivel básico de confianza y respeto entre los miembros de las logias, así como entre los distintos ritos y jurisdicciones.

Ser miembro de la masonería es un privilegio, no un derecho, una idea que parece ajena a la sociedad moderna, con su obsesión por la inclusión forzada y los derechos individuales exentos de responsabilidades personales. Esto diferencia a la masonería de muchas organizaciones y es, en parte, la razón por la que no solo se le considera algo más que una "fraternidad", sino una puerta hacia una iniciación genuina, no solo ceremonial, también espiritual. La masonería siempre ha sido vista como un grupo selecto de hombres que elige, por su propia voluntad y acuerdo, pertenecer a una organización que declara como sus objetivos: la mejora de cada miembro, su comunidad y la fraternidad, y el servicio a un ideal superior de amor fraternal y afecto, en el nombre de Dios. Tales ideales solo pueden tener lugar bajo circunstancias no hostiles, o donde la armonía pueda ser restaurada a través de la autoridad aceptada de las reglas y reglamentos —los símbolos— de la fraternidad.

INICIACIÓN:
LA CREACIÓN DE UN MASÓN

La iniciación se define como un comienzo, pero ¿un comienzo de qué? En la vida moderna, la iniciación ritual puede parecer misteriosa, extraña y aterradora. Misteriosa, porque es algo de lo que muy poco se oye hablar y mucho menos se experimenta. Extraña, porque rara vez se da en nuestras vidas, salvo en las formas más ordinarias, como estudiante de nuevo ingreso a una fraternidad universitaria o al pertenecer a una camarilla o club especial. Y aterradora, porque para emprenderla es necesario renunciar voluntariamente a nuestra libertad personal; confiar nuestro bienestar y seguridad a otro grupo de seres humanos a los que realmente no conocemos. Esta seguridad no es (o rara vez lo es) física, sino completamente psicológica y centrada en el ego. Muchas logias masónicas han destruido la eficacia de sus propios rituales de iniciación al desacralizarlos, bromeando abiertamente o incluso adoptando intencionadamente imágenes burlonas de la masonería inventadas por personas desinformadas y ajenas a ella, así como otras ridiculeces por el estilo, cuando debería expresarse un profundo sentido de solemnidad y silencio.

La iniciación se distingue del culto religioso en el sentido de que, aunque los ritos de la primera —sobre todo los de carácter místico y ocultista— suelen incluir un elemento divino, su intención en realidad no es de culto, sino de transformación. Los candidatos participan en una obra que se representa en su beneficio para que puedan tener experiencias específicas y distintas, las cuales tendrán el potencial de transformarlos en uno o más niveles. Los candidatos son tanto espectadores como participantes de los acontecimientos que se desarrollan a su alrededor.

Se colocan símbolos ante los candidatos, se pronuncian palabras y se cuentan historias que encierran una verdad oculta, una conexión con un periodo antiguo y mitológico que participa y trasciende la historia y el conocimiento humanos.

La iniciación lleva a los candidatos más allá del tiempo y el espacio, y los afecta profundamente a nivel subconsciente. Aunque nunca vuelvan a reflexionar sobre los símbolos que se les presentan, los masones recordarán una o varias de las experiencias clave y sabrán que "algo" intangible les ocurrió en ese momento. Aunque sea un poco, fueron transformados y conectados con algo más grande que ellos. Para algunos, ese "algo más grande" es la logia y su comunidad; para otros, es la fraternidad masónica como entidad de importancia; para un pequeño número, es la corriente mística, en donde la masonería es una expresión distinta y única; y para los más selectos, la experiencia de la iniciación es una epifanía directa del cosmos, de su conexión con Dios.

La iniciación masónica está concebida para cambiar profundamente a quienes la experimentan. No hace perfectos a los miembros ni promete la salvación; simplemente proporciona a aquellos que la buscan y que sean aceptados, las herramientas y la oportunidad de hacerse mejores seres humanos, cada uno a su manera. A través de la iniciación y el trabajo en la logia, la naturaleza de lo sagrado se revela como algo cotidiano. Por esta razón, cuando los masones se reúnen formal o informalmente, reconocen la presencia de lo divino a través de la invocación y la oración, haciendo aflorar todo el potencial de una vida espiritual.

AISLAMIENTO, INDIVIDUALIDAD Y EL COMIENZO DEL DESPERTAR MASÓNICO

La Cámara de Reflexión es una pequeña sala en la que el candidato se prepara para su iniciación en la masonería. Como su nombre indica, deben reflexionar sobre las razones por las que desean ingresar a la

Orden. Los símbolos principales son un espejo, una vela, una calavera, un reloj de arena, una pluma y papel para escribir, y todos apuntan a nuestra mortalidad. En resumen, son nuestro tiempo y lo que hacemos con él. Es un aspecto único de la masonería, y aunque no siempre está presente en todos los ritos o jurisdicciones, es lo suficientemente importante como para que ningún masón lo desconozca. De hecho, cada masón debería reproducir un espacio de este tipo en su propia morada, como medio para comprometerse con los aspectos más profundos de la Orden.

La Cámara de Reflexión se encuentra fuera del templo masónico; se sitúa simbólicamente fuera del tiempo y del espacio. Esto nos deja nada más y nada menos que con nuestra propia conciencia —nuestra propia atención— y nos desafía a entender por qué hacemos lo que hacemos y las consecuencias de nuestras acciones. Cada uno de los que solicitan ser admitidos en la hermandad lo hace por su propia voluntad y acuerdo. No se puede obligar a nadie a ingresar. En la Cámara de Reflexión se pide a los candidatos que reflexionen sobre los motivos que los han llevado a solicitar la admisión y las consecuencias que esto puede tener. Cabe señalar que la Cámara de Reflexión se utilizó en una época en la que se perseguía a los miembros de la masonería, y fue declarada herética por las doctrinas eclesiásticas dominantes y considerada políticamente subversiva. En algunos casos, pertenecer a la masonería podía significar el encarcelamiento, la tortura o la muerte. La afiliación no era una elección que debiera tomarse a la ligera.

La Cámara de Reflexión está estrechamente ligada a la práctica renacentista del *studiolo*, *kunstkammer* o "cámara del arte", una habitación especial dentro de la casa, muy apreciada por las clases adineradas y gobernantes. En esa pequeña habitación (en algunos casos no tan pequeña), aislados de las preocupaciones cotidianas del mundo, se rodeaban de pinturas, esculturas, relieves en madera y objetos para inspirar e impresionar la imaginación.

La finalidad de la cámara, sin embargo, no era la de un estudio tal y como lo entendemos en el sentido moderno de la palabra. No era un lugar de trabajo, sino más bien un sitio que permitía conectar más profundamente con los mundos material y espiritual en un solo momento a través del poder sugestivo del arte y la ciencia.

En *The Pagan Dream of the Renaissance*, Joscelyn Godwin escribe lo siguiente:

Una de las invenciones más atractivas de principios del Renacimiento es el *studiolo*, un pequeño estudio privado y decorado... un lugar de retiro del mundo público a un universo privado. Tal como lo entendemos aquí, no es un estudio para escribir, ni una biblioteca, ni un tesoro, ni una celda monástica, aunque todos ellos contribuyeron a su origen.

Lo que más distingue al *studiolo* de la celda de un monje o monja es su decoración. No se trataba de sacar al propietario de este mundo, sino de situarlo dentro de él. La decoración servía de espejo a cualidades, aspiraciones y conocimientos ya latentes en el individuo, pero situados en un contexto histórico, moral, hermético o cósmico. La habitación era un modelo de la mente de su propietario y una exteriorización de su imaginación[1].

En la logia masónica, esta cámara de aislamiento está diseñada para estimular la imaginación a lo largo de líneas específicas de pensamiento, pero con la intención de ayudar al ocupante a dedicarse mejor a sus actividades diarias. En su *Enciclopedia de la Francmasonería*, Mackey define la Cámara de Reflexión de la siguiente manera:

En los ritos francés y escocés, una pequeña habitación contigua a la logia, en la que, antes de la iniciación, se encierra al candidato con el fin de que se entregue a las serias meditaciones que su sombrío aspecto y los lúgubres emblemas que la decoran están destinados a producir. También se utiliza en algunos de los grados avanzados con un propósito similar. Su empleo es muy apropiado, pues como bien observa Johann Christian Gädicke, autor de *Freemasons Lexicon* (1818): "Únicamente en soledad podemos reflexionar profundamente sobre nuestras tareas presentes o futuras, y la negrura, la oscuridad o la soledad son siempre un símbolo de muerte. Un hombre que ha emprendido algo tras una madura reflexión rara vez da marcha atrás"[2].

Los objetos que conforman la Cámara de Reflexión pueden ser tan sencillos como una silla, un escritorio, una vela, un cráneo humano, un espejo, papel para escribir y una pluma, símbolos sencillos con un significado obvio. En cámaras más sofisticadas se pueden encontrar símbolos adicionales tomados directamente de las escrituras, la alquimia y la cábala-hermetismo, como un pequeño frasco de azufre y su símbolo alquímico, sal, agua, la imagen del gallo y el lema alquímico: VITRIOL.

Aunque es fácil confundir la Cámara de Reflexión con la celda monástica o la cueva de un ermitaño, de carácter más religioso y que son claramente sus antecedentes, la función de la cámara se identifica más fácilmente por su contenido, que la relaciona con el *studiolo* utilizado en el Renacimiento. Simbólicamente, los contenidos están diseñados para anclar al candidato en el mundo actual, en la realidad de que está aquí en la Tierra para trabajar, y no para escapar de ella. Es un ser físico, pero con esencia divina, y al trabajar sobre su rudimentaria naturaleza, al formar su carácter mediante acciones correctas, logra el refinamiento de su naturaleza, tal como simboliza el Sillar Liso de fama masónica: la piedra cúbica perfecta que puede utilizarse en cualquier parte del proceso de construcción. El proceso definitivamente tiene que ver con la construcción de una mejor persona y, por consiguiente, de una mejor sociedad. Esta cámara aísla del mundo al candidato para que, tras reflexionar, pueda salir y trabajar mejor en él, como obrero del bien común y del ideal divino. Los masones viven en el mundo, pero se esfuerzan por no formar parte de él. Reconocen su mortalidad física y tratan de construir lo inmortal dentro de sí mismos, sin dejar de cumplir sus deberes diarios con la familia, la comunidad y consigo mismos. Puesto que todas las iniciaciones están relacionadas de algún modo con la muerte, o con dejar atrás lo viejo para recibir lo nuevo, es apropiado que la muerte sea el tema principal de la Cámara de Reflexión. Sin embargo, la muerte no es más que otra forma de nacimiento y, como pronto descubren los masones, al atravesar la puerta de la iniciación debemos aprender a confiar en algo distinto de nosotros mismos si queremos encontrar la luz.

LA TABLA DE CABALLETE: LA INSTRUCCIÓN MASÓNICA A TRAVÉS DE SÍMBOLOS

La tabla de caballete es un tablero colocado sobre un trípode para exhibición e instrucción. Es el aspecto más singular en la formación

La tabla de caballete

masónica y, aunque está compuesto de símbolos, es de hecho un símbolo en sí mismo. En la masonería operativa es el lugar donde el maestro traza planes para dirigir a los trabajadores en sus labores. En la masonería especulativa, la tabla de caballete presenta los planes simbólicos de la labor de los masones en su crecimiento a lo largo de la vida. También puede adquirir la dimensión añadida de representar una forma del Libro de la Naturaleza, o medio a través del cual el Arquitecto Supremo del universo revela el diseño culminante de la creación.

La tabla de caballete tienen su origen en los tableros de trazado o dibujos marcados con tiza o carbón en el suelo de la sala donde se reunían los masones. Al término de la reunión, las marcas podían borrarse fácilmente con una mopa. El tablero de trazado, o más bien el acto de su creación, se convirtió en algo tan integral para la masonería que su elaboración se conocía como "dibujar la logia". A menudo se utilizaban plantillas de hojalata u otro metal para acelerar el proceso, así como para dar mayor claridad a las imágenes que se creaban.

En el siglo XIX empezaron a ponerse de moda los tapetes decorados, que sustituyeron a los dibujos con tiza. Estos tapetes se podían enrollar y reutilizar. Con el tiempo, los tapetes fueron reemplazados por tableros pintados más pequeños y portátiles o por lienzos enmarcados que podían colgarse de las paredes de las logias, o colocarse sobre un trípode, lo que dio lugar a la famosa tabla de caballete.

Por coincidencia, cuando esos ornamentados tapetes con sus diseños de enseñanzas fueron retirados en favor de las tablas de caballete, los pisos de las logias se cubrían con alfombras que recordaban a los anteriores diseños en tiza. En ocasiones, las alfombras tenían un diseño de tablero de ajedrez con cuadros blancos y negros, con o sin el símbolo de la Estrella Flamígera, y rodeadas de borlas. Hoy en día, ese diseño de tablero de ajedrez está tan íntimamente asociado a la masonería como la escuadra y el compás, y representa la dualidad de la vida: la búsqueda fundamental del equilibrio en un mundo en constante cambio. La Estrella Flamígera es la estrella guía de la providencia que conduce a cada masón por su camino y otorga luz, vida y bendición divina a la humanidad.

La transición de tableros de trazado en el piso a tablas de caballete alteró un poco las iniciaciones masónicas, en el sentido de que el maestro ya no caminaba a través de los dibujos para señalar sus símbolos durante el ritual. En su lugar, el candidato era presentado e instruido en el significado de los símbolos después, durante una charla.

MASONERÍA SIMBÓLICA: LA LOGIA AZUL Y LA BÓVEDA CELESTE ESTRELLADA

Una logia en la que se hayan conferido los tres primeros grados masónicos de Aprendiz, Compañero y Maestro, se denomina Logia Azul, y este nivel de la Orden a veces es conocido como masonería simbólica. Los grados masónicos superiores se basan todos —y se detallan aun más— en lo que se presenta en una Logia Azul; esta práctica se conoce a veces como masonería filosófica.

El color azul domina la parafernalia ceremonial y el decorado de una Logia Azul. Muchas logias también siguen la tradición de pintar un cielo azul o diseños astrológicos celestes en el techo, en representación de la amplitud y de la insistencia de la fraternidad en la amistad y la misericordia universales; esto significa que los masones deben ser tan amplios y tolerantes como los propios cielos.

Dado el entorno hermético en el que se desarrolló la masonería, resulta apropiado examinar sus símbolos, incluyendo el uso del color azul, dentro del marco hermético de finales del Renacimiento. Se puede establecer aquí una clara conexión con el simbolismo egipcio, en el que los dioses se representaban generalmente con la piel azul para mostrar su origen y naturaleza celestiales, no físicos (lo mismo ocurre en algunas prácticas de la India y el Tíbet). En la cábala, el color azul se otorga a la esfera de *Chesed*, o misericordia, en el Árbol de la Vida, lo que encaja bien con el ideal masónico de benevolencia, así como con la naturaleza universal del plan del Gran Arquitecto. En la alquimia, *Chesed* está relacionado con la *prima materia*, o "primera materia", la esencia subyacente en todas las cosas; es la materia funcional, así como el plan detrás de la creación tal como la conocemos. La astrología, bien conocida en los inicios de la Orden e incluso a principios del siglo XIX, asocia el color azul con Júpiter y el elemento aire, que significan amplitud, expansión, vida, vitalidad y una visión clara: un plan para el futuro. Todas estas ideas están presentes en las enseñanzas simbólicas de la Logia Azul y se encuentran dentro de los rituales y símbolos específicos de la tabla de caballete para cada grado.

EL APRENDIZ:
LA PUERTA DE INICIACIÓN

El Aprendiz es el primer grado en la masonería y su iniciación da al candidato una visión general de la forma y estructura del ritual masónico, a la vez que instruye a los miembros a buscar la luz aún no definida. El Aprendiz que entra en un templo masónico por primera vez es preparado para este momento de cambio de vida en la Cámara de Preparación. Como parte de su preparación en esta cámara contigua al templo, los candidatos a la iniciación son despojados de todas sus posesiones materiales y vestidos con un atuendo extraño y peculiar que algunos dicen se asemeja a la vestimenta de los herejes camino de la hoguera, supuestamente en referencia a la muerte de Jacques de Molay (ver capítulo 9). Este atuendo incluye una venda en los ojos y un trozo de cuerda llamado cable de remolque.

La uniforme vestimenta reduce a todos los aspirantes al mismo nivel y, por tanto, proporciona la misma experiencia a cada masón, creando un clima psicológico en el que cada masón recuerda para siempre el momento en que fue llevado ante el altar y convertido en miembro de la Orden. En la charla de grado, los aspirantes escuchan que esta uniformidad de apariencia sugiere que los masones aprenden humildad, dirigiendo su atención hacia el interior y no hacia la riqueza material.

La venda utilizada en la iniciación representa el secreto, la oscuridad y la ignorancia, así como la confianza. Los candidatos son conducidos a la sala de la logia para la iniciación, pero no pueden ver lo que ocurre. Se les ata por la cintura y el brazo con el cable de remolque. En este contexto, el cable de remolque simboliza no solo la creación de un vínculo ineludible, sino la unidad fundamental de la logia y sus miembros, la fraternidad, la humanidad y el cosmos.

El momento más profundo en la vida masónica de cada miembro es cuando son expuestos por primera vez a la luz en el altar de la masonería, profunda revelación ritual y simbólica de la sabiduría divina. El mero impacto de su presentación es para siempre memorable y un punto de respeto en la memoria de cada masón. Dentro de la fraternidad, esta experiencia, símbolo de la búsqueda y la esencia de la vida humana misma, es el momento en que cada candidato se convierte en masón. Esta luz está representada, en parte, por el compás y la escuadra, los símbolos universales de la masonería, que se presentan aquí al aspirante por primera vez y se profundizan en los grados posteriores. Si se utilizan las escrituras judías o cristianas como Volumen de la Ley Sagrada, se abre con el Salmo 133, cuyo pasaje inicial reza: "¡Miren qué bueno y qué agradable es que los hermanos vivan unidos!". Con esta oración se recuerda al Aprendiz el propósito fundamental de la masonería: unir a los hombres, disipar las animosidades personales para el bien común y extender la mano de la misericordia a la familia, al amigo y al extraño en apuros. La unidad de mente, propósito y acción es la fuerza de cualquier grupo que busque lograr algo de valor. Esta unidad solo puede darse cuando predomina una actitud de perdón y misericordia, y todo el trabajo se realiza por el bien común. El perdón y la renovación se fomentan y promueven tanto en la vida cotidiana como en la vida de la logia.

El grado de Aprendiz

Sin embargo, curiosamente, y en contraste con las nociones profesadas de perdón y misericordia, a los candidatos también se les dice que, si rompen sus juramentos a la fraternidad revelando sus secretos, recibirán terribles y violentas represalias. No está claro si esta amenaza solo pretendía atemorizar a los masones recién iniciados o si las penas se han aplicado realmente en algún momento. Sin embargo, para entenderla debemos recordar que hasta hace muy poco pertenecer a la masonería era ilegal en muchos países y en diversas épocas. Comprometerse uno mismo es una cosa, poner en peligro la vida o el sustento de otros, especialmente en una organización a la que solo se puede pertenecer por voluntad propia y previa petición, puede considerarse un grave acto de traición. Muchas jurisdicciones modernas dejan claro que estas sanciones son solo de naturaleza tradicional y simbólica, y representan la conciencia del candidato más que un daño real. Los aprendices visten un mandil, que tradicionalmente está hecho de piel de cordero o cuero blanco, ambos símbolos de pureza y fuerza espiritual. Los candidatos oyen que el mandil de la masonería "es más antiguo que el Vellocino de Oro o el Águila Romana, y más honorable que la orden de la Jarretera". A continuación, se les entregan tres herramientas: la regla de veinticuatro pulgadas, un mallete y una copia del Volumen de la Ley Sagrada sobre el que prestaron juramento y contrajeron su obligación. La regla representa las horas del día, el paso del tiempo y cómo

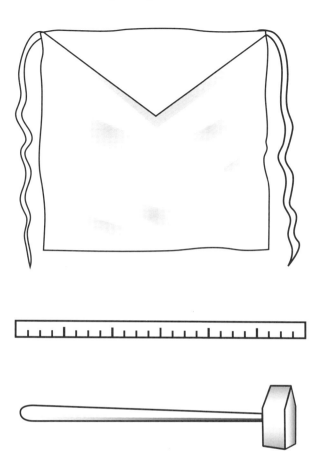

Herramientas del Aprendiz:
El mandil de piel de cordero, la regla de veinticuatro pulgadas y el mallete común

lo utilizamos. El mallete representa el poder y su uso legítimo simboliza el deseo de cada Aprendiz de construir su vida sobre valores espirituales. Corresponde a cada Aprendiz, bajo la dirección de un mentor, aprender a utilizar correctamente estas herramientas y demostrar así su valía para el grado de Compañero. Antes de pasar de este grado al de Compañero, los Aprendices deben aprender y demostrar los principios morales de caridad, conducta personal respetable y lealtad a la fraternidad.

TRACING BOARD—FIRST DEGREE.

For Explanation, see "The Perfect Ceremonies of Craft Masonry," p. 54. Also 4th, and 5th Sections of First Lecture.

Tabla de caballete para el grado de Aprendiz.
De *The Lectures of the Three Degrees of Craft Masonry*, 1874.

A los Aprendices se les permite asistir a las logias que se abren en el grado de Aprendiz y solamente en este grado*. Y solo pueden observar, no pueden hablar ni votar en ningún procedimiento de la logia. Simbólicamente son como los candidatos de los antiguos misterios, a los que se permitía estar en el pórtico del templo, pero sin acceso al santuario interior.

EL COMPAÑERO:
LA CÁMARA MEDIA

El Compañero, también conocido como *campagnon* en las logias de construcción tradicionales, constituye el segundo grado de la masonería. Mientras que el Aprendiz no era más que un joven que sirvió tres años simbólicos antes de que se le permitiera pasar al segundo grado, el Compañero se basa en las sencillas enseñanzas morales que le han sido otorgadas, enseñanzas del corazón, las cuales amplía a través del desarrollo del intelecto. Simbólicamente, los candidatos ahora pasan del pórtico del templo (Aprendiz) al templo propiamente dicho (Compañero), pero todavía no a sus rincones más recónditos (Maestro). Durante su iniciación, a los candidatos a Compañeros se les narra el peculiar relato bíblico de los efraimitas, quienes tras haber sido derrotados por los galaaditas querían cruzar el río Jordán, que estaba en poder de su enemigo. Los galaaditas pidieron a todo soldado que intentara cruzar el río que dijera la palabra *shibboleth* para que los galaaditas pudieran identificar fácilmente a sus amigos de sus enemigos, basándose en la pronunciación inusual de la palabra por parte de los efraimitas. Al principio, la historia puede parecer fuera de lugar, pero para los masones este simple acto simboliza que, si bien el corazón debe volverse caritativo y generoso, también debe volverse sabio. La sabiduría solo puede nacer de la capacidad de comprender las experiencias propias. Debemos

---

*Cada grado tiene su propia fórmula de apertura y cierre relacionada con su ritual de iniciación particular. En la práctica, sin embargo, la mayoría de las logias modernas abren en el 3er grado o grado de Maestro Masón (lo que requiere que todos sean Maestros Masones), mientras que algunas abren en el grado de Aprendiz, facilitando así que todos los miembros asistan a una única reunión.

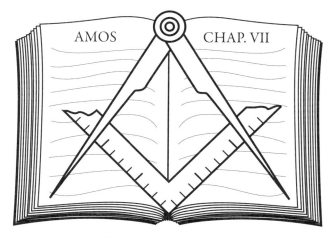

El grado de Compañero

poder distinguir lo que nos beneficia de lo que nos perjudica, así como discernir entre amigos y enemigos, tal como ilustra la historia del *shibboleth*. Para ayudar a desarrollar esta comprensión, la masonería recurre a las siete artes y ciencias liberales.

Las siete ciencias y artes liberales del aprendizaje tradicional se dividen en dos grupos: el *trivium*, que consiste en gramática, retórica y lógica, y el *quadrivium*, que consiste en aritmética, música, geometría y astronomía. Juntas, estas disciplinas forman una persona íntegra y un pensador creativo, alguien capaz de resolver problemas y comprender las relaciones entre diversas cuestiones y materias.

La gramática permite a una persona expresarse mediante el correcto uso de las palabras. La retórica añade belleza a esta expresión para que pueda inspirar, elevar y transmitir un significado más profundo y más allá de las palabras elegidas. La lógica aporta claridad y razón y demuestra la importancia de la mente en la vida. La aritmética es la capacidad de sumar, restar, multiplicar y dividir, algo esencial para la vida diaria y más aún para el masón operativo. La música demuestra la relación matemática o las armonías que existen en el mundo y dirige la mente hacia la armonía definitiva de los antiguos: la "armonia de las esferas", de Pitágoras, una expresión matemática de la armonía universal (véanse los capítulos 5 y 6). La geometría, o "reina de las ciencias", como se le conocía, es la aplicación práctica de las matemáticas al mundo material, que permite la medición precisa de objetos tanto lejanos como cercanos. La astronomía (que probablemente habría sido la astrología en los periodos clásico, medieval y renacentista) extiende esta capacidad de medición a reinos más allá de la Tierra, ampliando nuestra visión de la creación.

Estos campos de estudio, junto con las enseñanzas del grado anterior, forman una escalera de caracol que conducirá lenta y progresivamente a los candidatos hacia la luz interior del *sanctum sanctorum*: el lugar santísimo.

La imagen de la escalera de caracol se encuentra en 1 Reyes 6:5–8 y conduce a una antecámara del lugar santísimo. En la masonería, esta antecámara se llama cámara media. La cámara media simboliza un tiempo de aprendizaje, de experimentar el mundo material y darle forma de acuerdo con lo que hemos aprendido.

Así como las herramientas del Aprendiz sirven para moldear la piedra material, las herramientas del Compañero sirven para moldear la vida interior, o la vida de la mente, en preparación para la obra del Maestro en la vida del alma. Las herramientas del Compañero son una lengua instructiva, un oído atento y un corazón fiel. Representan la necesidad de los candidatos a Compañero de ser edificantes en sus palabras hacia los demás, hacia los aprendices a su cargo y hacia la logia, atentos al escuchar las instrucciones del maestro, y fieles en su adhesión al conocimiento y a las indicaciones que reciben.

Un Compañero de la Orden pasará cinco años en la cámara media. Este periodo es simbólico en la logia especulativa, y representa el tiempo que el individuo pasaría como compañero en un verdadero proceso como Aprendiz.

El pasaje de las escrituras que se utiliza en la iniciación del segundo grado es Amós, capítulo 7, donde se da el simbolismo de la plomada para representar los estándares divinos a los que cada masón aspira adherirse para poder entrar al lugar santísimo. La plomada es una de las herramientas de trabajo de un Compañero, junto con la escuadra y el nivel.

TRACING BOARD—SECOND DEGREE.

For Explanation, see "The Perfect Ceremonies of Craft Masonry," p. 105. Also 3rd, 4th, and 5th Sections of Second Lecture.

Tabla de caballete para el grado de Compañero. Tomado de *The Lectures of the Three Degrees of Craft Masonry*, 1874.

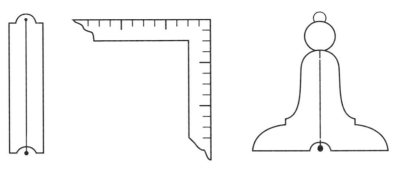

Herramientas del Compañero:
plomada, escuadra y nivel

MAESTRO MASÓN: EL LUGAR DEL SANTÍSIMO

El Maestro Masón es el tercer y último grado de la masonería. (Corriendo el riesgo de ser repetitivo, es importante reconocer que cualquier grado adicional se considera de naturaleza instructiva y amplía aún más el marco masónico básico, establecido hasta el tercer grado, inclusive). Todos los Maestros Masones son iguales y pueden ocupar cualquier grado, hablar sobre temas relevantes para la logia y votar. En la iniciación de este grado se revelan simbólicamente las mayores verdades masónicas y se inculca la naturaleza sublime del alma y su inmortalidad. Es aquí donde se revelan los misterios de la vida y la muerte.

Esta revelación se realiza en parte a través de la cadena mística, o la unión de hermanos brazo con brazo, cuando un nuevo Maestro Masón es elevado del hedor apestoso de la muerte a los lazos de la hermandad. El proverbial velo ha sido perforado y, después del término simbólico de siete años de trabajo, los Maestros Masones son maestros de la vida, capaces de formarse interior y exteriormente, de servir a sus compañeros y escuchar la voz de Dios en su interior.

El pasaje de las escrituras que se utiliza en la iniciación del Maestro Masón es Eclesiastés 12:6: "Acuérdate de Él antes de que se rompa el cordón de plata, se quiebre el cuenco de oro...". Esta frase es famosa por su alusión al llamado cordón astral experimentado por quienes hayan tenido experiencias extracorpóreas. En este grado se descorre el velo del

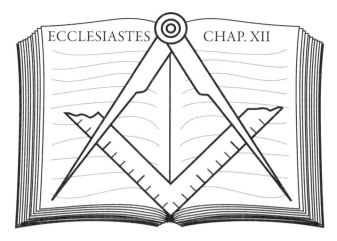

Grado Maestro Masón

santuario. El mundo espiritual se presenta ante los Maestros Masones en el momento de su ascenso. Dependerá de cada uno dar el paso que le permita cruzar al otro lado.

La vida de los Maestros Masones se basa en los tres pilares de fuerza, sabiduría y belleza. Así como la logia se sustenta en estas cualidades, expresadas a través de las acciones de las Tres Grandes Luces (el maestro, el primer vigilante y el segundo vigilante), cada masón construye su vida individual sobre estos ideales, sabiendo que —como se afirma en Eclesiastés 14— "Dios traerá toda obra a juicio, junto con toda cosa encubierta, sea buena o sea mala". Todo lo que hacemos es conocido por nosotros y por nuestro Creador. Nada puede escapar a la regla de la conciencia o la justicia universal. Este conocimiento es la culminación máxima de la primera pregunta que se le hace a cada Aprendiz: "¿En quién depositas tu confianza?". El Maestro Masón sabe que la respuesta es simple: "en Dios". Solo con una confianza total en la omnipotencia, omnisciencia y omnipresencia divinas se puede vivir verdaderamente la vida.

Para tener esta confianza y construir esta vida se pueden utilizar todas las herramientas de la masonería, pero una herramienta por encima de todas representa el poder del Maestro Masón: la espátula. Así como la espátula extiende el cemento para mantener unida la piedra, así también el Maestro Masón esparce el amor fraternal en la vida diaria, ayudando a completar la construcción del templo de la vida.

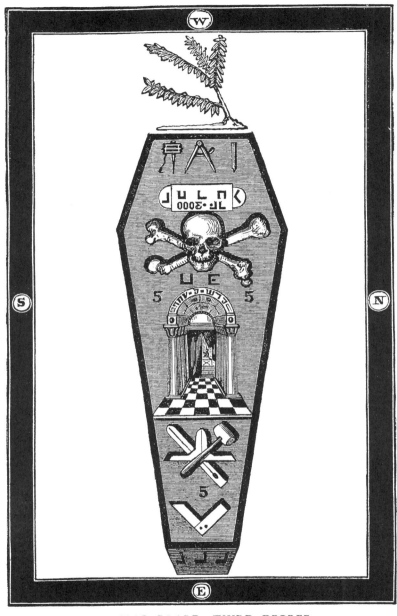

TRACING BOARD—THIRD DEGREE.
For Explanation, see " The Perfect Ceremonies of Craft Masonry," p. 142. Also
3rd Section of Third Lecture.

Tabla de caballete para el grado de Maestro Masón.
Tomado de *The Lectures of the Three Degrees of Craft Masonry*, 1874.

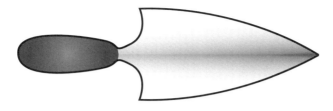

La espátula
Herramienta del Maestro Masón para esparcir el amor fraternal

En resumen, los tres grados de la masonería instruyen a sus miembros para que:

1. Escuchen a quienes han recorrido el camino antes que ellos y así puedan aprender de sus experiencias y tutelaje.
2. Estudien las siete ciencias y artes liberales para que a través de ellas puedan mejorar su conocimiento intelectual, comprensión de la creación, carácter y vida espiritual.
3. Exploren la divinidad interior, simbolizada por la búsqueda de la Palabra Perdida que Hiram Abiff poseía y por la que murió para mantener intacta la única fuente verdadera de paz, poder y comprensión. Esto se expresa en la vida diaria a través de un amor amplio y tolerante hacia la humanidad. El Gran Arquitecto del Universo es omnisciente, omnipotente y omnipresente, y a través de nuestro desarrollo espiritual podemos compartir esa totalidad y participar en ella, pero solo a través del poder del amor.

EL MASÓN EN EL MUNDO

A pesar de la tradición, en ningún momento durante la iniciación de un Maestro Masón se dice que este deba memorizar los rituales, realizar cada acto exactamente como lo hicieron los que lo precedieron y sin cometer errores, o incluso asistir a las reuniones de la logia. Si bien podemos argumentar justificadamente que solo a través del contacto con la logia y escuchando a quienes nos han precedido podemos comprender y llevar a cabo esas acciones, está claro que, para ser un Maestro Masón, lo que sucede fuera de la logia es más importante que lo que sucede dentro de ella.

Para ser mejores debemos dejar atrás el viejo yo. La muerte del pequeño yo, o de nuestros conceptos autoimpuestos sobre límites y controles nos permite ser útiles, primero a nuestra familia, luego a nuestra comunidad y finalmente a la masonería, siendo nuestro trabajo en cada ámbito una expresión de nuestro servicio a Dios, tal como lo entendemos. Esto proporciona un marco único en el que se nos da un criterio para medir nuestras acciones y los frutos de ellas con una simple pregunta: "¿A quién se sirve con esto?". Al hacerlo, el Maestro Masón encuentra la Palabra Perdida, el nombre de Dios invocado antes de cualquier emprendimiento, dentro de sí mismo, de su prójimo y de todos los aspectos de la vida.

Si bien no resulta llamativa según los estándares esotéricos modernos, esta postura proporciona un medio para hacernos pensar y reflexionar sobre lo que estamos haciendo, por qué lo estamos haciendo y qué resultará de nuestras acciones. En resumen, ¿qué clase de mundo estamos construyendo al realizar tal o cual acción? El servicio enseña la humildad y la acción sin ego. La caridad anónima es la caridad genuina. Está bien que tu foto salga en el periódico, que aparezca tu nombre en una pared o que bauticen en tu honor un auditorio o un edificio, pero eso no es caridad desde el corazón. Este tipo de caridad proviene de trabajar en el mundo como un Superior Desconocido, alguien que realice sus obras de forma anónima y por devoción espiritual. Los verdaderos masones no llaman la atención con sus acciones, sino que impulsan a los demás a comprender que ayudar a una comunidad, una organización religiosa, un servicio filantrópico o un extraño con necesidades, es simplemente un comportamiento cotidiano normal y no algo que deba ser recompensado con aplausos o reconocimientos especiales.

En palabras del oficial conocido como La Volonté de Vouvray: "Se puede ser un simple obrero y, sin embargo, ser un gran obrero. Así he conocido a oficiales y obreros que no han terminado sus exámenes, pero que para mí eran maestros e instructores en su oficio, porque lo amaban de todo corazón. Eran también maestros de la vida, porque amaban al prójimo, sin duda y sin darse cuenta. Así es como llegaron a tener el don de enseñar y transmitir"[3].

EL PENTAGRAMA

Uno de los símbolos más controvertidos e incomprendidos de la masonería es el pentagrama. Si bien los masones afirman que la Estrella Flamígera de la masonería representa los Cinco Puntos de la Hermandad, medio por el cual un Maestro Masón es elevado y reconocido, los aspectos ocultos del pentagrama eran bien conocidos en la época en que se incluyó en el trabajo ritual de la masonería, como fue el caso de muchos otros símbolos. Según Heinrich Cornelius Agrippa, el pentagrama era la figura esotérica más importante, pues representaba los poderes del cosmos, presentes en el hombre: el microcosmos. Con él, las energías de los mundos visible e invisible podían ser contenidas y armonizadas en la vida de su poseedor. Los individuos podían elevarse desde el estado humano a la paz cósmica y la armonía con la mente divina, con Dios.

En su libro *Nueva Enciclopedia de la Francmasonería*, A. E. Waite da diez interpretaciones masónicas del pentagrama en la masonería: (1) la estrella de los Reyes Magos, (2) la gloria de la presencia divina, (3) la providencia divina, (4) un símbolo de belleza, (5) luz de Dios en el camino, (6) signo de un verdadero masón, (7) emblema del nombre sagrado de Dios, es decir, Dios mismo, (8) el sol como la gran luminaria de la naturaleza, (9) la estrella perro de Anubis y (10) la naturaleza como "un espíritu volátil animado por el espíritu universal"[4].

Pitágoras (circa 570 – circa 495 a.C.) consideraba que el pentagrama era un símbolo importante de armonía física y mental. La hermandad que fundó lo utilizaba como símbolo de identificación, a menudo con las letras griegas que significan "salud" en cada una de las cinco puntas, y lo llevaba en un anillo de sello.

El pentagrama: la Estrella Flamígera de la masonería

Iniciación masónica y la Logia Azul
Puntos clave

1. Pertenecer a la masonería es un privilegio y no un derecho. Se puede solicitar, pero no exigir. Conlleva responsabilidades y obligaciones.

2. Nadie puede ser obligado a convertirse en masón. Cada uno debe hacerlo por voluntad propia.

3. Para afiliarse a una logia masónica hay que presentar una solicitud. Los candidatos son entrevistados por dos o más miembros de la logia; las solicitudes se revisan y se votan abiertamente en la logia donde se hayan presentado.

4. La membresía se entiende cuando el candidato ha sido aceptado e iniciado en los tres grados de la Orden, en cuyo caso el miembro se convierte en Maestro Masón. Todos los Maestros Masones son iguales en su posición dentro de la Orden.

5. La iniciación confiere símbolos, experiencias y conocimientos distintos a los de los cultos religiosos. La iniciación tiene el potencial de convertirse en un acontecimiento transformador en la vida del candidato.

6. Toda actividad masónica comienza con una oración o invocación al Gran Arquitecto del Universo.

7. Algunos ritos masónicos requieren que el candidato pase un tiempo en una cámara preliminar que se conoce como cámara de aislamiento, antes cámara de la iniciación. Esta cámara tiene su origen en los antiguos ritos iniciáticos y en las cámaras de arte que predominaron en el Renacimiento.

8. Los tres grados de la masonería son: Aprendiz, Compañero y Maestro. Cada uno tiene su propio conjunto de símbolos y enseñanzas reveladas en tablas de caballete. Es deber y obligación de cada masón estudiar estos símbolos y encontrarles significado en su vida.

9. En el grado de Aprendiz se advierte a los candidatos que escuchen a quienes han recorrido el camino antes que ellos; deben escuchar y aprender.

10. En el grado de Compañero se exhorta a los candidatos a estudiar las siete ciencias y artes liberales y a mejorar para poder prestar un mejor servicio a su comunidad, la familia, la logia y Dios.

11. Las siete ciencias y artes liberales se dividen en dos secciones: el *trivium* y el *quadrivium*. El *trivium* consta de gramática, retórica y lógica, mientras que el *quadrivium* consta de aritmética, música, geometría y astronomía (o astrología).

12. La masonería se ocupa de cómo se actúa en el mundo para convertirlo en un lugar mejor. Todas las especulaciones filosóficas y místicas deben ponerse a prueba en la vida diaria para ver si tienen algún valor.

Tareas para el capítulo tres

1. Invoca la presencia divina antes de emprender cualquier trabajo. Pregunta a los demás si se unirían a ti. Observa sus respuestas, así como el efecto que esto tiene en la calidad del trabajo resultante. ¿Aumenta la productividad? ¿La creatividad? ¿La armonía del grupo?

2. Copia la tabla de caballete del Aprendiz en papel o, mejor aún, en el suelo con tiza. Examina tus pensamientos y sentimientos mientras haces esto.

3. Memoriza los símbolos de la tabla de caballete del Aprendiz. ¿Qué efecto tiene esto en tu proceso imaginativo, meditaciones y sueños? Escribe cualquier idea, sueño o inspiración que te surja como resultado de este trabajo.

4. Al final del día, reflexiona sobre tus acciones de la jornada y cómo podrías haberlo hecho mejor. Comprométete con cualquier nuevo plan de acción que te sugiera reflexión de tu parte, en particular si este nuevo plan de acción mejora tus relaciones con otras personas.

5. Crea un espacio sagrado en tu hogar para la meditación y la oración. Reserva un momento cada día para estar solo en ese espacio. Medita sobre temas como la naturaleza de la vida física, tu muerte personal, lo que quieres llegar a ser y lograr, y a quién le servirían esos logros. ¿Cuál será tu legado para tu comunidad, tu familia y para ti mismo?

6. Comienza a estudiar sistemáticamente las siete ciencias y artes liberales, y verás cuán rápidamente se enriquece tu vida intelectual y espiritual.

7. Al levantarte cada día, imagina que te has levantado de la muerte misma. Saluda cada día como una nueva oportunidad.

Iniciación masónica y la Logia Azul
Lecturas recomendadas

Hidden Wisdom: A Guide to the Western Inner Traditions, de Richard Smoley y Jay Kinney (Quest Books, 2006). Una exploración detallada de las diversas corrientes esotéricas occidentales y su supervivencia, desde el periodo clásico hasta la actualidad. Un texto muy importante e informativo.

Historia de las magias, de Kurt Seligmann (Plaza y Janés, 1971). Uno de los libros sobre magia más importantes del siglo XX. Está profusamente ilustrado y contiene muchas imágenes que en el momento de su publicación se encontraban en colecciones privadas.

Atrévase a pensar como Leonardo Da Vinci, de Michael J. Gelb (Punto de Lectura, 2000). Como indica el título, este libro cuenta cómo entrenar la mente para pensar como un genio del Renacimiento y así comprender mejor la mentalidad y la cosmovisión del Renacimiento y por qué es importante para nosotros hoy.

Memory Palaces and Masonic Lodges: Esoteric Secrets of the Art of Memory, de Charles B. Jameux (Inner Traditions, 2019). Un examen conciso y crítico del arte de la memoria y su papel tanto en la magia renacentista como en el ritual masónico.

4

La visión del mundo en el Renacimiento

El mundo está vivo, y la magia está en marcha

> *La filosofía de lo oculto en la época isabelina no era una preocupación menor de unos pocos adeptos. Era la principal filosofía de esa era, surgida de John Dee y su movimiento.*
>
> FRANCES YATES

NOS CUESTA ENTENDER la naturaleza de la mente renacentista, y ya no digamos la de sus magos. Su relación con el mundo, el Creador y la creación, y particularmente a través de la imaginación, el arte y los símbolos que ellos llamaban magia, se malinterpreta completamente debido a los términos modernos. Como señala Hans Kayser en el prefacio de su antología sobre Paracelso de 1921, el mundo en el que vivió el alquimista es "bastante ajeno a nuestro tiempo, y solo en raras ocasiones entra en contacto con él"[1]. Esto es aún más cierto en pleno siglo XXI.

Aunque es difícil presentar un perfil estereotipado de cómo eran los magos renacentistas promedio, lo cierto es que muchos rasgos de carácter en común. Todos eran pensadores independientes que buscaban en su interior y en el mundo la experiencia y el conocimiento. Buscaban comprender la naturaleza y no separaban la divinidad de la creación o de sus habitantes, a diferencia de lo que hicieron sus predecesores medievales y los teólogos de su época. Dios estaba en todas partes y en todo, y como tal, el poder divino estaba literalmente en las manos y los corazones de los magos que decidían utilizarlo. Las plantas, las piedras y las estrellas formaban parte de este poder divino y de su expresión creativa, y los magos podían recurrir a ellas para que les ayudaran en su labor redentora. Este trabajo tenía como objetivo ulterior la sanación del alma —la ruptura de "la Caída", en términos bíblicos— y ponía a los magos en una situación precaria en la que eran los mediadores entre el cielo y la tierra, un poder deseado por reyes y papas, pero que tampoco podían controlar salvo con la espada y la llama.

La mayor herramienta de los magos era, y sigue siendo, su imaginación creativa; la capacidad de crear en el ojo de la mente imágenes de la realidad aún no experimentadas o de naturaleza efímera y trascendental. Mediante el uso de tales imágenes, los magos podían entrar en los reinos etéreos como Ezequiel en su carro, controlar el destino de las naciones y dominar los propios elementos de la creación. Mediante el uso juicioso de la imaginación, la voluntad y la confianza en este poder interior, los magos creían que todo era posible.

A medida que aumentaban su poder y conocimientos a través de las esferas celestiales, los magos entraban en comunión con seres de naturaleza altamente especializada y sagrada. A través de ellos y de las palabras que les transmitían, los magos podían comandar a las legiones celestiales, así como a los espíritus de las entrañas más profundas de la tierra[2]. Su herramienta era la Palabra Sagrada (o Nombre Sagrado), la primera vibración de la creación y, al usarla, los magos se identificaban con Dios. Pero el poder no lo era todo y a menudo no era más que un subproducto de los logros de los magos. La verdadera revelación consistía en darse cuenta de la relación de uno mismo con la divinidad y tener una comunicación directa con el Creador, libre de intrusos y sacerdotes. Esto se lograba a través del amor, un amor tan puro, etéreo y abstracto que era la verdadera encarnación del ideal platónico. En este amor, el Creador y la creación eran uno, y se expresaban y experimentaban directamente. Esta unión divina, que recuerda a las doctrinas gnósticas, herméticas e incluso budistas y yóguicas, está mejor expresada por Johann Scheffler (1624–77), quien escribía bajo el seudónimo de Angelus Silesius:

Sé que sin mí Dios
no puede vivir ni una hora;
Aniquilado yo, del todo forzosamente
moriría Él sin demora.

Soy tan grande como Dios,
y Él que yo igual de pequeño:
Ni Él puede estar sobre mí,
ni yo mirarle desde abajo.

Dios es en mí el fuego,
y yo en Él su incandescencia.
¿Puede imaginarse unión más íntima
o que posea mayor transcendencia?

Él es Dios y hombre para mí,
yo para Él ambas cosas otra vez.
Su sed la apago yo,
y Él viene en mi ayuda necesariamente y sin doblez.

Dios, tú eres lo que eres:
yo soy el que soy, como Tú.
Si conoces a alguien bien,
entonces está claro que nos conoces a los dos.

En el Hijo soy sarmiento
que el Padre injerta y riega.
Dios, Espíritu Santo,
es el fruto que de mí se eleva
al calor de esta refriega

La teosofía, a través de la teúrgia, se convirtió en el foco predominante de los magos del Renacimiento. Esta teúrgia se diferenciaba de su predecesora medieval en que hacía énfasis en el rol del individuo en la reparación de la ruptura entre la humanidad, la creación y el

Creador. Los rituales e invocaciones ya no tenían por objeto convocar espíritus malignos, sino ayudar a la redención humana. La magia se convirtió en una especie de ceremonia social sagrada, una misa en la que todos se beneficiaban, pero en la que el mago era el único participante. Las herramientas del mago, combinadas con el amor y la compasión del místico, crearon una síntesis mayor de lo que cualquiera podría lograr por sí solo[4]. Esta exitosa combinación de dos puntos de vista esotéricos aparentemente opuestos, en un clima que era, en el mejor de los casos, tibio en cuanto a la idea de la existencia de cualquiera de ellos, llevó a muchos líderes cristianos, tanto católicos como protestantes, a buscar magos, como Paracelso, Agripa y Giordano Bruno, para sanar las muchas divisiones del cristianismo, una función que la masonería también desempeñaría en parte a través de su enfoque no sectario de la membresía.

Este amor se corrobora en el hecho de que, a pesar de la abundancia de trabajos, de personas que los patrocinaban (en ocasiones) y del flujo interminable de ricos y pobres que buscaban ayuda, la mayoría de los magos más destacados del Renacimiento murieron en la pobreza.

Es bastante curioso, aunque no del todo sorprendente, que muchos de los escritores y practicantes de magia y alquimia más reconocidos de esa época, fueran formados por la Iglesia o estuvieran activamente involucrados en instituciones religiosas. Algunos han hecho mucho hincapié en su aparente vocación o actividad cristiana ortodoxa. Pero la Iglesia católica romana, en concreto, facilitaba el acceso de muchos de los "libros prohibidos" de sus bibliotecas, así como la formación y el tiempo libre necesarios para leerlos. Y hasta finales del siglo XIV casi cualquier práctica era aceptable en círculos cristianos, siempre que se invocara a la Santísima Trinidad y los miembros se consideraran "cristianos". Luego comenzaron los juicios a las brujas, institucionalizando así la intolerancia de la Iglesia y convirtiéndola en la norma[5]. Con la expulsión forzosa de los judíos de España en el mismo año en que cayó el último bastión árabe en Europa (1492), obligando a los que se quedaron a convertirse o esconderse, Europa era esencialmente un continente "cristiano", aunque sumamente dividido. Algunos magos buscaron revitalizar a la Iglesia con la sabiduría y el aprendizaje clásicos precristianos, impulsados por un aprecio de la naturaleza y por la observación

La visión del mundo en el Renacimiento   ▪▪▪   81

de sus verdades. Las enseñanzas de la Iglesia, los sacramentos y los rituales eran simplemente el manto externo que daba significado y forma a las verdades internas de los magos. Dios les hablaba a través de la naturaleza, pero la Iglesia les proporcionaba el lenguaje del momento para expresar el mensaje. Dado que el hecho de adoptar cualquier otra denominación que no fuera cristiana habría producido una sentencia de muerte, no podemos saber cómo se habrían llamado a sí mismos de haber gozado de la libertad para hacerlo abiertamente. Puesto que la filosofía natural es lo que los unía, algunos eligieron ser llamados con el humilde título de "filósofos de la naturaleza".

> El mago, como tal, opera de una manera totalmente distinta de la de su predecesor: mientras uno tenía una línea directa con el dios o los dioses de su tribu, el otro, es decir, el mago del Renacimiento, trabajaba con técnicas diferentes y contactos distintos, pero siempre buscando penetrar al propio reino interior y hablar directamente con Dios, como sus antepasados (los chamanes de las tribus) lo habrían podido hacer. Por lo tanto, su magia es una extensión práctica de un fundamento filosófico/místico, y sin ese fundamento no existiría. Mirar al mago sin tener en cuenta su sueño de unidad con la divinidad, por parcial o superficial que sea, es confundir todo su propósito.

Además:

> La magia y el ritual son expresiones microcósmicas del macrocosmos: la pequeña antorcha del deseo del hombre levantada hacia el fuego de las estrellas. Nos conectamos con el universo a través de la realización del ritual, comenzando con… la propiciación de los elementos y el deseo de entrar en el útero de la madre-mundo. El enfoque hermético, adoptado por el mago, está más motivado intelectualmente, es celestial en lugar de *ctónico*. Los cálculos astrológicos de los 'magos guiados por las estrellas' de la *Oda a la mañana de la Natividad de Cristo*, de Milton, están muy lejos de las acciones instintivas del chamán tribal; sin embargo, cada uno a su manera está motivado por las mismas necesidades y deseos, solo sus métodos han cambiado con el movimiento de la conciencia tribal a la individual[6].

EL MUNDO DE LA MAGIA NATURAL

Según los magos renacentistas, la naturaleza nace de la noche cósmica, el *Ain Soph Aur* (o *Ein Sof*) de los cabalistas, el poder creativo del demiurgo de los gnósticos, las aguas primordiales de los egipcios. La naturaleza está viva y llena de energía, materia e inteligencia, al igual que el hombre tiene niveles de autoconsciencia. ¿Qué otra cosa explica por qué una roca es una roca y no una serpiente? o ¿por qué una roca es cuarzo y otra un diamante o rubí? Si bien la ciencia moderna puede explicar la diferencia en términos de composiciones químicas, esto es simplemente otra forma de decir que una piedra vibra a una velocidad diferente que la otra. Esta "melodía cósmica" de la creación, esta armonía de las esferas llevada a lo concreto, es la esencia de la materia, de la forma material y de la vida. Desde la perspectiva hermética y renacentista, es deshonesto hablar de energía y materia como conceptos separados, pues en realidad son lo mismo; simplemente son diferentes perspectivas de la misma cosa.

Cuando hablamos de "magia natural", en realidad estamos hablando de las formas en que las energías del mundo invisible impactan al mundo físico e incluso lo crean. Existen leyes espirituales o leyes de la naturaleza en las que el mago puede afectar el mundo de las causas —algo más allá del mundo físico de los sentidos— y crear efectos en el mundo físico. Es decir, al igual que los investigadores en física cuántica, los magos creen que su propia consciencia puede afectar los mundos físicos y mentales de ellos mismos y de los demás. Todo está en contacto y solidaridad con todo lo demás, tanto visible como invisible, y solo la ignorancia impide que uno experimente esta unidad fundamental.

Esta visión del mundo no difiere de la del tantra tibetano, en el que, tras participar en varias iniciaciones, el adepto puede ver el mundo físico como un "campo búdico", lleno de seres iluminados y donde todos los objetos son reflejos materiales de luz, sabiduría y energía puras. El mago tiene la misma experiencia en el círculo ritual, y el arquitecto en el diseño del templo o edificio. Durante el Renacimiento, el jardín fue una expresión singular de este tipo de ideal, convirtiéndose en un lugar donde el cielo y la tierra se unían, y donde el diseñador no era el amo sino el siervo de la naturaleza.

La naturaleza y las cartas natales

La palabra naturaleza se deriva del latín *nasci*, "nacer"; *nasci* también se relaciona con los términos natividad y natal. La carta natal, astral u horóscopo se traza de acuerdo con el momento del nacimiento a fin de mostrar las posiciones de las esferas celestiales en relación con la ubicación geográfica en que ocurrió el alumbramiento y así, a través de las relaciones o ángulos que se formen, comprender las influencias cósmicas que marcarán la vida del recién nacido. La carta natal, en efecto, no solo es un mapa de los cielos, sino una especie de diagrama esquemático o tablero electrónico que muestra cómo fluirán las energías que se ilustran y el efecto que tendrán.

LA MAGIA ANGELICAL

Los ángeles han desempeñado un papel importante en el desarrollo de las prácticas religiosas, místicas y esotéricas de Occidente. La magia angelical es la teoría y la práctica de comunicarse, o al menos intentarlo, con seres invisibles, es decir, ángeles. En teoría, los ángeles, al ser mensajeros de Dios, podrían proporcionar información a un mago que fuera capaz de establecer una relación con ellos. De esta manera, funcionaban como una especie de firma de consultoría gigantesca, una enciclopedia o motor de búsqueda cósmico.

Aunque la masonería no hace referencia específica a ellos en sus rituales o símbolos, la relación fundamental que comparte con las tradiciones del Medio Oriente hace que el vínculo sea una idea arraigada. A menudo oímos hablar del "genio de la masonería", el espíritu guía, al que se refieren en femenino, de quien se habla en términos antropomórficos, expresando cualidades humanas, pero en un nivel perfeccionado o arquetípico. Esto puede resultar confuso para los modernos que piensan en el "genio" en términos de agudeza mental en lugar de verlo como un individuo. Sin embargo, la palabra genio proviene del latín *gignere*, que significa "engendrar"; *gignere* también es la raíz de palabras que empiezan con "gen", como "generar". Existe la posibilidad de que sea un préstamo de la raíz árabe para genio o *dinn*. Se considera que los *dinn* son seres de fuego espiritual que los magos árabes buscaban controlar, y como se discutió anteriormente en el capítulo 2, Salomón, considerado el mago más grande de todos los tiempos, construyó su templo empleando cincuenta mil *dinn*. Con esto en mente, considera la imagen de una mujer sentada a solas en una celda diseñada para la contemplación, donde se revelan los misterios, presentada en el mensaje de cierre que se recita al final de cada reunión de la logia. Este símbolo adquiere entonces una conexión más profunda tanto con una fuerza espiritual literal, que protege a la masonería, como con las nociones gnósticas de la divina Sofía o Sabiduría, la novia de Dios.

John Dee (1527–1608) y Edward Kelley (1555–1597)

De todos los magos del Renacimiento, los comunicadores angelicales más famosos fueron John Dee y Edward Kelley. A veces cómicos y otras veces trágicos, esta pareja de clarividentes celestiales es conocida por más practicantes modernos de magia que todos sus contemporáneos combinados. Si bien eso puede decir más sobre los ocultistas modernos que sobre el trabajo de Dee y Kelley, el hecho es que se han convertido en el arquetipo moderno de los magos renacentistas y una importante influencia en la masonería en la era anterior a 1717.

John Dee fue el Renacimiento hecho persona. Si bien a menudo pensamos en Leonardo da Vinci como el "hombre del Renacimiento" o el verdadero polímata y a pesar de su genio, fueron hombres como Dee quienes definieron el entorno cosmológico en el que se produjeron los logros arquitectónicos, artísticos, literarios y científicos del Renacimiento.

En su trabajo sobre las tradiciones de misterio occidentales, John y Caitlin Matthews comparan al mago con su antiguo predecesor, el chamán tribal. En tal contexto, los autores afirman:

> Si Merlín es una caja de resonancia interna que generó tanta literatura en torno a su nombre, el doctor John Dee debe considerarse como su manifestación externa en el mundo real. Es probablemente el mago más influyente que haya existido y un digno sucesor del mago artúrico. Aunque a menudo se han puesto en duda sus capacidades, su influencia se sigue sintiendo hasta nuestros días[7].

La visión del mundo en el Renacimiento ❚■❚ 85

Nacido en 1527, Dee ascendió rápidamente a la prominencia. Como estudiante recibió elogios, y sentó las bases de su reputación como hechicero de por vida al construir un escarabajo mecánico para una producción de la obra *La paz* de Aristófanes. A la edad de veintitrés años estaba dando conferencias en París sobre matemáticas, y un año después recibió una pensión de Enrique VIII por su habilidad en astronomía. Cuando María Tudor ascendió al trono en 1553, Dee fue recibido en la corte e invitado a trazar su horóscopo. Cuando Elizabeth I sucedió a María seis años después, le pidió a Dee que eligiera la fecha de su coronación, que resultó ser el 14 de enero, ya que Dee la veía como astrológicamente auspiciosa.

El amor de Dee por aprender lo llevó a conformar una de las colecciones privadas más grandes de la época, con al menos 2 500 libros. Muchos de los manuscritos que antes estaban en su colección ahora se hayan en la Biblioteca Británica. En 1564, Dee publicó *La mónada jeroglífica*, la cual se dice fue escrita en dos semanas y fue dedicada al emperador Maximiliano II, rey de Bohemia y Hungría. Además de sus estudios sobre lo oculto, Dee también fue buscado por su conocimiento práctico y mundano en temas tan diversos como astronomía, navegación, geografía, perspectiva, óptica y matemáticas. Como embajador de Elizabeth, se creía que Dee también fue espía, así como posiblemente tutor de un joven Francis Bacon y prototipo de Próspero en *La tempestad*, de Shakespeare[8].

A lo largo de su vida, Dee recibió el patrocinio de algunos de los monarcas y nobles más influyentes de la época. El conde Alberto Lasky, de Polonia, el rey Esteban de Polonia, el conde Rosenberg de Trebona e incluso *sir* Walter Raleigh procuraron sus servicios.

La vida de Dee dio un giro prácticamente fatal tras su encuentro con Edward Kelley. Kelley, o Talbot, como también se le conoce, comenzó a trabajar para Dee en 1581. Si bien no está claro si Kelley y Talbot son la misma persona o son personas distintas, el tema es irrelevante, pues las partes clave de los diarios de Dee fueron escritas durante su asociación con Kelley. El problema no es tanto su verdadera identidad como el hecho de que solo tengamos la perspectiva de Dee sobre él.

Kelley se convirtió en la fuente de la mayor parte de las visiones que constituyen el núcleo de la magia enoquiana. Los rumores circulaban a su alrededor, asociándolo con todo, desde la falsificación a la nigromancia. Se le pinta como un canalla que se aprovecha de la credulidad de Dee. A pesar de su problemática relación, permanecieron juntos durante siete años y vivieron muchas aventuras, y han sobrevivido como una pareja simbiótica; como siameses esotéricos, quizá, o tal vez como Laurel y Hardy.

De manera sistemática, los métodos empleados por ambos eran similares a lo que típicamente vemos en la magia renacentista, excepto por tres cosas: Dee no celebraba la santa misa como parte del ritual, no había círculo ceremonial y no había "licencia para partir", o comando verbal que enviara a los espíritus de vuelta a dondequiera que se originaran, una medida de seguridad casi universal de la época. Esto es muy inusual, dado el tremendo temor de que el proceso de evocación y la mayoría de las operaciones ceremoniales pudieran conducir a ser dominado por los espíritus, y a que estos afectaran negativamente la vida de alguien o incluso poseyeran completamente la mente y el cuerpo de una persona. Durante años, sin embargo, los dos experimentaron, registraron y reescribieron los detalles de sus sesiones. Las promesas de larga vida, riquezas y fama surgieron de los "ángeles" con los que se comunicaban. Su relación fue tumultuosa; Kelley amenazó con dejar a Dee en varias ocasiones, pero siempre terminaba quedándose.

Sin embargo, la vida de Dee acabó siendo un caos. Su casa fue parcialmente destruida, junto con la preciada biblioteca que tanto le había costado construir, por una turba de campesinos que se enteraron de sus prácticas mágicas. A pesar de ello, Dee siguió practicando la magia hasta el final de su vida e incluso estuvo dispuesto a ser juzgado por brujería, seguro de que los tribunales de Jaime I verían que su búsqueda era honesta, cristiana y espiritual. Tras separarse finalmente de Dee, Kelley presumió de poseer la piedra filosofal y fue encarcelado de por vida por asesinar a un hombre en un ataque de ira. Murió tras caer de una torre al intentar escapar y fracturarse una pierna.

Se han escrito al menos dos obras sobre Dee: *Doctor Fausto,* de Christopher Marlow, que puso fin a la influencia de Dee en la corte al asociarlo con el culto al diablo, y *La tempestad,* de Shakespeare, en la que Dee sirvió de modelo para el personaje de Próspero, un mago proscrito y traicionado[9].

EL FIN DEL RENACIMIENTO

Muchos críticos de la posmodernidad han señalado que no fue la ciencia la que puso fin a las operaciones mágicas del Renacimiento. El fin de la magia no fue resultado de que lo racional sustituyera a lo "superracional"; por el contrario, fue lo irracional. Fue el miedo lo que puso fin a las exploraciones científicas del Renacimiento sobre el cosmos y la consciencia. La cacería de brujas protestantes y la Inquisición de la Iglesia católica romana, así como el afán por destruir todo lo que no reflejara, suscribiera u obedeciera la autoridad religiosa y la visión del mundo, asestarían los golpes paralizantes. Solo con la creación de la Royal Society, a finales del siglo XVII, se sancionó oficialmente la exploración y la investigación de la creación, y con esta sanción oficial, cierta protección. A partir de esta pequeña camarilla de científicos, inventores y eruditos de todo tipo, esta noción de librepensamiento se extendió a la masonería y a la formación de la Gran Logia de Inglaterra.

La visión del mundo en el Renacimiento
Puntos clave

1. La visión metafísica del mundo del Renacimiento y del periodo que condujo a la formación de la primera gran logia en 1717, es malinterpretada por muchos estudiosos e ignorada por la masonería contemporánea.

2. *Dame* Frances Yates lo expresa de la mejor manera: "La filosofía ocultista en la época isabelina no era una preocupación menor de unos cuantos adeptos. Era la filosofía principal de la época, derivada de John Dee y su movimiento".

3. Según esta visión ocultista del mundo, existían diversos seres espirituales no humanos con los que se podía contactar. Se consideraba que la mente, la imaginación, los símbolos y la acción ritual influían en el mundo físico. Las artes, las ciencias, la filosofía, la religión y las llamadas prácticas ocultas se consideraban extensiones unas de otras y no entidades separadas.

4. En este mundo las organizaciones religiosas imperantes, principalmente la Iglesia católica romana y varias denominaciones protestantes dominaban las prácticas e investigaciones intelectuales, artísticas

y espirituales que consideraban aceptables. Salirse de esos límites sin un patrocinio poderoso era arriesgarse a la muerte.

5. Las principales prácticas ocultistas de la época incluían el estudio del misticismo judío o cábala, la magia ritual, la alquimia y la astrología.

6. Estas prácticas solían enmarcarse en dos escuelas de magia: la natural y la angelical. Los partidarios de la magia natural trabajan con la energía, los ciclos y la inteligencia de la naturaleza. Los partidarios de la magia angelical conversan con los ángeles o con siervos buenos y santos de Dios, y rechazan la magia demoníaca o la hechicería por considerarse contrarias a la voluntad del Creador.

7. John Dee, astrólogo de la reina Isabel, embajador y espía, fue el mago seminal del Renacimiento. Para él, conversar con los ángeles de Dios era la forma más elevada de magia y la mejor fuente de información sobre las realidades materiales y espirituales.

8. Edward Kelley era el ayudante de Dee y un hombre de peculiar talento y pocos escrúpulos. Murió tras fracturarse una pierna al intentar fugarse de la cárcel. Fue la fuente de muchas de las visiones que forman el núcleo de la magia enoquiana.

9. A pesar de la oposición de la Royal Society a la investigación sobre la posible validez de las doctrinas esotéricas y las prácticas ocultistas asociadas, fue la caza de brujas, y no la razón, lo que puso fin a la visión renacentista del mundo.

Tareas para el capítulo cuatro

1. Pasa tiempo al aire libre y contempla el poder y la presencia de la naturaleza. Abstente durante una semana de entretenimientos, tales como vídeos, noticias, televisión, música o redes sociales. Limita el uso de la computadora y el teléfono móvil a las actividades relacionadas con el trabajo. Planifica con antelación para limitar también el uso del automóvil y el transporte público. Ahora, imagina cómo sería vivir en un mundo donde la naturaleza es todopoderosa, todo lo que conoces está a poca distancia y tienes poca información sobre el mundo exterior. ¿Cómo te sentirías? ¿Cuáles serían tus preocupaciones y cómo podrías abordarlas?

2. Después de haber realizado la tarea anterior, imagina que el mundo en el que vives está vivo, incluso poblado de seres invisibles de naturaleza tanto buena como malvada. ¿Cómo afecta eso tu sensación de seguridad? ¿A quién o a qué puedes recurrir para tener el control de tu vida?

3. Explora la naturaleza del holismo en la vida moderna; por ejemplo, en la educación y la sanidad. ¿Son realmente holísticas? Enumera las formas en que puedes empezar a hacer que tu vida sea más holística y esté en armonía con las fuerzas que te rodean y que hay en tu interior, pero sin dejar de vivir en un entorno del siglo XXI.

La visión del mundo en el Renacimiento
Lecturas recomendadas

La filosofía oculta en la época isabelina, de Frances A. Yates (Fondo de Cultura Económica, 1982). Una introducción detallada al papel fundamental que desempeñó el ocultismo en el Renacimiento, por una de las principales estudiosas de esa época en el siglo XX.

La tradición hermética y Giordano Bruno, de Frances A. Yates (Erasmus, 2023). Bruno fue fundamental en el Renacimiento, y su papel como mártir del librepensamiento lo hace relevante en la era moderna. Yates resucitó a Bruno del aislamiento académico y lo transformó en un icono cultural con este libro.

El arte de la memoria, de Frances A. Yates (Siruela, 2011). Una mirada crítica a un tema fundamental: la mente en la filosofía y en la práctica intelectual y espiritual del Renacimiento.

Eros y magia en el Renacimiento, de Ioan P. Culiano (Siruela, 1999). Una lectura esencial para cualquiera que desee comprender la supervivencia de las ideas renacentistas en la era moderna y su influencia en el mundo en general.

The Magus of Freemasonry: The Mysterious Life of Elias Ashmole — Scientist, Alchemist, and Founder of the Royal Society, de Tobias Churton (Inner Traditions, 2006). Una espectacular introducción a la vida y obra de uno de los hombres más importantes de la época, tanto en su papel de masón como en el de científico.

5

Geometría sagrada, catedrales góticas y artes herméticas en piedra

Los números son las fuentes de forma y energía del mundo. Son dinámicos y activos, incluso entre sí... Y son casi humanos en su capacidad de influencia mutua.

TEÓN DE ESMIRNA

EN CIERTO SENTIDO, tratar de entender la masonería desde el punto de vista de principios del siglo XXI, es como intentar entender a los leones observándolos en un zoológico. Aunque el león del zoológico sea un león, un animal realmente peligroso, lo más probable es que haya nacido y se haya criado en cautiverio; y aun cuando tenga todos sus instintos naturales, las paredes le prohíben correr libremente, cazar, aparearse o criar a sus cachorros. Se ha adaptado a su mundo, y como puede verse en los ojos de tantos leones del zoológico, sufre de la apatía que crea su entorno. La masonería no es muy diferente. Los masones modernos tienen mucho en común con sus predecesores; sin embargo, incluso muchos oficiales de las grandes logias carecen de la visión crítica del mundo que dominaba el paisaje intelectual en el que se gestó y floreció la masonería en los siglos XVII y XVIII. Como resultado, gran parte de la masonería contemporánea ha quedado reducida a actividades fraternales y caritativas, olvidándose por completo de la parte filosófica.

Uno de los símbolos clave de la masonería: la letra G

El aspecto más obvio de esto puede verse en uno de los símbolos clave de la masonería: la letra G romana. Con frecuencia, los nuevos miembros y los no masones preguntan: "¿Qué significa la G?". Algunos hermanos poco informados responderán "Dios", sin saber que esto solo funcionaría en inglés y otras lenguas de raíz germánica. La inicial de "Dios" sería la letra D en las logias francesas, italianas o españolas, con cambios similares en otros lugares. (Aun así, la aparición de la letra G no es universal en la masonería). En realidad, la G significa geometría, el campo de aprendizaje más crítico para cualquier persona educada, y particularmente para alguien que se dedique a la construcción. La palabra geometría significa "medición de la tierra". Los griegos aprendieron esta ciencia de los egipcios, maestros constructores del complejo de la Gran Pirámide y de miles de templos y tumbas de diferentes medidas. La geometría puede considerarse como el estudio de los arquetipos y su manifestación física en la vida. Es la piedra angular de las siete ciencias y artes liberales que une a las otras seis. A través de la geometría se logra el orden, la armonía y la síntesis, no en abstracto, sino en el mundo concreto y material.

La primera forma de arquitectura sagrada en Europa occidental durante la Alta Edad Media fue el estilo gótico. Los edificios góticos eran macizos, con amplios espacios abiertos, altísimos ventanales e impresionante estructura acústica, y su edificación estimuló el crecimiento de los gremios de la construcción que contribuyeron en parte a dar origen a la masonería. Es interesante ver imágenes de Cristo en los manuscritos y en la piedra, sosteniendo un compás para medir el mundo, como símbolo de armonía divina en el corazón de todas las cosas.

Del mismo modo que los artistas del Renacimiento abandonaron las representaciones planas y bidimensionales de sus predecesores para pasar a un uso elegante, refinado y detallado de la perspectiva, vemos que la construcción de edificios, en la que el maestro albañil era tanto arquitecto como contratista, se aleja de las estructuras pequeñas, chatas y con aspecto de fortaleza del diseño románico, para convertirse en casas de culto que elevaban los sentidos y con ellos la consciencia espiritual. La primera arquitectura cisterciense fue una transición entre los estilos románico y gótico.

San Bernardo de Claraval (1090–1153), defensor del estilo arquitectónico de la Orden del Císter, creía que no debía haber decoración en los diseños estructurales y que los edificios debían basarse en la proporción para lograr la armonía visual, espacial y acústica.

Independientemente de su estilo, los edificios de ese periodo, muchos de los cuales se han conservado hasta nuestros días, son en realidad energía espiritual hecha concreto, algo similar a los populares métodos del *feng shui* chino. Los métodos utilizados en su construcción tampoco son inaccesibles para la persona moderna o laica.

En *Sacred Art in East and West*, Titus Burckhardt señala que el arte sagrado crea "una visión del cosmos que es sagrada por su belleza y hace que los hombres participen de forma natural y casi involuntaria en el mundo de la sacralidad"[1]. Esta atracción sutil e inconsciente hacia lo divino puede ser sentida hasta el día de hoy por casi todos los que se han adentrado en el ámbito del arte y la arquitectura sagrados. Dado que nuestros antepasados eran en su mayoría analfabetos, el juego de luces y sombras, los colores y la calidad acústica ejercían un profundo impacto en la imaginación individual y colectiva. Esto no pasó desapercibido a las autoridades seculares, eclesiásticas e incluso heréticas de la época. Así como Albert Einstein solía decir que la imaginación es la herramienta más importante que poseemos, su predecesor renacentista y padre de la alquimia occidental, Paracelso, afirmaba:

La imaginación es como el sol. La luz del sol no es tangible y sin embargo puede incendiar una casa, pero la imaginación es como un sol en el hombre; actúa en el lugar al que se dirige su luz.

El hombre es lo que piensa. Si piensa en el fuego, es fuego; si piensa en la guerra, causará la guerra; todo depende de que su imaginación se convierta en todo un sol, es decir, que imagine totalmente lo que quiere (*De Virtute Imaginativa*).

El hombre es un ser doble; tiene una naturaleza divina y otra animal. Si siente, piensa y actúa como deben actuar los seres divinos, es un verdadero hombre, si siente y actúa como un animal, entonces es un animal, similar a aquellos animales cuyas características mentales se manifiesten en él. Una imaginación exaltada causada por el deseo del bien lo eleva, una imaginación baja causada por el deseo de lo bajo y lo vulgar lo arrastra hacia abajo y lo degrada[2].

En este contexto, las imágenes, sonidos y acciones que acompañan a los rituales masónicos, pero en particular a las iniciaciones, adquieren un nuevo significado. Todo se hace para elevar la imaginación y poner en juego el impacto total de los símbolos, tanto en la forma como en la acción, ya que los símbolos solo funcionan en un área de la mente humana: la subconsciente. El ritual masónico, los templos y las herramientas están diseñados para estimular la mente subconsciente de quienes sean expuestos a ellos, y así excitar lo que Paracelso llamó nuestra "naturaleza divina" y "poder elevarnos".

En los tres libros de su *Filosofía oculta,* Agripa escribe:

Las doctrinas de las matemáticas son tan necesarias para la magia y tienen tanta afinidad con ella, que quienes la profesan sin ellas están completamente fuera del camino, trabajan en vano y no obtendrán en modo alguno el efecto deseado. Porque cualquier cosa que se haga en estas virtudes naturales inferiores, se hace y se gobierna por el número, el peso, la medida, la armonía, el movimiento y la luz.

Además:

Por consiguiente, un mago experto en filosofía natural y matemáticas, sabiendo que ambas pertenecen a las ciencias intermedias, y que la aritmética, la música, la geometría, la óptica, la astronomía son ciencias que tienen que ver con pesos, medidas, proporciones... sabiendo también que las artes mecánicas se derivan de estas... realizan cosas maravillosas que podrán ser admiradas por hombres de prudencia y sabiduría[3].

La característica más llamativa de la arquitectura gótica es la cantidad de vitrales que se utilizan. Solo Chartres tiene más de 6 500 pies cuadrados de vidrio. El método de crear vitrales parece haberse originado en tierras musulmanas, donde el vidrio se fijaba a estucos y se reforzaba con fibras vegetales. Esta técnica parece haberse perfeccionado en Francia, extendiéndose rápidamente, utilizando plomo para unir el vidrio y fijarlo a la estructura de hierro circundante.

Las ventanas más famosas de la historia gótica son, por supuesto, las de Chartres. Los colores rojo y azul de Chartres han sido objeto de mucha especulación, incluso por parte de alquimistas modernos que buscaban algún secreto metálico en su construcción. Las ventanas más antiguas datan de 1150 y de un edificio anterior destruido en 1194, pero casi setecientos años después de su construcción los colores de las ventanas más nuevas siguen siendo vibrantes, especialmente aquellas donde se utilizaron los colores rojo y azul*.

Las explicaciones más famosas sobre el significado esotérico y simbólico de las grandes catedrales se encuentran en los escritos de Fulcanelli, misterioso alquimista del siglo XX. Se sabe muy poco sobre quién fue Fulcanelli, aunque ha habido y sigue habiendo mucha especulación. Han surgido leyendas a su alrededor, así como sobre el libro que se le atribuye: *El misterio de las catedrales.* Publicado por primera vez en 1925, el libro examinó las esculturas de las principales catedrales de Francia, centrándose en Notre Dame de París y Notre Dame de Amiens, y afirma que

---

*Es un milagro que hoy tengamos la catedral de Chartres. Apenas escapó de ser demolida después de la Revolución Francesa y las actitudes anticlericales que le siguieron. La ciudad fue ocupada por tropas prusianas por un breve periodo después de la derrota de Francia en la guerra Franco-Prusiana, pero quedó indemne, ya que se mantuvo en pie a pesar de la destrucción que seguiría de 1914 a 1918. Se produjeron algunos daños en la ciudad y daños menores a la catedral durante la Segunda Guerra Mundial, pero las ventanas que tanto admiramos fueron retiradas en 1940 y guardadas en un almacén para evitar su posible destrucción.

Geometría sagrada, catedrales góticas y artes herméticas   95

representan el proceso alquímico codificado y preservado en piedra. El prefacio a la segunda edición del libro es de lo más interesante, ya que se refiere a Fulcanelli como alguien que aún no ha recibido el "don de Dios" o la Iluminación plena, pero que se mantuvo en la tradición y en el anonimato en sus escritos para no atraer la atención de curiosos y necios*. Entre los sospechosos de haber sido Fulcanelli se encuentran R. A. Schwaller de Lubicz, autor de numerosos libros sobre simbología egipcia y arquitectura de templos, y Jean-Julien Champagne, un erudito estudiante de esoterismo cuya descripción encaja con la de Fulcanelli; un hombre que vestía y actuaba como si perteneciera a una época anterior[4].

En relación a la catedral gótica, Fulcanelli escribe:

> La catedral gótica, ese santuario de la tradición, la ciencia y el arte, no debe ser considerada como una obra dedicada exclusivamente a la gloria del cristianismo, sino más bien como una vasta concreción de las ideas, tendencias y creencias populares; un todo perfecto al que podemos remitirnos sin temor, cada vez que queramos penetrar en el pensamiento religioso, laico, filosófico o social de nuestros antepasados.
>
> La audacia de las bóvedas, la nobleza de las formas, la grandeza de las proporciones y la belleza de la ejecución se combinan para hacer de una catedral una obra original de incomparable armonía, sin preocuparse, al parecer, por la mera observancia religiosa[5].

Es interesante observar que, durante esta época, muchas de las grandes catedrales, si no es que todas, y en buena medida también las más pequeñas, estaban dedicadas a "Nuestra Señora" o Virgen María, la madre de Jesucristo. Varias catedrales también tienen imágenes de la "Virgen Negra", una advocación de María con un significado esotérico que frecuentemente se pasa por alto, pero que es bien conocido en la alquimia. En ella vemos cómo el mundo material da origen o expresa los ideales divinos, sacándolos de lo abstracto y haciéndolos tangibles, concretos y vivos. El capítulo

---

*"Curiosos y necios": Expresión educada para referirse a quienes ahora llamamos con más precisión "vampiros psíquicos". Toman y toman para su propia satisfacción y no dan nada a cambio, ni están lo suficientemente despiertos como para darse cuenta del grado fundamental de su egoísmo.

anterior señala que esta reverencia por las cosas femeninas continúa en la masonería, en la que el cargo de clausura, dicho al final de cada reunión, hace referencia al genio de la masonería: "La Sabiduría busca la sombra secreta y la celda solitaria, destinada a la contemplación. Allí ella se sienta, entregando sus oráculos sagrados". Este "genio" es el espíritu guía de la masonería y de cada masón que busca comprender sus misterios. En una época anterior, en la que surgió la masonería, se habría visto a este espíritu como un poder y una inteligencia reales, no muy diferente de un ángel de la guarda, cuya existencia e influencia eran muy reales, y no una simple licencia poética. Los grupos esotéricos posteriores lo verían como un *egregore*, o consciencia colectiva de la masonería, que da y recibe de las acciones de sus miembros. Al igual que la "geometría" y la "sabiduría", o la anterior Sofía, la tendencia a convertir fuerzas e ideales abstractos en imágenes antropomórficas, particularmente de forma femenina, sugiere que proviene de fuentes precristianas en el paganismo clásico.

Un grabado medieval en madera, con su letra G, muestra a la geometría personificada en una bella mujer rodeada de las herramientas propias de la construcción: una grua *lewis* para bloques, una escuadra, un martillo, una regla de medir y un ladrillo. Incluso se le representa utilizando un compás, mientras que dos ayudantes emplean un equipo astronómico para observar el cielo.

Esta forma de expresión de la geometría, personificada como mujer, recuerda a los egipcios, que veían a sus dioses, o *neters*, como poderosas fuerzas abstractas que se volvían accesibles al transformarse en el panteón que conocemos como los dioses egipcios. Dada la relación de la geometría con Egipto, es posible que exista alguna conexión con los ideales de la geometría como herramienta para comprender el orden y la armonía divinos.

La importancia de la geometría no puede ser subestimada, ya que era una ciencia aplicada entre los antiguos. La vida cotidiana se regía, en términos de medidas y leyes, por las percepciones de las proporciones divinas. Los templos egipcios son algunos de los mejores ejemplos de esto. No es de extrañar que el pilar fundamental del Renacimiento se basara en las artes y ciencias herméticas para el resurgimiento del aprendizaje clásico. Aquí, la *Tabla Esmeralda* de Hermes, el dios egipcio de la magia, la sabiduría y el aprendizaje, revelaría todo el secreto en unas pocas líneas:

Lo que está arriba es como lo que está abajo, y lo que está abajo es como lo que está arriba, para realizar el milagro de la Unicidad[6].

Para nosotros, las frases clave a considerar en relación con la geometría sagrada son las primeras: "Lo que está arriba es como lo que está abajo, y lo que está abajo es como lo que está arriba", que ilustran la conexión entre las dimensiones material y espiritual. Aquí, en la dura realidad de la vida material, el trabajo de convertirse en una persona mejor, de crear un paraíso terrenal, una utopía, como escribieron tantos soñadores del Renacimiento, solo adquiere verdadero significado a la luz de la inercia terrenal. Superar la bajeza de la naturaleza humana, el mero peso del hábito, la formación y las costumbres culturales, sean beneficiosas o no, y moldear y formar el mundo para que nuestra interacción diaria consciente con él y con los demás sea un reflejo de las leyes divinas, es realmente el ideal masónico, así como el hermético. Se refleja en las palabras de Jesús cuando dice a sus discípulos: "Por su parte, sean ustedes perfectos como es perfecto el Padre de ustedes que está en el cielo" (Mateo 5:48). Al igual que la palabra se "hace carne" a través de María, el ideal adquiere forma a través de la geometría.

Esta interrelación de mundos es también la piedra angular de la magia natural, en la que estas relaciones pueden ser manipuladas, ya sea en la construcción de un templo, la creación de un talismán o el diseño de un jardín, una ciudad o un estado.

La noción de medida, construcción, numerología, creación, el papel femenino en la moralidad y en la divinidad, y el gobierno terrenal se expresan en *La reina de las hadas*, de Edmund Spenser. Spenser estuvo en contacto con miembros destacados del círculo íntimo de John Dee y trató de reformar la filosofía hermética para adaptarla mejor a sus puntos de vista puritanos. A pesar de ello, sus obras son profundamente neoplatónicas y reflejan la filosofía hermética de la época. Frances Yates califica *La reina de las hadas* como un "gran poema mágico del Renacimiento, impregnado de la más blanca de las magias blancas, la cabalista cristiana y neoplatónica, embrujada por un buen mago (es decir, Dee)... La magia spenseriana debe leerse no solo como metáfora poética... sino también en relación con los estados mentales contemporáneos"[7].

Su marco parecía en parte circular
y en parte triangular, Oh, obra divina.
Esas dos son la primera y la última proporción.
La una imperfecta, moral, femenina,
la otra inmoral, perfecta, masculina,
Y entre las dos, un cuadrado formaba la base,
proporcionado equitativamente por el siete y el nueve.
Nueve era el círculo ubicado en el lugar del Cielo,
todo lo cual, compactado, formaba un buen diapasón[8].

La metáfora de los antiguos filósofos continuó durante las épocas medieval y renacentista: una en piedra, en la construcción de catedrales, y la otra en verso, en el lenguaje de poetas y dramaturgos. Ambas se unen en la geometría, el estudio del número, la forma y la medida, pero también a un nivel más sutil, en el de la numerología.

Fulcanelli afirma que existía una cábala verbal basada en el misticismo judío, aunque distinta, en el sentido de que jugaba con las palabras de forma fonética, mientras que la cábala utilizaba una relación alfanumérica entre letras y números dentro de las palabras, frases e incluso párrafos para sugerir significados ocultos, lo que remite al estudiante masónico de estos temas a la idea de la Palabra Perdida (véase el capítulo 6).

El mundo de los hombres y mujeres de la era clásica, la Edad Media y el Renacimiento, hasta el periodo inicial de la formación de la primera gran logia masónica, era muy diferente del nuestro. Esta diferencia no se debía tanto a la tecnología, el entorno o incluso el entendimiento, sino a la percepción y a las creencias. Mientras que los hombres y mujeres modernos se preocupan mucho por lo transitorio de la vida humana y de su efímera mortalidad, la gente de épocas anteriores veía poca diferencia entre la dimensión material y la espiritual. Los cuerpos físicos iban y venían, pero la vida era eterna. El mundo no era visto como algo fijo y estático, sino como un lugar en el que las fuerzas espirituales elementales de la naturaleza, los seres angelicales de los cielos, los demonios de las fosas del infierno e incluso los muertos, podían aparecer e interactuar con los vivos.

En referencia a los textos precristianos que impregnaron la época cristiana medieval, Claude Lecouteux escribe:

Lo que se desprende claramente de su estudio es que sus autores eran simplemente incapaces de trazar una línea clara entre este mundo y el del más allá; entre la "vida" y la "muerte". Esto no implica que fueran indiferentes a un cambio de condición o estatus, o que no se conformaran con lo que es una observación obvia, es decir... la "persona muerta" no tiene el mismo tipo de realidad... que la persona viva. Existe una mentalidad en la que una persona muerta puede aparecer en cualquier momento y adoptar la forma de los vivos, los vivos pueden animar a los difuntos y se establece un movimiento sorprendente (para nosotros) entre los dos reinos[9].

Estos temas se repitieron a lo largo de la época isabelina, sobre todo en las obras de Christopher Marlowe y William Shakespeare. Solo a finales del Renacimiento, con creciente énfasis en el humanismo, o la filosofía que sitúa al hombre como medida de todo, y la visión mágica que imperó en el mundo durante milenios, empieza a deshacerse por completo y a ser sustituida por el dios de la razón.

Aunque estas ideas generalmente no sean entendidas por el lector del siglo XXI, eran bien conocidas por el literato promedio durante este periodo que condujo a la formación de la Gran Logia de Inglaterra en 1717 y mucho después de ella. Las ideas esotéricas y ocultas basadas en las prácticas mágicas y alquímicas del Renacimiento desempeñaron un papel importante en el folclor popular e incluso en la educación universitaria de Europa y sus colonias hasta las primeras décadas del siglo XIX[10].

TEMPLOS, TALISMANES Y LA SUPERVIVENCIA DE LA PIEDRA

El concepto de geometría sagrada se aplicó a gran escala en catedrales, capillas, propiedades privadas y, según algunos, incluso en los planos de las ciudades de París y Washington, D.C. Sin embargo, hasta un individuo sin tierra, o que viviera en los estrechos confines de la vida urbana de los siglos XVII o XVIII, podía sacar provecho del significado de los símbolos y las proporciones. Este acto físico de pasar del dibujo bidimensional en la tabla de caballete a la expresión tridimensional de la construcción real, significaba que los símbolos de la geometría cobraban vida con los sólidos platónicos.

Uno de los principales proponentes de este tipo de teoría de conocimiento unificado fue Francesco Giorgi (1466–1540). Giorgi era un fraile franciscano cuyas principales publicaciones fueron *De harmonia mundi* (1525) e *In Scripturam Sacram Problemata* (1536). Claramente influenciado por el neoplatonismo y los escritos de Giovanni Pico della Mirandola, quien buscó unir todas las escuelas de filosofía bajo un mismo paraguas y abogó por que las personas usaran la magia para transformarse en seres angelicales, también fue un cabalista con acceso a material de fuentes hebreas a través de la comunidad judía de Venecia, comunidad que se expandió considerablemente después de la expulsión de los judíos de España en 1492 por los monarcas católicos Isabel y Fernando. Al igual que sus predecesores en el movimiento neoplatónico florentino, Giorgi veía la cábala simultáneamente como un medio para probar la validez del cristianismo y como una conexión directa con los escritos atribuidos a Hermes Trismegisto. Además, Giorgi integró completamente la numerología pitagórica-platónica, demostrando la armonía esencial del mundo, y la teoría arquitectónica vitruviana, que veía directamente conectada con el Templo de Salomón.

Giorgi perfeccionó aún más los sistemas angelicales que Pico había presentado y sus armonías esenciales, que permiten al hombre ascender hasta la fuente de la creación misma. El número era la clave de la comprensión para Giorgi, ya que era proporción y armonía. A través del número se revelaban los principios cósmicos inalterables de la geometría sagrada.

Los sólidos platónicos son las cinco formas básicas mencionadas por Platón en Timeo, que se cree dieron origen a todas las formas y figuras conocidas. Estas formas básicas son el tetraedro, el octógono, el cubo, el icosaedro y el dodecaedro. (Esta teoría habría sido conocida por los primeros masones operativos y especulativos, y no se les habría escapado, ya que forma parte de las siete artes y ciencias liberales). Johannes Kepler relacionó los cinco sólidos platónicos con los cinco planetas que orbitan alrededor del Sol, Mercurio, Venus, Marte, Júpiter y Saturno, y a través de ellos con los elementos clásicos de agua, tierra, aire, fuego y éter.

Geometría sagrada, catedrales góticas y artes herméticas ❘▮❘ 101

El aspecto más significativo de la masonería para los no masones son las diversas insignias que estos llevan en sus ceremonias públicas y privadas. Un examen minucioso de tales emblemas revela símbolos generalmente geométricos, que expresan ideas abstractas de forma gráfica. Otros de estos símbolos decoran los mandiles y la joyería que llevan al cuello los oficiales. A través de estos diseños, las herramientas de trabajo se revelan a los miembros presentes y representan la función espiritual y moral de los oficiales en la logia. Por supuesto, llevar ropa especial con fines ceremoniales no es nada nuevo, y se ha hecho desde tiempos inmemoriales para diferenciar las operaciones y procedimientos culturalmente significativos de los asuntos mundanos. En el contexto de la masonería, la vestimenta ritual crea una atmósfera especial y otorga reconocimiento a los participantes, en virtud de la joya o emblema particular que lleven.

Como vimos en el capítulo 2, en los inicios de la Orden los símbolos de la iniciación se dibujaban en el suelo y se limpiaban una vez concluida la ceremonia. Esto dio paso a la creación de alfombras especiales o tapetes de piso que podían transportarse fácilmente y desenrollarse cuando fuera necesario. A mediados del siglo XVIII, cuando la masonería se trasladó de las habitaciones situadas encima de las tabernas a edificios dedicados exclusivamente al trabajo masónico, estos tapetes se convirtieron, a su vez, en pinturas más o menos elaboradas que representaban la iniciación masónica y que se colocaban en caballetes para facilitar la instrucción.

Estos templos masónicos se convirtieron en representaciones vivas y tridimensionales de las ideas presentadas en las tablas de caballete y al hacerlo así, en lugares especiales donde el misterio de la Palabra de Masón se encarnó en la colocación de la primera piedra fundacional y en la conformación de los candidatos del templo levantado sobre ella. Eran lugares especiales y todo el mundo lo sabía, tanto miembros como público en general. Eran talismanes de la virtud masónica.

La palabra talismán se deriva del griego *telesma*, que significa algo consagrado. (*Telesma*, a su vez, deriva de *telein*, "iniciar en los misterios"). A los masones se les recuerda regularmente que por donde caminan es "tierra santa", y que el espacio alrededor del altar, todo el templo en sí, está dedicado y consagrado a un acto específico: el de formar masones y reunirlos para que exista la ayuda mutua y la superación personal.

Así como la catedral puede ser vista como un enorme talismán tridimensional, de acuerdo con Agripa, podemos ver lo mismo en los templos masónicos cuando la logia está en sesión.

Los amuletos, que a menudo se confunden con los talismanes, son piezas destinadas a atraer "buena suerte" y no se crean de manera ritual. Si nos fijamos en la forma en que la masonería, o cualquier organización similar, utiliza sus atuendos rituales, veremos que los objetos empleados se sitúan en un punto intermedio. Aunque no son mágicos en el sentido clásico de la palabra, crean un contexto psicológico más elevado y formalizado (y, por lo tanto, especial e importante) que si no se llevaran y las acciones de la logia se realizaran en ropa de calle.

Este énfasis en la vestimenta especial, que existe desde antes de los inicios de la primera Gran Logia, es un vínculo con las antiguas tradiciones mistéricas que no debe descartarse ni pasarse por alto. La vestimenta especial y las joyas de los oficiales, así como los sencillos mandiles que llevan los miembros asistentes, guardan relación, en parte, con la leyenda de Hiram Abiff y el oficio de la construcción. Incluso si aceptamos que las joyas se usaban antes en los gremios de albañiles para facilitar el reconocimiento de sus miembros, no se pierde la conexión o similitud con tradiciones aún más antiguas.

Los masones llevan herramientas especiales para el trabajo que realizan. Ese trabajo se ha convertido en poco más que aprender y realizar los rituales básicos como parte de las actividades de la Orden, mientras que en una época significó algo más profundo.

Es importante recordar que, en la visión del mundo de las épocas anteriores a la Gran Logia, invocar a Dios o a cualquiera de los seres invisibles que se decía habitaban los reinos celestiales, se consideraba un acto literal, es decir, "invócalos y vendrán", y no un gesto formal ni vacío. Cuando se bendecía, se creía que un aspecto de la divinidad se encendía en la persona o personas que recibían la bendición. Cuando se bendecía un edificio o una estructura, se creía que un aspecto de la divinidad, posiblemente incluso una fuerza angelical, se hacía presente y tangible en la estructura.

Cuando los masones piden la bendición de Dios, el Gran Arquitecto del Universo o el "genio de la masonería que rige todas nuestras acciones", en el ambiente del Renacimiento esto habría sido visto como una invocación del poder divino, similar a cargar una batería muerta con corriente eléctrica. No habría sido necesario dar explicación alguna a los miembros. En el libro *La filosofía oculta o las ceremonias mágicas* (*Libro IV*), atribuido a Agripa, se afirma lo siguiente:

> Pero ahora vamos a hablar de los pentáculos y sigilos sagrados. Ahora bien, estos pentáculos son como ciertos signos sagrados que nos preservan de las posibilidades y acontecimientos malignos, y nos ayudan y asisten para atar, exterminar y alejar a los malos espíritus, y atraen a los buenos espíritus y los reconcilian con nosotros. Y estos pentáculos consisten o bien en personajes de los buenos espíritus de orden superior o bien en imágenes de cartas sagradas o revelaciones, con versículos adecuados y oportunos compuestos, o bien figuras geométricas y nombres sagrados de Dios, según el curso y manera de muchos de ellos, o bien están compuestos por todos ellos o por muchos de ellos mezclados... Y si trazamos alrededor de ellos cualquier figura angular, según la manera de sus números, también será lícito hacerlo[11].

Este énfasis en las figuras y formas geométricas no es exclusivo de la magia europea medieval y renacentista, sino que también se encuentra en prácticas anteriores de Oriente Medio en las que se inspiraron, así como en los mandalas orientales, es decir, imágenes geométricas diseñadas para presentar visiones cosmológicas de forma simbólica. Estos mandalas no se limitaban al papel, la piedra o la tela. Las pinturas tibetanas con arena, así como la construcción tridimensional de estructuras como las estupas (similares en cierto modo a los antiguos *herms* o hitos viales de la época clásica) demuestran que las sociedades antiguas de todo el mundo consideraban de vital importancia plasmar patrones arquetípicos en forma material, lo que les permitía transformar y mejorar nuestras vidas.

Las civilizaciones antiguas simbolizaban la relación entre estas ideas puras y las energías que dirigían a través de la función del ángulo, que en esencia es la relación fundamental entre dos números. Cuando se personificaban, estas ideas se convertían en dioses. Así, las fuerzas angelicales invocadas en los ritos religiosos o en las prácticas esotéricas son principios cósmicos esenciales personificados; son, a su manera, el Verbo Creador llevado a la realidad.

Aunque el Templo de Salomón fue una revelación divina, no fue un acontecimiento histórico singular, sino que con regularidad cíclica se renovó y, al hacerlo, se revigorizaba el mundo. El Templo era la clave para comprender las leyes del universo: el número, la medida y la armonía.

> Por eso los templarios y otros idealistas místicos dedicaron sus vidas a descubrir los secretos del Templo. Es como la piedra filosofal, un talismán que convierte el metal común en oro, que trae nueva luz al mundo y restaura su condición natural de paraíso terrenal[12].

En este contexto, resulta curioso que uno de los símbolos más conocidos y a la vez más ignorados dentro de la masonería sea la Estrella Flamígera o pentagrama. Según Agripa, las figuras geométricas son tan poderosas como los números que representan, siendo el número cinco el que pertenece al pentagrama:

> Un pentáculo [pentagrama] también, como con la virtud del número cinco, tiene un dominio muy grande sobre los espíritus malignos, así por su lineatura, por la cual tiene adentro cinco ángulos obtusos y afuera cinco agudos, cinco triángulos dobles por los cuales está rodeado. El pentáculo interior contiene dentro grandes misterios, que también han de ser investigados y entendidos[13].

En otro lugar, Agripa ilustra que el hombre —el cuerpo humano— es el pentagrama perfecto, y que dentro del cuerpo humano hay energías que están en armonía con las energías invisibles de los planetas y las estrellas, bajo la dirección de la providencia divina.

Los masones se reúnen en los Cinco Puntos de la Fraternidad, que es el significado que generalmente se da al pentagrama. Aunque es una lección moral importante, despoja a este antiguo símbolo de su gran poder, tanto para la fraternidad en su conjunto como para cada masón en particular. El masón promedio desconoce este antiguo uso del pentagrama y su significado oculto, hasta llegar al grado 28 del Rito Escocés.

Es hasta este grado, conocido como Caballero del Sol, Príncipe Adepto, cuando oímos hablar de la importancia esotérica y práctica del pentagrama:

En Occidente, sobre el Vigilante, contemplan el santo y misterioso pentagrama, el signo del microcosmos, o universo, llamado en las escuelas gnósticas "la Estrella Flamígera", el signo de la omnipotencia intelectual y de la autocracia, que ya les ha sido parcialmente explicado. Representa lo que en la cábala se denomina *microprosopos*, siendo en cierto modo una figura humana, con los cuatro miembros y un punto que representa la cabeza. Es el universo contenido en la deidad.

Es un signo tan antiguo como la historia y más que la historia, y su plena comprensión es la clave de los dos mundos (espiritual y material). Es la filosofía absoluta (hermetismo) y la ciencia natural (alquimia).

Todos los misterios que encierra la magia, todos los símbolos de la gnosis, todas las figuras de la filosofía oculta, todas las claves cabalísticas de la profecía, se resumen en el signo del pentagrama, el más grande y potente de todos los signos[14].

Aunque este ritual específico ya no se utiliza en la actualidad, la referencia a la capacidad de este símbolo para alejar a los malos espíritus es importante para la masonería, pues como se mencionó anteriormente, según la leyenda, el rey Salomón ordenó a cincuenta mil espíritus que construyeran el Templo. Así, en esta simple imagen, tenemos una alusión al enorme poder oculto del gran maestro tradicional de la fraternidad, la referencia hermético-pitagórica-cabalística al número, la armonía y la forma y, finalmente, la idea de que bajo la estrella de la iluminación, donde la inspiración de Dios toca a los miembros presentes, se produce la armonía.

EL CUADRAGÉSIMO SÉPTIMO PROBLEMA DE EUCLIDES: EL GRAN SÍMBOLO DE LA MASONERÍA

La geometría es tan importante para la masonería y su comprensión del cosmos, que el símbolo del cuadragésimo séptimo problema de Euclides adornaba la portada de las *Constituciones* de Anderson cuando se publicaron en 1723*. Si bien esto tiene poco significado en una época de educación prácticamente universal, y cuando casi todo el mundo aprendía los elementos más rudimentarios del álgebra y la geometría antes de la escuela secundaria, en el siglo XVI la geometría era la clave de casi todas las artes y ciencias concebibles de importancia material, y estaba directamente vinculada a las enseñanzas de las escuelas místéricas griega y egipcia (las fuentes del conocimiento hermético) a través de Pitágoras. Además, mediante el estudio de los números, los secretos de los textos antiguos, suprimidos durante mucho tiempo por la intolerancia religiosa y el poder secular, podían comprenderse utilizando los sistemas cabalísticos de la *gematria*, el *notarikon* y el *temurah*. Estos sistemas de sustitución letra-número permitieron la creación de nuevas palabras, conexiones y dispositivos mágicos. Entre muchas culturas antiguas, por ejemplo la judía, la griega y la egipcia, vemos que se podían quitar los candados que mantenían al hombre en la ignorancia espiritual e intelectual.

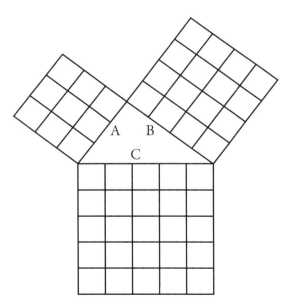

El cuadragésimo séptimo problema de Euclides

---

*Euclides de Alejandría escribió lo que se considera el primer libro de texto sobre geometría y publicó 465 axiomas, ecuaciones, postulados y teoremas en los trece volúmenes de su tratado *Elementos*.

A nivel de la masonería operativa, el cuadragésimo séptimo problema de Euclides es la ecuación más práctica en construcción. Dice así: "En los triángulos rectángulos, el cuadrado del lado que subtiende el ángulo recto es igual a los cuadrados de los lados que contienen el ángulo recto", o $a^2 + b^2 = c^2$. Mediante su aplicación, es posible crear ángulos perfectamente cuadrados (importante para los edificios), hacer topografía de montañas (importante para los mapas), calcular la longitud y la latitud (importante para los navegantes) y determinar la distancia entre el Sol, la Luna y los planetas y la Tierra. Con él se pueden construir túneles, lo que permite que las entradas se inicien a ambos lados de una montaña y se encuentren exactamente en el centro. Desde un punto de vista puramente especulativo, una imagen simbólica del cuadragésimo séptimo problema de Euclides es llevada por los antiguos maestros de una logia para recordar a los miembros que deben ser amantes de las artes y las ciencias, y así mejorar ellos mismos, sus comunidades y sus vidas. También recuerda a los más perspicaces que es posible empezar en lugares opuestos en la vida y llegar armoniosamente al centro.

Geometría sagrada, catedrales góticas y artes herméticas en piedra
Puntos clave

1. La letra G en el simbolismo masónico se refiere a la geometría.
2. La geometría, cuyo nombre significa "medición de la tierra", fue importada a Europa por los griegos, quienes la aprendieron de los egipcios.
3. A través de la geometría se logran el orden, la síntesis y la armonía en una expresión concreta de las ideas arquetípicas de los griegos en Europa, quienes a su vez la aprendieron de los egipcios.
4. Las primeras formas de arquitectura sagrada en la cristiandad están representadas en el estilo gótico de la Alta Edad Media.
5. San Bernardo de Claraval fue el principal defensor de este estilo de construcción.
6. La intención de la arquitectura sagrada es permitir que los observadores participen del sentido de sacralidad que tiene lugar a su alrededor.
7. En la Edad Media, las matemáticas estaban vinculadas a las artes ocultas, por lo que la Iglesia Católica Romana prohibía su estudio.

El ocultista más famoso del Renacimiento, Heinrich Cornelius Agripa, afirmó que "las doctrinas de las matemáticas son tan necesarias y tienen tanta afinidad con la magia", que sin ellas la magia no tendría sentido.

8. Las matemáticas son esenciales para la geometría y la arquitectura y, por lo tanto, algunos creen que existe un vínculo entre las grandes catedrales góticas y las artes y ciencias herméticas.

9. Fulcanelli, misterioso alquimista del siglo XX, fue autor de varios libros, de los cuales *El misterio de las catedrales* interpreta las catedrales de Chartre y Notre Dame, entre otras, según las prácticas alquímicas de la Gran Obra, siendo otro término que se encuentra en la literatura y el ritual masónico para designar la búsqueda filosófica de cada masón, así como el vínculo de la fraternidad con las antiguas escuelas mistéricas a través de los gremios de albañiles en el medioevo.

10. La mayoría de las grandes catedrales estaban dedicadas a "Nuestra Señora", o María, la madre de Jesús. La Virgen Negra que se ve en varias de estas catedrales tiene un significado esotérico que a menudo se pasa por alto, pero que es bien conocido en la alquimia. También vincula estas estructuras con el Templo de Salomón, la presencia de la *shekinah* y su supuesto culto a Astarté-Venus.

11. Se dice que Washington, D.C. y París fueron diseñadas según los principios de la geometría sagrada, convirtiéndolas en un gigante talismán o en un dispositivo para la magia.

12. El cuadragésimo séptimo problema de Euclides es el gran símbolo de la masonería, y es la más práctica de todas las ecuaciones en la construcción.

Tareas para el capítulo cinco

1. Reúne imágenes de los grandes templos, catedrales y edificios de los periodos clásico, medieval y renacentista. Colócalas en lugares donde puedas ver su belleza a diario, aunque sea de forma inconsciente. Escribe cualquier pensamiento que surja en relación con su presencia en tu entorno.

2. Sitúate frente a una de esas imágenes de una gran catedral o templo y visualízate en su interior. ¿Qué se siente al acercarse a las puertas? ¿Qué ves y sientes? ¿Cómo es por dentro?

3. Busca un lugar de culto cerca de donde vives e, independientemente de su sencillez u ornamentación, acércate a él como si fueras un peregrino que lo ve por primera vez tras un largo viaje para orar allí. ¿Qué es lo primero que te llama la atención? ¿Cuál es tu primera impresión del edificio y su entorno?

4. Consigue un juego de herramientas de dibujo de bajo costo y utilizando lo que puedas aprender del Apéndice A de este libro, emprende un estudio de geometría sagrada. Observa los efectos que tiene en la clarificación de tu pensamiento y tu proceso creativo. Reflexiona sobre cómo la práctica de la geometría subraya la importancia de los detalles. ¿Qué tipo de efectos sintéticos tiene en tu consciencia?

5. Utilizando tus estudios y meditaciones de las Tareas 1 y 2, y el estudio práctico de la Tarea 3, reflexiona sobre tu propia vivienda. Haz un plan de ajustes en ella para incorporar la geometría sagrada y otras cualidades de la gran arquitectura.

Geometría sagrada, catedrales góticas y artes herméticas en piedra
Lecturas recomendadas

Geometría sagrada: Filosofía y práctica, por Robert Lawlor (Debate, 1996). Una maravillosa introducción a la geometría sagrada para aquellos que quieran trabajar directamente con las formas.

Cathedral of the Black Madonna: The Druids and the Mysteries of Chartres, de Jean Markale (Inner Traditions, 2004). Una exploración bien informada de las catedrales francesas y su papel en la supervivencia del culto a las diosas en Europa.

El misterio de las catedrales: La obra maestra de la hermética en el siglo xx, de Fulcanelli (Nuevas Ediciones De Bolsillo, 2003). Un clásico moderno que interpreta las catedrales francesas a la luz de la alquimia práctica.

6

La Palabra Perdida y la búsqueda masónica

La arquitectura es música congelada.

ARTHUR SCHOPENHAUER

ES POR MEDIO DE MARÍA que el verbo se "hace carne", y es por medio de la geometría que ese ideal toma forma. El verbo es el poder de la creación misma. En la visión del mundo medieval, María es la simiente de la sabiduría, la base de toda la creación, y el verbo es su hijo. En otras palabras, el poder de la creación se encuentra en la sabiduría.

La armonía expresada en sonidos produce música, y en palabras un cierto ritmo o incluso un canto. Esta idea de que las palabras expresan poder sobre sus escuchas está incrustada en la palabra "encantar", que deriva del latín *incantare* (*in* significa "contra", *cantare* significa "cantar").

El ritmo y la rima pueden afectar la consciencia tanto del que habla como del que escucha, y son un eficaz recurso para la memoria, así como una herramienta de sugestión o hipnosis. No es de extrañar que la rima y el ritmo desempeñasen un papel importante en los conjuros mágicos de los primeros tiempos, conocidos como brujería, o en los juramentos y obligaciones de los miembros de otro oficio: la masonería. A través de palabras y ritmos particulares, es posible memorizar rituales extensos y transmitirlos oralmente a través de los siglos.

En la iniciación masónica, por ejemplo, el candidato tiene los ojos vendados durante la mayor parte del ritual, y solo si escucha atentamente las palabras de los oficiales de la logia sabrá lo que está ocurriendo. Este detalle puede parecer insignificante para quien no haya pasado por la experiencia, pero para aquellos que sí lo han hecho, incluso décadas después de su iniciación quedan ciertas frases en la memoria, debido a la concentración que surge respecto a lo que está sucediendo a su alrededor, así como a la peculiar resonancia que tienen las palabras y el ritmo en la consciencia. A través de estos modos de hablar, poco comunes y arcaicos, los rituales masónicos vinculan a quienes los experimentan, más allá de las limitaciones de la historia, del tiempo y del espacio, con algo que se aproxima a lo eterno.

Quienes han encontrado la Palabra Perdida han escuchado la voz de Dios en su interior, y realmente podrán ser llamados Maestros Masones en esencia y forma. La Palabra Perdida ha sido recuperada y es la Palabra Verdadera. La Palabra Sustituta ya no es necesaria. El maestro Hiram Abiff, asesinado por tres compañeros del oficio, representa el deseo de los humanos por tener poder o privilegios que no se han ganado. Es el falso envío del yo, derivado de la identificación con el mundo material que nos mata y nos aparta de la comunión con nuestro verdadero Maestro Interior, y como tal, hasta que no podamos humillarnos en el Pórtico del Templo, no podremos entrar ni recibir la Palabra. Hasta entonces se da una palabra sustituta. La sustituta es la religión.

Religión viene de la raíz *relig-*, que significa "unir", y el objetivo de la mayoría de las religiones es unir de algún modo la consciencia humana con la divinidad. Sin embargo, pocas alcanzan este objetivo; más bien son medios para inculcar virtudes morales y éticas a sus adeptos a través del proceso ritual y el trabajo colectivo. Como tal, la verdadera unión solo puede producirse a nivel individual y en la intimidad de la propia cámara, como la que se utiliza antes del grado de Aprendiz y que está simbolizada en las meditaciones diarias de Hiram en el Pórtico del Templo. A cualquiera que haya comprendido el "plan" o las lecciones que le han sido asignadas, ya sea por predestinación, azar o karma, le pasa como a Hiram; no hay miedo ante una muerte segura por no revelar un secreto que no puede ser revelado de hombre a hombre, solo de Yo a yo.

MAGIA JUDÍA

En la cábala se exponen claramente las posibilidades de la magia, sobre todo mediante el uso de nombres divinos. Sin embargo, la magia se consideraba un hecho poco frecuente, realizado por una persona piadosa solo en momentos de emergencia, y con riesgo físico y espiritual para sí misma. Aunque los escritos cabalísticos contienen advertencias contra el uso de la magia, no hay condenas universales para ello. Esta cuestión se complica aun más por la distinción que se hace entre la magia puramente física o material y la magia interior o espiritual, siendo que tales distinciones, en la práctica, no siempre están bien definidas.

Las escuelas españolas de cábala distinguían entre las corrientes de la tradición luriana, las cuales hacían uso del Árbol de la Vida, y las que se derivaban de prácticas mágicas basadas en el Nombre. Es en las prácticas de los *jasidistas* (movimiento fundado por Baal Shev Tov), o "maestros del Nombre", en las que se basa gran parte de las prácticas mágicas medievales y posteriores que aún sobreviven, incluida la magia popular alemana y la magia folclórica holandesa de Pensilvania. La distinción entre los usos "prácticos" (a veces criticados) o mágicos de la cábala tiene una importancia histórica; negarlo sería como si un niño renegara de sus abuelos, pues la cábala práctica es más antigua que las escuelas especulativas o filosóficas.

La aplicación práctica del conocimiento espiritual se deriva de las prácticas mágicas del periodo talmúdico a través de la Edad Media. Son distintas y están separadas de las escuelas filosóficas que utilizan el Árbol de la Vida, y en ningún caso dependen de ellas. Sin embargo, el uso del poder, incluso el que se genera de forma natural, puede corromper al alma más ferviente, lo que dio lugar a prácticas nefastas o de "magia negra" en las que se empleaban los "nombres profanos" de los ángeles caídos para hacer daño, obtener beneficios personales a costa de otros y alterar el orden natural de la creación. Con la amplia propagación de los judíos por toda Europa y el norte de África, la magia judía también adoptó algunas de las prácticas de sus vecinos, especialmente la demonología árabe y la brujería alemana y eslava. Al mismo tiempo, las prácticas de estos pueblos también se vieron afectadas por las doctrinas mágicas judías, ya que la creencia en la eficacia de la magia judía se hizo legendaria rápidamente. La idea de que "el judío" era un mago poderoso, capaz de conjurar ángeles y demonios, amplificó la admiración de los demás por la cábala práctica, así como los temores antisemitas. El *jasidista,* "maestro del Nombre", se convirtió en el mago arquetípico del periodo medieval y muchos cristianos intentaron imitar este modelo, a pesar de las prohibiciones impuestas por la Iglesia católica romana contra las prácticas de magia.

Escritura mágica

El uso de alfabetos especiales, atribuidos a fuentes angelicales o divinas, es una piedra angular de la magia fonética judía. Asimismo influye en aquellas prácticas en las que también se utilizan talismanes y dibujos mágicos, ya que muchas de estas imágenes están compuestas por construcciones cuidadosamente elaboradas, formadas por letras hebreas.

El más antiguo de los llamados alfabetos mágicos o *kolmosin* ("plumas angelicales") se atribuye a Metatrón, el Arcángel del Rostro o del Trono de Dios, que está relacionado en la tradición oral con la figura bíblica de Enoc. Existen alfabetos adicionales que se atribuyen a otros seres angelicales y arcangelicales, como Rafael, Miguel y Gabriel, de la misma manera que varios textos mágicos se atribuyen a Hermes, Salomón, Moisés y otras figuras importantes. Varios alfabetos son similares al cuneiforme babilónico, mientras que otros se asemejan más a las primeras escrituras hebreas y samaritanas. Estos alfabetos suelen denominarse "escritura ocular", ya que se componen de pequeños puntos y líneas que se asemejan mucho al ojo humano. Esta forma de escritura se utilizaba ocasionalmente para escribir nombres divinos en textos no mágicos, aunque se empleó principalmente en la creación de talismanes. Estas imágenes mágicas proceden de prácticas teúrgicas griegas y arameas del siglo I de nuestra era[1].

Reuchlin y el nombre milagroso

Johannes Reuchlin (1455–1522), nacido en la ciudad alemana de Pforzheim, se doctoró en filosofía por la Universidad de Basilea en 1477 y se licenció en derecho por la Universidad de Poitiers en 1481. Viajó a Roma como parte del cuerpo diplomático antes de establecerse en Stuttgart. En 1492, a la edad de cuarenta y siete años, Reuchlin aprendió hebreo. Fue un año difícil para los judíos, ya que marcó el inicio de varias masacres. Bajo las órdenes de los nuevos reyes católicos, Fernando e Isabel, se ordenó a los judíos que abandonaran España, se convirtieran

114 ❚■❚ La Palabra Perdida y la búsqueda masónica

al catolicismo o se arriesgaran a morir. La vecina Portugal haría lo mismo dos años después.

Los conocimientos de hebreo de Reuchlin le permitieron estudiar la cábala a partir de textos originales, y en dos años produciría su principal obra sobre el tema: *De Verbo Mirifico*, que se convirtió en una especie de biblia de lo que eventualmente se llamaría "cábala cristiana"*. En ella, Reuchlin afirmaba haber reconstruido el "verdadero" nombre de Jesús en hebreo, tomando el Tetragrámaton o "nombre de cuatro letras" de Dios en hebreo, Yod-Heh-Vau-Heh o YHVH, e insertando la letra *Shin* en el medio, lo cual derivó en YHShVH.

> El tema principal del primer libro de Reuchlin sobre la cábala *De Verbo Mirifico*, era exponer los poderes milagrosos del nombre divino oculto, el *pentagrammaton*, formado a partir de la inserción de la letra Sh en medio del *tetragrámaton*. Este nombre formaba, según Reuchlin y su fuente Pico della Mirandola, el nombre secreto de Jesús. En la cábala judía podemos encontrar formaciones de nombres "divinos" que no pueden ser detectados en los textos judíos clásicos y que son tan raros como la forma YHSVH (sic)[2].

Este nombre milagroso fue rápidamente adoptado para mostrar que la verdadera misión de Jesús era la de salvador, pero también que dentro de la cábala había muchos secretos que habían sido olvidados desde la época de las primeras Iglesias cristianas. Este intento de "cristianizar" la cábala hizo que fuera un tema políticamente más seguro para que Reuchlin y otros lo estudiaran.

Sin embargo, Reuchlin acabó ante el tribunal de la Inquisición. La posición de los judíos en la Europa cristiana siempre fue precaria. No aceptar la fe cristiana ya era bastante problemático y ser culpados como pueblo por la muerte de Cristo, el Hijo de Dios, solo empeoraba las cosas. Cuando el emperador Maximiliano I ordenó quemar todos los libros en hebreo el 15 de agosto de 1509, en realidad pocos se habrán

---

*Las grafías de *cábala* varían. Sin embargo, el misticismo estrictamente hebreo utiliza cada vez más la grafía *kabbalah,*; las variantes cristianas se inclinan por *cábala* y las escuelas herméticas usan *qabala*.

sorprendido. Sin embargo, las autoridades preguntaron a Reuchlin, en lo que podría haber sido un intento de tender una trampa por sus simpatías con los judíos, si consideraba admisible quemar todos los libros judíos, perdonando solo la Torá. Reuchlin respondió que no, y se le ordenó comparecer ante el Gran Inquisidor de Maguncia para defenderse de las acusaciones de herejía. Por fortuna, Reuchlin era un hombre muy apreciado. Representantes de cincuenta y tres ciudades en la provincia de Suabia (actual Alemania) intervinieron en su defensa. Como agradecimiento por haber asumido tan enorme riesgo, los rabinos de la ciudad de Pforzheim le facilitaron los documentos que más tarde utilizaría para escribir *De Arte Cabalistica*.

Tras su publicación en 1516, *De Arte Cabalistica* se convirtió rápidamente en el texto preferido de los cabalistas cristianos. La obra fue dedicada al papa León X, quien tenía interés en el pitagorismo. El formato básico de *De Arte Cabalistica* es el de un diálogo entre un seguidor del pitagorismo y un musulmán, mediado por un judío, que explica cómo la cábala contiene la sabiduría divina más antigua. Esta sabiduría afirma que las letras sagradas y los nombres de las cosas (en hebreo, por supuesto) no son simplemente símbolos, sino que llevan la propia esencia espiritual de aquello con lo que se les relaciona. La misma doctrina sostenían los antiguos egipcios respecto a los jeroglíficos y sus escritos sagrados. Para fundamentar sus afirmaciones, Reuchlin hace referencia al *Zohar* y al texto mágico *Sefer Raziel* (Libro de Raziel), cuya autoría se ha atribuido al arcángel Raziel. El nombre Raziel significa "secreto de Dios", y es el arcángel de la esfera de *hockmah* (sabiduría) en el Árbol de la Vida. Esto convierte a Raziel en el guardián de la sabiduría secreta de Dios, el arcángel que reveló los misterios a Adán, Enoc, Noé y el rey Salomón. El *Sefer Raziel* habla de las "Cincuenta Puertas de la Sabiduría", de las cuales incluso el gran rey y mago Salomón solo pudo penetrar hasta la cuadragésima novena, estando la "puerta" final cerrada incluso para él.

Diferencias entre magia y misticismo
Aunque la magia era considerada peligrosa y se utilizaba principalmente para crear efectos en el mundo exterior, el misticismo, que empleaba

muchos de los mismos principios, se consideraba un medio para aumentar la sacralidad personal y la relación con Dios. Se creía que, a través de la oración y la meditación, el individuo podía ascender a las esferas celestiales y alcanzar cada vez más conocimiento, amor y sabiduría*.

Gershom Scholem afirma:

> La cábala consideraba la oración como el medio de ascenso del hombre a los mundos superiores, un peregrinaje espiritual entre los reinos supremos que buscaba integrarse en su estructura jerárquica y contribuir a restaurar lo que allí se había viciado. Su campo de actividad en el pensamiento cabalístico se encuentra en los mundos interiores y en las conexiones entre ellos. La jerarquía ontológica de los mundos espirituales se revela al cabalista en el momento de la oración como uno de los muchos nombres de Dios. Esta revelación de un "nombre" divino a través del poder de la "palabra" es lo que constituye la actividad mística del individuo en oración, que medita o centra su *kavvanah* (meditación) en el nombre particular que pertenece al reino espiritual por el que pasa su oración. Tal "magia interior" se distingue de la brujería porque sus meditaciones o *kavvanot* no deben pronunciarse. Los Nombres Divinos no se invocan, como en la magia operativa común, sino que se suscitan a través de la actividad meditativa dirigida hacia ellos[3].

Vemos que para el judío piadoso que practicaba la cábala los llamados Nombres Divinos no eran un punto de partida ni un punto final, sino algo que se revelaba desde el interior durante los periodos de oración y meditación, y que actuaban como señales a lo largo del camino. No eran herramientas funcionales como tal, ni se pretendía que lo fueran. Solo en años posteriores se desarrollaron oraciones y meditaciones específicamente cabalísticas.

El objetivo final de estas oraciones y meditaciones era la completa absorción dentro de la divinidad. Al hacerlo, se reparaba la brecha entre

---

*Estas esferas podrían verse como un espejo de los relatos bíblicos de la escalera de Jacob y la visión de Ezequiel, y su posterior adaptación en la cábala luriana como el Árbol de la Vida.

Dios y la humanidad, simbolizada por "la Caída", y Dios volvía a hacerse accesible. A menudo se manifestaba en forma de éxtasis, que a veces incluso contagiaba a quienes estaban alrededor del que oraba, así como en estados elevados de consciencia, como la profecía, la sanación y la clarividencia. Sin embargo, estos fenómenos se consideraban efectos secundarios del estado y no un objetivo en sí. Se les equiparaba con el consejo de Pablo sobre los "carismas", o diversas experiencias espirituales asociadas a los poderes del Espíritu Santo entre los primeros cristianos: eran un signo de la gracia, pero no el acto de la gracia en sí.

FLUDD Y LA CONEXIÓN ROSACRUZ

Robert Fludd (1574–1637), o Robert de Fluctibus, como prefería que le llamaran, nos dejó una notable obra sobre teoría médica: *Anatomiae amphitheatrum* (1623)*. Fludd, médico y miembro del Royal College of London, creía que la causa fundamental de todas las enfermedades podía encontrarse en el pecado original. Creía que la enfermedad era causada por demonios y que era curada, o al menos combatida, por fuerzas angelicales. Por ello, la oración se consideraba tan eficaz como la medicina para dar salud a los pacientes.

Fludd era hijo de un terrateniente de Kent, y viajó por el continente en su juventud, regresando para estudiar medicina en Oxford y graduarse en 1605. Fludd probablemente conoció a Michael Maier durante su visita a Inglaterra, en algún momento después de 1612. A partir de este posible encuentro, Fludd pudo haber entrado en contacto con la corriente rosacruz del hermetismo, la cual empezaba a florecer en el extranjero, especialmente en Europa central. Aunque la conexión de Fludd con la corriente rosacruz a través de Maier es claramente circunstancial, no lo es la publicación por parte de Fludd de una defensa del rosacrucismo y de la "Hermandad Rosa Cruz" en 1616: *Apologia Compendiaria Fraternitatem de Rosea Cruce*, o "Apología compendiada de la fraternidad de la Rosa Cruz".

---

*Para más información ver: *The Greater and Lesser Worlds of Robert Fludd: Macrocosm, Microcosm, and Medicine*, de Joscelyn Godwin (Inner Traditions, 2019).

Fludd publicó este compendio y todas sus obras importantes en el extranjero, con un editor que había mostrado interés en el ocultismo. Fludd también pudo haber sido masón y, por lo tanto, responsable de introducir el rosacrucismo en los inicios de la masonería. La primera sugerencia escrita que vincula estas dos formas de iniciación hermética —rosacrucismo y masonería— ocurrió un año después de la muerte de Fludd, en *Muses Threnodie* de Henry Adamson*:

Lo que profetizamos no es en vano,
pues nosotros, hermanos de la Rosa Cruz,
tenemos la palabra masónica y la segunda visión
y podemos predecir con certeza lo que vendrá[4].

PALABRA DE MASÓN

Albert Mackey nos dice:

La historia mítica de la masonería nos habla de que una vez existió una PALABRA de excepcional valor que reclamaba profunda veneración, y que esta Palabra fue conocida por muy pocos, pero que finalmente se perdió, adoptándose un sustituto temporal para ella. Pero la propia filosofía de la masonería nos enseña que no puede haber muerte sin resurrección, ni decadencia sin posterior restauración, y así, por el mismo principio, se deduce que la pérdida de la Palabra debe suponer su eventual recuperación...

La PALABRA... La concibo como el símbolo de la Verdad Divina, y todas sus modificaciones, su pérdida, su sustitución y su recuperación, no son más que partes que componen el símbolo mítico que representa la búsqueda de la verdad[5].

En distintos grados del Rito Escocés y del Arco Real, también conocidos como Masonería Capitular o Piedra Angular, se revela la Palabra

_____

*Este poema también se puede encontrar en la Enciclopedia Británica, bajo la entrada de "Rosacruz".

Perdida a los Maestros Masones presentes. Esta "Palabra", oculta durante tanto tiempo, también ha perdido mucho de su significado, a pesar de la enorme cantidad de pistas dadas en el material dramático y simbólico presentado durante la realización de los rituales de iniciación.

Antes de esta revelación de la Palabra Perdida, el Maestro Masón recibe otra palabra, conocida como la Palabra Sustituta. Desafortunadamente, la naturaleza oral de esta parte de la tradición masónica ha dado pie a que durante la transmisión de esta importante palabra, por la que los masones pueden reconocerse entre sí, haya desvirtuado su pronunciación, dando lugar a que en realidad haya dos palabras en uso. Una predomina en la Europa continental y la otra en Inglaterra, Estados Unidos y otros países de habla inglesa. Según Mackey, la segunda palabra surgió y se utilizó durante la formación de los Altos Grados (los grados del 4º al 33º, sobre los que los no masones suelen especular mucho) y durante la influencia de los Estuardo en la masonería. Lo intrigante de esto es que ambas palabras han llegado a tener su propio significado único y específico, haciendo que las dos tengan valor para el masón que está en el camino de la iluminación y que no sea un simple portador de cartas. Este valor reside en parte en el origen esencialmente hebreo de las palabras, pero también en el simple significado de una palabra o frase hablada en la masonería y el esoterismo en general. Sin embargo, en algunos casos este significado debe ser inyectado en la palabra, o en la palabra a la que el sonido más se aproxima, porque muchos masones carecían de educación en lenguas antiguas y, por lo tanto, el significado y la pronunciación de muchos términos ha cambiado.

Aunque algunos masones se opondrán a "revelar" la Palabra del Maestro Masón, hay que señalar que estas palabras se encuentran fácilmente en Internet, así como en numerosos libros de masonería. Se espera que aquellos que objeten se den cuenta de esto, así como de la certeza de que sin conocer los medios adicionales de identificación, o qué palabra pertenece a cuál jurisdicción, el simple conocimiento de los sonidos no permitirá a la gente hacerse pasar por Maestros Masones.

Albert Mackey nos dice que la palabra correcta tiene cuatro sílabas, no tres, como afirman otros (examinaremos esas afirmaciones en breve). Dice Mackey:

La palabra correcta ha sido mutilada. En realidad, consta de cuatro sílabas, ya que la última sílaba, tal como se pronuncia ahora, debería dividirse en dos. Estas cuatro sílabas componen tres palabras hebreas, que constituyen una frase perfecta y gramatical, apropiada para la ocasión de su pronunciación. Pero para entenderlas, el erudito debe buscar el significado en cada sílaba y combinar el conjunto. En el lenguaje de Apuleyo, debo abstenerme de extenderme sobre estos santos misterios[6].

Pike afirma:

La Verdadera Palabra de un masón se encuentra en el significado oculto y profundo del Inefable Nombre de la Deidad, comunicado por Dios a Moisés, y cuyo significado se perdió durante mucho tiempo por las mismas precauciones que se tomaron para ocultarlo. La verdadera pronunciación de este nombre era ciertamente un misterio, pero encerraba el misterio mucho más profundo de su propio significado. En ese significado está contenida toda la verdad que podemos conocer sobre la naturaleza de Dios[7].

En algunos libros populares, que pretenden ser exponentes de la masonería, se ha dado mucha importancia a una segunda versión de la palabra. Sus autores afirman que se trata de una palabra sintética que hace referencia a "Ja" o Yod-Heh (el prefijo del tetragrámaton), "Bal" y "On", demostrando así que los masones no son en realidad buenos cristianos, judíos o musulmanes, como muchos profesan, sino adoradores de deidades extrañas. Incluso si hay algo de verdad en el origen de las tres partes del nombre triple, todo lo que demuestra es que los masones ven a todos los dioses como uno solo. Colectivamente, llaman a este poder supremo el Gran Arquitecto del

Tetragrámaton:
el inefable nombre de Dios

Universo, e individualmente, llaman a su dios por diferentes nombres, y en sus corazones muchos ven a todos los dioses como una expresión humana parcial e imperfecta del Único Dios Verdadero.

Para la mayoría de los masones, incluso estas Palabras Sustitutas son poco más que un medio de reconocimiento, similares a las palabras dadas a los artesanos para efectos de viaje en la Edad Media. Para el hermano con inclinaciones místicas son las claves para su propio despertar y para la construcción del templo interior que cada uno debe construir en su corazón, y allí escuchar la voz del alma.

La búsqueda del masón

La identificación de la Palabra del Maestro Masón como la Palabra Sustituta es de importancia capital para el masón que esté prestando atención. La antigua noción religiosa, filosófica y esotérica de la Palabra es la de la verdad divina: poder incuestionable y omnipotente y la autoridad para crear. Por lo tanto, si la Palabra es la verdad divina, entonces la Palabra Perdida debe ser esa verdad olvidada, ignorada o transformada de alguna manera durante el acto de su propia expresión, así como la arcilla sigue siendo arcilla, pero que al ser modificada se convierte en una pieza de cerámica. La Palabra Sustituta puede verse de dos maneras: como un fracaso en la búsqueda de la verdad, como el Compañero que fue en busca de Hiram que no encontró la Palabra, o como un puente temporal para ayudar al aspirante en su búsqueda de la verdad. Es un consuelo para ayudarles hasta que encuentren la Palabra. La sugerencia de una "palabra sustituta" se encuentra en varios rituales del siglo XVIII, pero no se identifica como tal sino hasta más tarde. Si la Palabra es entonces la verdad divina, la búsqueda de esta verdad es la razón misma de la existencia de la masonería, y la obligación y el trabajo de cada masón es encontrar esa Verdad. Mientras que las variaciones de la Palabra no cambian su carácter esencial, la idea de ella es crítica para la existencia misma de la masonería. Sin la Palabra, la masonería está muerta: "... porque la letra mata, más el espíritu vivifica" (2 Corintios 3:6).

El poder creativo de la Palabra

Cada masón tiene por tarea encontrar la Palabra Perdida, que se extravió cuando el Maestro Hiram fue asesinado, y de la que se encargó a los doce masones que fueron en busca de su cuerpo que regresaran y contaran el primer sonido que oyeran, ya que eso actuaría como sustituto de la Palabra Perdida. El simbolismo aquí es particularmente sutil, en el sentido de que la Palabra Perdida no se puede escuchar afuera, solo adentro. Es nuestra Palabra interior, la Palabra de Dios, del cosmos, del Gran Arquitecto del Universo, la que habla a nuestro corazón. Esta voz de Dios en nuestro interior es la Palabra verdadera. Es infalible, siempre guía y afirma la vida, no solo en sentido simbólico, sino como el propio poder de la creación.

Ptah, el dios más antiguo de la familia de deidades llamada la Tríada de Menfis, era conocido por los egipcios como el Gran Arquitecto del Universo. En la mitología egipcia fue él quien pronunció la Palabra de la que surgió toda la creación.

Los egipcios confiaban plenamente en el origen divino y poder creador de la palabra. Todos los seres vivos del mundo material o espiritual, así como los objetos, tenían su origen en la emisión del sonido. El universo entero estaba bajo el control de hombres y dioses que conocían el habla sagrada. Para los egipcios, la creación material era el sonido hecho sustancia. Cada sonido tenía sustancia y vida (poder creativo) cuando se emitía correctamente. En el habla sagrada existía una armonía completa entre lo hablado y lo encarnado, entre la forma ideal y la material. Por estas razones (entre otras), el antiguo filósofo Jámblico (245–325 d.C.) consideraba que la lengua egipcia era la más cercana a la lengua original de los dioses, incluso más que su griego natal.

Se dice que el dios egipcio Thot, equivalente a Hermes del periodo greco-egipcio, escribió las palabras que pronunció Ptah. Comprendían cuarenta y dos libros, que se guardaban celosamente. Thot era el señor de la sabiduría, la escritura y la magia. De Thot-Hermes deriva el nombre de ese cuerpo teosófico antiguo conocido como hermetismo, del que la masonería es una expresión.

Es importante señalar que los egipcios no tenían una palabra para referirse a la religión, solo *heku*, o mal traducido, "poder mágico o creativo". Cuanto más poder creativo se tenía, más cerca se estaba de los dioses. Este poder creativo, como hemos visto, estaba estrechamente vinculado al habla y la escritura. Las palabras escritas o jeroglíficos eran vistos como seres vivos; como un animal, una planta o un ser humano.

La Palabra Perdida y la búsqueda masónica ▮▮▮ 123

Desfigurarlos equivalía a desfigurar el mensaje que contenían. Dado que pocas personas sabían leer y escribir en las culturas primitivas, es fácil ver por qué la palabra escrita se consideraba sagrada, ya que era memoria, sabiduría y guía para su pueblo.

Sin embargo, el verdadero poder de Thot provenía del uso hablado de las palabras, no simplemente de su uso estático, grabado, fijo o ritualista. A través del poder de la palabra y las vibraciones que crea, se decía que las palabras otorgaban poder a los hombres, a la naturaleza y a los mundos invisibles. Los nombres de los dioses se mantenían en secreto, e incluso se tenían dos nombres para cada uno de los dioses: uno para uso público y otro para ceremonias privadas.

Esta creencia en el poder de los nombres y las palabras se trasladó al judaísmo, donde el nombre sagrado de Dios de cuatro letras o *tetragrámaton*, en griego, solo se susurraba al oído del iniciado. Si se pronunciaba en voz alta, se decía a los adeptos, se podría destruir toda la creación. La *Enciclopedia de la francmasonería* afirma que la Palabra Perdida no es otra que la pronunciación verdadera de este nombre: Yod Heh Vau Heh[8].

Por supuesto, esta doctrina del lenguaje sagrado o esotérico encuentra algunos de sus desarrollos más sofisticados en el trabajo de los alquimistas y cabalistas, quienes a menudo se referían a ella, respectivamente, como el "lenguaje verde" o el "lenguaje de los pájaros", que se decía Salomón era capaz de entender. Dado el simbolismo del color verde para la vida y el conocido uso de varios pájaros en las escuelas místicas egipcias y asiáticas (e incluso en el cristianismo como símbolo de la consciencia o el alma), podemos ver fácilmente la idea de que Salomón entendía el lenguaje de los pájaros como una metáfora de su sintonía con su voz interior o Palabra de Dios.

En la primera época cristiana, cuando se escribió la primera línea del Evangelio según Juan, *In principio erat Verbum...* o "En el principio fue el Verbo", la idea del poder creativo de la palabra hablada para afectar a toda la naturaleza, visible e invisible, ya estaba muy desarrollada en el Medio y el Lejano Oriente. En la India y el Tíbet, por ejemplo, encontramos la práctica meditativa del mantra yoga, siendo mantra una palabra sánscrita que literalmente significa "herramienta de la mente". En el mantra yoga se repiten palabras y sonidos cuyo significado no siempre se conoce, ya sea de forma oral o mental, para concentrar la mente con fines meditativos. La repetición de estos nombres de poder era algo común en todo el mundo clásico, y se abrió camino en los manuscritos de magia medievales y renacentistas, aunque a menudo de forma muy corrompida. Es posible que el uso adecuado del nombre de Dios, como dispositivo meditativo, estuviera sugerido en el simbolismo y ritual masónico en sus inicios. De ser así, se vincularía claramente a la masonería con varias escuelas de cábala en las que la meditación sobre el *tetragrámaton* y sus variantes era la práctica principal. Aquí, en el uso de las palabras para que la mente se enfoque hacia adentro y escuchar la voz interior, vemos que la utilización del lenguaje sagrado alcanza su punto máximo de desarrollo.

Para entender ese énfasis en el habla, basta con observar esas culturas antiguas y reflexionar sobre los siguientes hechos:

- Las palabras reflejan nuestro estado psíquico interior y también el estado de nuestro subconsciente.
- Las palabras desencadenan emociones e ideas que, una vez iniciadas, no se pueden revertir.
- Las palabras son nuestro principal medio de creación (después del sexo, por supuesto), y no es de extrañar que la tiroides sea un órgano sexual secundario, y que los esotéricos la consideren fundamental para la comunicación efectiva con la divinidad.

Este último punto es importante si tenemos en cuenta que, en el asesinato de Hiram, el primer golpe fue en la garganta. A menudo se dice que fue para que no pudiera pedir ayuda. Pero, ¿ayuda de quién? Y si los agresores estaban allí para obtener la Palabra de Hiram, ¿por qué lo dejarían sin palabras, sin que pudiera decirles la Palabra? ¿Por qué acabar con la oportunidad de recibir la Palabra?

Tal vez el que le asestó el primer golpe se dio cuenta de que Hiram no les daría lo que buscaban, sino que más bien podría usarlo en su contra. Como preguntó Jesús: "¿Acaso piensas que no puedo ahora orar a mi Padre, y que él no me daría más de doce legiones de ángeles?" (Mateo 26:53). ¿Podría ser que el primer golpe se diera para impedir que Hiram invocara a las legiones angelicales para que lo protegieran, tal como dijo Jesús que haría?

En el Nuevo Testamento leemos que los necesitados se acercaron a Jesús y proclamaron: "Solo di la palabra y mi criado sanará" (Mateo 8:8). También leemos que Jesús dijo a sus discípulos más cercanos que salieran hacia las multitudes y sanaran a los enfermos, resucitaran a los muertos y realizaran lo que en el mundo moderno llamamos milagros, todo "en nombre del Espíritu Santo".

Tales ideas son radicalmente ajenas al pensamiento moderno, pero deben ser reconsideradas si se quieren comprender plenamente los aspectos esotéricos de la masonería. Es un hecho probado que los mismos milagros descritos en las Escrituras son posibles. Se han hecho, se están haciendo hoy en día, se pueden hacer y están en armonía con las leyes de la física moderna.

Jean Dubuis, alquimista francés del siglo xx y conocido esotérico, escribió:

> Según los místicos, hace mucho tiempo existió en la Tierra un idioma único llamado el idioma original, que hoy se busca como la "Palabra Perdida".
>
> El verdadero Verbo [Palabra], el Verbo [Palabra] del "*Fiat Lux!*" [Hágase la luz] de la Biblia son la energía que irradia incesantemente desde el ser sin forma. El *Fiat Lux* se refiere simplemente a las vibraciones de esta energía sujetas a la ley que dicta el Ser, la armonía de donde vinieron los Seres, los *Elohim*, y todos aquellos que usan esta energía para crear los mundos, los cuerpos de los hombres y la luz del Sol, que no es más que un pálido reflejo de esta energía. Poner orden en esta energía da como resultado el tiempo, la forma, el espacio. Sin estas operaciones solo puede existir el vacío, lo no manifestado. Nuestro cuerpo, nuestra carne, nuestra sangre, no son más que vibraciones que están sujetas a la ley suprema de las vibraciones: la Armonía. La armonía existe en todos los reinos, pero podemos tener una idea clara de ella en el reino de la música. Vemos que algunas notas, aunque diferentes, parecen guardar analogías entre sí.
>
> Imaginemos un teclado que se extiende hasta el infinito del espacio. Toquemos la nota sol y vayamos subiendo de octava en octava. Cada nota sol se reconoce como similar a las anteriores, pero diferente,

de una vibración más alta. El número de vibraciones por segundo de la nota sol es 384, y se duplica con cada aumento de octava.

Dado este aumento de vibración, después de los seis o siete primeros soles trascendemos el ámbito de la audición humana, pero la nota sol sigue existiendo y vibrando. Si pudiéramos construir un teclado con estas octavas superiores, podríamos emitir una nota que perturbaría la radio, la televisión e incluso el radar. Podríamos incluso producir calor, y después de la cuadragésima segunda nota sol se generaría una luz roja. Después, ni sonido ni luz. Una nota do produciría hidrógeno, una nota la produciría oxígeno, y un acorde generaría agua.

En el Antiguo Testamento vemos la idea de que Adán nombró a los animales, pero ahora podemos entender claramente que el primer ser, Adán, hizo más que nombrarlos. Mediante su palabra los trajo a la existencia. Moisés también conocía el verdadero nombre del agua y, como tal, la hizo surgir de las rocas[9].

Este idioma original está prácticamente perdido y es deber de los iniciados en las tradiciones mistéricas, de las que la masonería es heredera, restaurarlo. Así como los doce Compañeros fueron en busca de la Palabra y no la encontraron, pero trajeron una Palabra Sustituta, los iniciados también usan un idioma sustituto o una serie de idiomas, hasta que este idioma interno pueda ser restablecido. Muchos místicos consideran que varios de los idiomas antiguos, el hebreo, el egipcio y en algunos casos el latín, están más cerca de la lengua original, lo que los convierte en el medio preferido para la oración y la invocación.

Teniendo en cuenta este significado, la historia bíblica de la Torre de Babel y el símbolo masónico de la Palabra Perdida cobran más sentido. En muchos aspectos, la Torre de Babel es una historia adecuada para el estudio masónico, ya que se ajusta más al mito masónico que el Templo de Salomón, pues dicho templo fue completado y destruido dos veces. Sin embargo, La Torre de Babel, en las llanuras de Sinar, no se completó; porque los masones, como la humanidad después del colapso de la torre, están confinados a hablar muchos idiomas y por tanto encuentran dificultades en el mundo de la materia. La unidad que se dice que la humanidad tuvo originalmente es un recuerdo vago, pero aun así indica el deseo de pureza cultural, racial y lingüística que vemos en todo el espectro de movimientos políticos, religiosos y sociales. La promesa de un regreso a una Edad de Oro, a la pureza del edén, para establecer alguna forma de cielo en la tierra, es una atracción poderosa y es siempre un camino al infierno cuando se impone desde afuera. Una pista sobre la importancia de esto se puede ver en el hecho de que la masonería exige evitar "balbucear" o hablar sin sentido, tanto dentro como fuera de la logia.

La única manera de establecer esta unidad es a nivel individual, en cada uno de nosotros y a través de cada uno de nosotros. La herramienta de trabajo para reconstruir esta torre es la misma que para el Templo; la espátula, ya que esparce el cemento del amor y el afecto fraternales.

Solo el amor —la emoción del corazón, el verdadero órgano de la consciencia humana y de la percepción espiritual— puede permitirnos unir los ladrillos necesarios para reconstruir una torre que llegue hasta el cielo. Solo el amor puede abrir la puerta del templo interior, el verdadero sanctasanctórum que cada masón debe completar y construir para sí mismo.

El Lenguaje Original o Palabra es una imagen vibratoria del Plan Divino. Cuando uno reintegra su consciencia a la unidad interior, simbolizada por el Pilar de la Sabiduría y la posición del Maestro en la logia masónica, este lenguaje se convierte en realidad.

No hace falta ser masón para iniciar la búsqueda de la Palabra Perdida; la forma más sencilla de hacerlo es examinando nuestro propio uso del lenguaje. ¿Son nuestras palabras amables y armoniosas o sarcásticas y divisivas? ¿Usamos un lenguaje claro, preciso y sencillo o frases excesivas, vagas y complejas para ocultar nuestro verdadero significado? ¿Somos vulgares y profanos o cultos e inspiradores?

La actitud también es un indicador para saber dónde hay que trabajar. Una actitud positiva es fundamental para tener éxito en el trabajo material y espiritual. Solo si tenemos una convicción firme, sólida e inquebrantable podremos lograr algo, y en el ámbito de nuestro propio despertar, la actitud positiva es aún más importante.

Si al reflexionar descubrimos que de manera habitual tenemos tendencias a quejarnos, a hablar de enfermedades, problemas o angustias (sin buscar verdaderas soluciones), entonces, según el poder de nuestra palabra, ¿cómo podemos esperar algo distinto de la vida?

La masonería enseña que es imperativo centrarse en lo bello, lo fuerte y lo sabio, e invocar al espíritu de la armonía en la vida diaria. A través de las enseñanzas de "la Obra", los masones aprenden que todas las cosas, por difíciles que parezcan, son pasajeras y que como dijo Shakespeare: "No hay nada bueno ni malo, sino que el pensamiento lo hace ver así" (*Hamlet*, Acto 2, escena 2). A través de nuestra habla (la expresión hablada de nuestras convicciones internas) y nuestra actitud hacia la vida, nos vinculamos a la felicidad o la tristeza, a la salud o la enfermedad, al éxito o al fracaso, y como creadores de ese vínculo somos los únicos que podemos cambiarlo. Este es el propósito definitivo de la búsqueda de la Palabra Perdida.

La Palabra Perdida y la búsqueda masónica
Puntos clave

1. Cada Maestro Masón debe buscar la Palabra Perdida. Durante su ascenso al 3er grado, solo recibe una Palabra Sustituta.

2. La armonía expresada en sonidos produce música, y en palabras un cierto ritmo o canto. Las palabras o los sonidos expresan un poder sobre quienes los escuchan.

3. La masonería utiliza en sus rituales palabras y lenguajes peculiares que la vinculan a un periodo histórico anterior, además de ejercer una influencia positiva sobre la psique de quienes participan en ellos.

4. La masonería habla de tres palabras: la Palabra Perdida, la Palabra Sustituta y la Palabra Verdadera. Cada una de ellas es reflejo de las otras y representa distintas etapas en la espiritualidad humana. La Palabra Perdida es la ignorancia, simbolizada por la caída en desgracia de Adán y Eva en el Génesis, y el asesinato de Hiram. La Palabra Sustituta es el uso de la religión, la ley y la autoridad para traer armonía y orden a la condición humana. La Palabra Verdadera es la revelación directa o la experiencia personal de la divinidad, del Dios interior.

5. El nombre de Dios, conocido como tetragrámaton o YHVH desempeña un papel importante en el misticismo y la magia en el judaísmo. Durante la Edad Media se decía que los rabinos, conocidos como

"maestros del Nombre", eran capaces de realizar milagros mediante el uso de este y otros nombres divinos.

6. La escritura especial y los nombres divinos están vinculados entre sí y con la cosmología angelical del judaísmo. Los alfabetos angelicales se atribuyen generalmente a Metatrón, que también se identifica con Enoc. Enoc juega un papel importante en la tradición masónica.

7. El libro de Johannes Reuchlin *De Arte Cabalistica*, demostró cómo las letras sagradas y los nombres de las cosas en hebreo no son solo símbolos, sino que llevan la esencia espiritual de aquello con lo que estén relacionados. Según Reuchlin (y otros de su época), el conocimiento de las letras y las palabras otorga el poder para crear.

8. En el misticismo judío, la oración se considera más importante que los actos mágicos o el uso de nombres divinos.

9. Robert Fludd, apologista del movimiento Rosacruz, recomendaba el uso de la oración para la sanación.

10. El dios egipcio Thot se identifica con Hermes Trismegisto, el fundador de las artes y ciencias herméticas, y es un maestro de la Palabra o del poder creativo de la palabra mágica.

11. Una actitud positiva es fundamental en todo trabajo, ya sea espiritual o material, y nuestras palabras reflejan nuestra actitud.

12. La palabra positiva es esencial para la armonía humana, el bienestar espiritual y la salud física.

Tareas para el capítulo seis

1. Presta atención a la frecuencia con que hablas. Limita tu habla a lo imprescindible durante una semana. Observa con qué frecuencia te sientes tentado a hablar simplemente para ser escuchado o para decir algo sin sentido, sarcástico o simplemente innecesario.

2. Presta atención a la calidad de tu discurso. ¿Utilizas palabras de acción positiva o son pasivas? ¿Hablas negativamente y en términos de limitaciones o positivamente y en términos de posibilidades? ¿Qué dice esto sobre tu visión fundamental del mundo?

3. ¿Cómo se utiliza el habla en tu práctica religiosa? ¿Qué refleja esto sobre la práctica?

La Palabra Perdida y la búsqueda masónica
Lecturas recomendadas

Encyclopedia of Freemasonry, de Albert Mackey, revisada y editada por W. J. Hughan y E. L. Hawkins (Masonic History Co., 1924). Se puede encontrar fácilmente en Internet, y es habitual hallar ejemplares de segunda mano. Es una referencia esencial para comprender la masonería.

La Biblia con presentación masónica (como las publicadas por Heirloom Bible Publishers). Estas biblias, especialmente impresas para su presentación en los rituales masónicos, pueden encontrarse a menudo en tiendas de segunda mano o en librerías de libros usados. A menudo contienen ilustraciones, así como un glosario de términos y su significado particular dentro de la masonería.

El significado de la masonería, de W. L. Wilmhurst (Editorial Cumio, 2010). Wilmhurst es un maestro moderno del simbolismo masónico y su poder para "hacer mejores a los hombres buenos".

Symbols of Freemasonry, de Daniel Beresniak (Editions Assouline, 1997). Un hermoso libro de símbolos y logias masónicas principalmente europeas. Es un placer mirarlo.

7

El Rito Escocés y el surgimiento de la masonería esotérica

La Ciencia Oculta de los Antiguos Magos se escondía bajo las sombras de los Antiguos Misterios y fue revelada de manera imperfecta o más bien desfigurada por los gnósticos. Supuestamente se refiere a las oscuridades que cubren los presuntos crímenes de los templarios y está envuelta en enigmas aparentemente impenetrables, en los ritos de la más alta masonería.

ALBERT PIKE

EL RITO ESCOCÉS, como se conoce comúnmente, se originó en Francia a principios del siglo XVIII. Su nombre se deriva en parte de la afirmación de que el Rito Escocés fue establecido en Francia por escoceses que huían de la invasión inglesa, en busca de asilo en el continente. Por lo general, se afirma que el Rito Escocés vincula varios ritos masónicos con el príncipe Carlos de Escocia, el "Bonito", y sus partidarios jacobitas en el exilio. Como muchas cosas en la masonería, estas afirmaciones son fáciles de decir y casi imposibles de probar, por lo que son más leyenda que historia. En definitiva, el nombre debe su origen al grado de Maestro Escocés, practicado en Londres desde 1732. De allí pasó a Francia y Alemania, donde otros altos grados se enmarcaron en torno a sus tradiciones. Sin embargo, como los intereses políticos escoceses desempeñaron un papel en la creación de muchos de

132　▮▯▮　El Rito Escocés y el surgimiento de la masonería esotérica

estos ritos y grados, los intentos por establecer una conexión entre ambos reflejan la cultura social y política de la masonería en el siglo XVIII.

Para la formación de muchas logias y ritos masónicos en el continente fue fundamental la afirmación del caballero Andrew Michael Ramsay, de Escocia, de que la masonería descendía directamente de las sociedades caballerescas y místicas traídas a Europa por los cruzados. La mayoría de los ritos masónicos que aparecieron en Francia después de 1737 se basaban en la afirmación de Ramsay y en la idea de que estaban relacionados con los Caballeros Templarios que, según se decía, habían huido a Escocia tras su persecución por el rey Felipe IV de Francia y el papa Clemente V a principios del siglo XIV. En la actualidad, los franceses denominan a estos *huats grades* o "Altos Grados", en vez de Rito Escocés.

El Rito Escocés llegó al Nuevo Mundo con el nombramiento de Etienne Morin, en 1761, como "Gran Inspector de todas las partes del Nuevo Mundo". Con el fervor misionero propio de la masonería del siglo XVIII, en 1763 Morin estableció el Rito de Perfección, compuesto por catorce grados en Santo Domingo, República Dominicana (en aquella época, colonia francesa conocida como Saint Domingue, en las Indias Occidentales). Desde esta posición caribeña, el Rito de Perfección se extendió a Norteamérica y creció hasta convertirse en el movimiento mundial del Rito Escocés. El Rito de Perfección se estableció en Nueva York en 1765 con la llegada de Henry Francken, socio de Morin y residente de Jamaica. Más tarde, Isaac Da Costa lo estableció en Charleston, Carolina del Sur, en 1783. Fue allí, en Carolina del Sur y a principios del siglo XIX, lejos de los bastiones masónicos tradicionales en los centros metropolitanos de Europa, donde las cosas empezaron a ponerse interesantes. En 1801 el doctor Frederick Dalcho y John Mitchell llegaron a Charleston con un documento que otorgaba al portador el derecho a establecer nuevos capítulos de la masonería, supuestamente bajo la autoridad de Federico el Grande, rey de Prusia. Las constituciones de estos nuevos capítulos añadían ocho grados adicionales al rito existente, y lo denominaron "Rito Escocés Antiguo y Aceptado". Se fechó en 1786 y al parecer tuvo el efecto deseado, ya que el 31 de mayo de 1801 se formó el Consejo Supremo Madre del Grado 33 del Rito Escocés Antiguo y Aceptado de la masonería.

El Rito Escocés se extendió lentamente por el sur, pero pronto se convertiría en una fuerza dominante, al menos durante un tiempo. En el norte dominaba el Rito de York, con sus grados y órganos adicionales (ver capítulo 9), por lo que los diversos órganos del Rito Escocés se vieron envueltos en amargas disputas sobre autenticidad y autoridad jurisdiccional. Esta devastadora debilidad del Rito Escocés en el norte continuaría hasta después de la guerra civil estadounidense, cuando en 1867 la Jurisdicción Masónica del Norte (NMJ, por sus siglas en inglés) se fusionó con el Rito Escocés de Cerneau, para convertirse en la autoridad reconocida en el otorgamiento de grados hasta en quince estados.

Ordo ab Chaos

El lema del Rito Escocés es *Ordo ab chaos*, "orden a partir del caos", y no podría haber una descripción más adecuada. Aunque es difícil para alguien que vive en el siglo XXI entender por qué existían todos estos grupos, con sus diversos grados y ritos, es importante reconocer las profundas diferencias culturales entre la vida europea y americana del siglo XVIII y lo que vivimos hoy en día.

En un mundo donde se tardaba dos meses cruzar el Atlántico o dos semanas en ir de Filadelfia a Nueva York, las conexiones sociales eran fundamentales para el éxito personal en la vida. Pertenecer a una organización que proporcionaba contactos instantáneos en ciudades lejanas suponía una gran ventaja, a pesar de la persecución política y religiosa que en ocasiones la acompañó. Además, sin contar con una vasta red de colegios, clases de educación para adultos o un acceso casi instantáneo a la información a través de Internet o la venta por correo, la masonería y sus grados proporcionaban un foro para la mejora personal. También permitía a los miembros disponer de un medio de "precalificación" o selección de posibles contactos comerciales, sociales o incluso esotéricos, a través de una red de canales establecidos y signos de reconocimiento. El mundo de los siglos XVIII y XIX era más lento, distante y desconectado que el actual. La masonería sirvió de vehículo fundamental para acortar tales distancias.

LOS GRADOS

El Rito Escocés es el segundo rito más importante, después del Rito de York. Ambos confieren los tres grados de la masonería simbólica de la Logia Azul, que son otorgados únicamente por logias legalmente autorizadas por una gran logia.

Sin embargo, a partir de ahí, el número de grados del Rito Escocés se amplía considerablemente hasta el famoso grado 33, o el del Soberano Gran Inspector General, que es conferido por el Supremo Consejo, la cabeza administrativa del rito para la jurisdicción bajo su autoridad. Los veintinueve grados inferiores al 33 están divididos en grupos, cada uno con su propio órgano de gobierno subordinado al Supremo Consejo. En general, los grados 4° a 14° se confieren en una Logia de Perfección, los grados 15° y 16° en un Consejo de Príncipes de Jerusalén, los grados 17° y 18° en un Capítulo de Sublimes Príncipes de la Rosacruz, los grados 19° a 30° en un Consejo de *Kadosh* y, finalmente, los grados 31° y 32° en un Consistorio de Príncipes del Real Secreto. Por supuesto, como todas las cosas masónicas, hay algunas variaciones en estas asignaciones según la jurisdicción.

Logias de Perfección: Estos grados tratan sobre el Templo del Rey Salomón y la búsqueda de la Palabra Perdida o nombre inconfesable de Dios. Son similares a los grados del Arco Real en el Rito de York.

Consejo de Príncipes de Jerusalén: Estos grados se centran en la reconstrucción del Templo de Salomón. Esta división particular no existe en todas las jurisdicciones masónicas; estos grados pueden incluirse en el Capítulo de la Rosa Cruz.

Capítulo Rosacruz: Aunque de tono cristiano, estos grados contienen simbolismo alquímico y sugieren una influencia rosacruz en la masonería.

Consejo de *Kadosh*: Esta es una clasificación particular para regir los grados 19 al 30 dentro de la Jurisdicción Sur. *Kadosh* es la palabra hebrea para "sagrado" o "consagrado a Dios" y su uso denota la naturaleza de la instrucción filosófica de estos grados. También existe una conexión templaria.

Consistorio de Príncipes del Real Secreto: Esta es una designación administrativa para reuniones de miembros de los grados 31 y 32 para la Jurisdicción Sur y de los grados 19 a 32 para la Jurisdicción Masónica Norte. Hay una asociación templaria distinta con los grados 31 y 32, y el Consejo de *Kadosh* se incluye en las reuniones del Consistorio en la Jurisdicción Masónica del Norte para reducir esta redundancia.

El tamaño y alcance de estas reuniones de grados constituyen pequeñas producciones teatrales y son una forma de iniciación combinada con una obra de moralidad o enseñanza. En Estados Unidos, estos grados rara vez se otorgan a un solo miembro, sino a grupos de hombres y a menudo en un auditorio o teatro especialmente diseñado para tal fin. En Europa, así como en otros lugares, los grados se otorgan a menor escala y con menos teatralidad, pero la naturaleza fundamental, la enseñanza y la lección de los grados son las mismas.

ALBERT PIKE
Y LA RENOVACIÓN DEL RITO ESCOCÉS

Sería imposible hablar del Rito Escocés sin echar un vistazo a la vida y obra de Albert Pike (1809–1891), una de las figuras más profundas y controvertidas de la masonería. Pike nació en Massachusetts, y desde niño demostró una habilidad excepcional en la escuela, aprendiendo griego, latín y hebreo antes de los veinte años. Aprobó sus exámenes de ingreso y fue aceptado para asistir a la Universidad de Harvard, completando dos años de su programa de licenciatura en uno solo; pero al ser el hijo de un zapatero alcohólico, no pudo pagar el resto de la matrícula. En 1831 dejó Massachusetts y se dirigió al oeste, terminando en Fort Smith, Arkansas. Allí, sus talentos naturales salieron a la luz mientras enseñaba en la escuela, editaba un periódico, practicaba la abogacía e incluso ejercía como juez de la Corte Suprema del estado. Pike se casó con Ann Hamilton en 1834 y, con el respaldo financiero de su esposa, entró a la política. Su carrera militar comenzó en 1846 y al año siguiente dirigió una unidad de voluntarios en la batalla de Buena Vista contra el ejército mexicano. Pike era popular entre las tribus indígenas estadounidenses locales, a las que representó en los tribunales contra el gobierno de los Estados Unidos. Continuó ejerciendo la abogacía posteriormente en su vida y presentó varios casos ante la Corte Suprema de los Estados Unidos.

Pike se afilió a la masonería durante su estancia en Arkansas, uniéndose a la Logia Star N° 2, en Little Rock, en 1850. En 1852 ayudó a establecer la Logia Magnolia N° 60, con dieciséis compañeros masones, ejerciendo como maestro en 1853 y 1854. Pike recibió los diez grados del Rito de York y participó activamente en ese rito a nivel estatal. En marzo de 1853 viajó a Charleston, Carolina del Sur, donde recibió los grados 4° a 32° y fue nombrado inspector adjunto de Arkansas para el Rito Escocés.

En aquella época, el Rito Escocés era uno de los organismos masónicos de menor tamaño; los registros de miembros muestran que en 1853 había menos de mil miembros en los Estados Unidos. La amplia formación de Pike en los clásicos y su habilidad académica lo convirtieron en un candidato natural para el puesto, el cual pronto definiría el trabajo de su vida. El Consejo Supremo de la Jurisdicción Sur del rito estableció un comité de cinco miembros para revisar los rituales como parte de un plan de revitalización. El comité nunca se reunió, pero Pike asumió la tarea personalmente. Como parte del proceso para esta enorme empresa, Pike se sumergió en la filosofía hermética y el esoterismo, copió a mano todos los rituales archivados y disponibles, y completó su borrador en 1857. Con la renuncia de Albert Mackey como Comandante Supremo ese mismo año, y con solo seis años de membresía en su haber, Pike se convirtió en el jefe de la Jurisdicción Sur del Rito Escocés en enero de 1859, ocupando el cargo hasta su muerte, en 1891.

En 1861, Jefferson Davis, presidente de la Confederación, nombró a Pike comisionado de asuntos indígenas y lo invistió con el rango de brigadier general. En 1862, el mayor general Thomas C. Hindman declaró la ley marcial en Arkansas y ordenó a Pike que entregara armas y fondos del tratado con los indigenas nativos norteamericanos. Pike se negó, creyendo que Hindman no tenía derecho a esta solicitud. Hindman ordenó su arresto, lo que lo llevó a huir a Texas. Pike fue encarcelado brevemente. Renunció a su puesto y comisión y publicó una carta en la que afirmaba que el gobierno confederado estaba violando los acuerdos de los tratados y obligaciones con las tribus indígenas norteamericanas. Fue liberado cuando el ejército confederado en el oeste se derrumbó, a finales de 1862.

Sin amigos y sin familia, en peligro tanto por las fuerzas de la Unión como por las de la Confederación y en bancarrota, Pike se retiró a las montañas Ozark, donde permaneció hasta 1868. Estudió la cábala alquimia, hermetismo, escrituras orientales y filosofía, y revisó los rituales del Rito Escocés aun más de lo que lo había hecho en su borrador anterior; en tal sentido incluyó una gran parte de las tradiciones esotéricas occidentales. Una vez completado su trabajo, abandonó las montañas Ozark para trasladarse a Washington, D.C., donde permaneció el resto de su vida, viviendo en un pequeño apartamento que le proporcionó el Supremo Consejo. Dedicó toda su vida al desarrollo del Rito Escocés y otros órganos masónicos.

MORAL Y DOGMA: LA BIBLIA NO OFICIAL DEL RITO ESCOCÉS

Para quienes estén familiarizados con él, Pike es más conocido por su enorme libro *Moral y dogma del Rito Escocés Antiguo y Aceptado de la masonería.* Pocos libros han sido tan leídos, hojeados, malinterpretados y citados erróneamente como *Moral y dogma.* De hecho, este libro es una de las fuentes más citadas equivocadamente por aquellos que desean demostrar algo insidioso y maléfico sobre la masonería en general y el Rito Escocés en particular. La razón es sencilla: Pike fue un erudito que comprendió las enseñanzas esotéricas fundamentales presentes en el simbolismo masónico, pero que pasaron desapercibidas o fueron malinterpretadas por la mayoría de sus miembros.

Utilizando la literatura existente de su época y basándose extensamente en las primeras obras del resurgimiento del ocultismo francés (citó extensamente el libro *Dogma y ritual de la Alta Magia,* de Eliphas Levi, de 1854), Pike intentó demostrar que la masonería era más que el club social de caballeros en el que se estaba convirtiendo, ya que más bien la organización era la heredera de una tradición secreta de desarrollo humano con miles de años de antigüedad. Lo que surgió de su investigación se publicó mayormente en *Moral y dogma,* y estaba destinado a ser utilizado como una serie de conferencias para cada uno de los grados, lo que lo convertía en una especie de libro de texto para el candidato. En la actualidad es fácil encontrar copias de *Moral y dogma* en librerías o ventas de libros de segunda mano, ya que el libro le fue entregado a casi todos los miembros del grado 32 de la Jurisdicción Sur hasta 1974. A pesar de su importancia para la masonería y el Rito Escocés, las obras de Pike no son universalmente adoptadas ni apreciadas por muchos, dentro o fuera de las Jurisdicciones Masónicas del Norte y del Sur de los Estados Unidos.

EL ARTE REAL: LA MASONERÍA Y LA EVOLUCIÓN HUMANA

La masonería suele denominarse a sí misma como "Arte Real". Según la *Encyclopedia of Freemasonry,* de Albert Mackey, las *Constituciones* de Anderson ya mencionaban a la masonería en 1723 como el Arte Real, y Mackey añade que este nombre se utilizó por primera vez en 1693, cuando Guillermo III fue iniciado en la Orden. También dedica dos páginas a explicar que la masonería difiere de la artesanía en que el masón no es un mero técnico, sino un auténtico artista que comprende todos los aspectos de la expresión que ha elegido, siendo esta expresión el perfeccionamiento propio en relación con la humanidad y con Dios, un perfeccionamiento que se alcanza a través del amor. Citando un catecismo masónico alemán de Praga (1800), afirma: "Todo masón es un rey, en cualquier condición que Dios lo haya colocado aquí, con igual rango al de un rey y con sentimientos propios de un rey, porque su reino es el AMOR, el amor a su prójimo, un amor sufrido y bondadoso, que lo soporta todo, lo cree todo, lo espera todo y lo resiste todo"[1].

Al igual que la alquimia, el Arte Real se centraba en la Gran Obra: la transformación metafórica del "plomo" en "oro" o, en cierto sentido, el perfeccionamiento de la capacidad humana mediante un acto voluntario, tanto de uno mismo como de la naturaleza. (Como dice el refrán, el objetivo de la masonería es "hacer mejores a los hombres buenos"). Mackey afirma lo siguiente:

> La masonería y la alquimia han buscado los mismos resultados (la lección de la Verdad Divina y la doctrina de la vida inmortal) y ambas

El Rito Escocés y el surgimiento de la masonería esotérica ▮▮▮ 139

los han buscado mediante el mismo método de simbolismo. Por lo tanto, no es de extrañar que en el siglo XVIII, tal vez antes, pudiésemos hallar una incorporación de gran parte de la ciencia de la alquimia a la masonería. Los ritos herméticos y los grados herméticos eran comunes... El vigésimo octavo grado del Rito Escocés, o Caballero del Sol, es un grado puramente hermético, y reivindica su parentesco con el título de "Adepto de la Masonería", con el que a veces se le conoce[2].

Con respecto al Caballero del Sol o Príncipe Adepto, Albert Pike declara:

Como todos los Misterios de la Magia, los Secretos de la "Gran Obra" tienen un triple significado: religioso, filosófico y natural. El oro filosófico, en religión, es la Razón Absoluta y Suprema; en filosofía, la Verdad; en la naturaleza visible, el Sol; en el mundo subterráneo y mineral, el oro más perfecto y puro. Es, principalmente, la emancipación perfecta de su voluntad, que asegura el imperio universal de *azoth* y el reino del magnetismo, es decir, el poder absoluto sobre el agente mágico universal. De modo que la Gran Obra es más que una simple operación química, es una verdadera creación de la palabra humana iniciada en el poder de la Palabra de Dios. La creación del oro en la Gran Obra se efectúa por transmutación y multiplicación. Por consiguiente, la Gran Obra de Hermes es una operación esencialmente mágica, y es la más elevada de todas ya que supone al Absoluto en la Ciencia y en la Voluntad. Hay luz en el oro, oro en la luz y luz en todas las cosas[3].

Al comparar esto con los escritos de Eliphas Levi, vemos una marcada influencia en los textos de Pike, al punto de que tomó pasajes enteros de Levi para usarlos en *Moral y dogma*. Levi es generalmente visto como el padre del renacimiento del ocultismo francés del siglo XIX, periodo en que la masonería marginal y el ocultismo se entremezclan en pleno florecimiento. Es simplemente imposible comprender a Pike y su profunda influencia en el Rito Escocés si no entendemos a Levi, cuyos escritos tuvieron un profundo efecto en Pike. Para hombres como Pike, la búsqueda obsesiva de la Palabra Perdida en la masonería podía explicarse plenamente a través de los escritos de Levi.

Levi afirma:

La magia está contenida en la palabra y una palabra bien pronunciada es más poderosa que los poderes combinados del Cielo, la Tierra y el Infierno. La naturaleza se rige por un Nombre; del mismo modo podemos conquistar el poder sobre los diferentes reinos de la naturaleza. Las fuerzas ocultas que componen el universo invisible están subordinadas a quien puede pronunciar, con absoluto conocimiento de causa, nombres incomunicables[4].

Michel Caron y Serge Hutin escribirían más tarde sobre la alquimia:

El principio del fuego desempeña un papel preponderante en muchos tratados alquímicos, pues es el alma del microcosmos. Los átomos elementales de este fuego, según algunos alquimistas, impregnan el universo en forma de corrientes que producen luz al cruzarse en los cielos, y oro cuando se encuentran bajo tierra.

A veces se considera que la luz y el oro son fuego en estado concreto; para "materializar" dicho oro, que se siembra profusamente por todo el mundo, basta con condensar átomos muy dispersos.

Hablando con propiedad, el oro no es un metal, el oro es luz[5].

No es coincidencia entonces que la *Tabla Esmeralda* de Hermes se refiera a la Gran Obra como "la Obra del Sol".

Levi afirma, además:

Hay en la naturaleza un... Agente universal, cuya ley suprema es equilibrada y cuyo mando responde a los Grandes Arcanos de la Magia Trascendental... Cuando este irradia, se le llama luz... La voluntad de los seres inteligentes actúa directamente sobre esta luz, y a través de ella sobre toda la naturaleza que sufre entonces las modificaciones de la inteligencia. Mediante la dirección de este agente podemos incluso cambiar las secuencias de las estaciones, producir fenómenos del día

El Rito Escocés y el surgimiento de la masonería esotérica ❙■❙ 141

durante la noche, corresponder instantáneamente desde un punto a su extremo opuesto en la Tierra, curar a distancia, y proporcionar una palabra con resultados y consecuencias universales. Saber dominar este agente, para aprovechar su fuerza y dirigir sus corrientes, es realizar la Gran Obra, ser el amo del mundo y el depositario del poder de Dios[6].

Aunque tales afirmaciones pueden parecer descabelladas a primera vista, basta con tener en cuenta que entre los interesados en la alquimia y la magia prácticas, y los que participaron en el desarrollo de la masonería, en particular en los grados superiores, se encontraban los científicos más destacados de la época. Tanto la ciencia antigua como la masonería estaban obsesionadas con la geometría y las matemáticas, ya que estos campos permitían el estudio de la óptica, que a su vez permitía el estudio de la luz. La física moderna, en particular la física cuántica, ha demostrado que el estado mental del científico que realiza experimentos a nivel subatómico (a nivel de la luz) puede cambiar y modifica en efecto el resultado de los experimentos.

En su libro *La teoría de Dios*, Bernard Haisch describe este trasfondo de luz, a nivel subatómico, como energía de punto cero o la energía fundamental que es la base de todo. Y escribe:

Si estamos en lo cierto, el *dictum* "Hágase la luz" es realmente una afirmación muy profunda (como cabría esperar de su presunto autor). La inercia es la propiedad de la materia que le da solidez; es lo que da sustancia a las cosas. La conexión propuesta entre el campo de punto cero y la inercia, en efecto, sugiere que el mundo sólido y estable de la materia está sostenido en todo momento por este mar subyacente de luz cuántica[7].

Haisch cita a continuación una leyenda judía de la Hagadá (que encontró en otro libro, titulado *La otra Biblia*). Dice:

La luz creada al principio no es la misma que la emitida por el sol, la luna y las estrellas, que no aparecieron hasta el cuarto día. La luz del primer día era de un tipo que habría permitido al hombre ver el mundo de un solo vistazo de un extremo a otro. Previendo la maldad de las generaciones pecadoras del diluvio y de la Torre de Babel, indignas de gozar de la bendición de tal luz, Dios la ocultó, pero en el mundo venidero aparecerá a los piadosos en toda su prístina gloria[8].

Llegar a ser plenamente humano en la tradición hermética, es llegar a estar plenamente vivo y despierto, ejercer la voluntad propia hasta el punto en que la naturaleza obedezca nuestras órdenes, y hacerlo sabiendo que cada uno de nosotros es "hijo (o hija) de nuestros actos" y que no se puede evitar la justicia universal. Si solo hay un Dios, una sola fuerza creadora, entonces cada uno de nosotros es Dios en miniatura y somos seres creados por nosotros mismos que aprendemos a vivir con todo nuestro potencial. Para Pike, este es el gran secreto de la masonería, revestido del lenguaje alquímico del Caballero del Sol.

El Rito Escocés y el surgimiento de la masonería esotérica
Puntos clave

1. El Rito Escocés tiene sus orígenes en la Francia del siglo XVIII y está vinculado a los jacobitas exiliados, partidarios del príncipe Carlos, el "Bonito".
2. El caballero Andrew Michael Ramsay, de Escocia, afirmó que la masonería era descendiente directa de las sociedades caballerescas y místicas llevadas a Europa por los cruzados que regresaban del Medio Oriente. La mayoría de los ritos masónicos que aparecieron en Francia después de 1737 se basaron en la afirmación de Ramsay, junto con la idea de que tenía conexión con los Caballeros Templarios.
3. El Rito Escocés llegó al Nuevo Mundo con el nombramiento de Etienne Morin, en 1761, como "Gran Inspector de todas las partes del Nuevo Mundo". Morin estableció el Rito de Perfección en las Indias Occidentales en 1763. Desde entonces, el Rito Escocés se extendió a Norteamérica y creció hasta convertirse en una práctica mundial.
4. El Rito Escocés es el segundo rito en importancia y, al igual que el Rito de York, confiere los tres grados de la masonería simbólica de la Logia Azul.

El Rito Escocés y el surgimiento de la masonería esotérica ▎▎▎ 143

5. Albert Pike es el líder más importante del Rito Escocés americano y el responsable de su renovación en el siglo XIX. Su obra, *Moral y dogma*, estableció una interpretación esotérica y ocultista para los grados del Rito Escocés similar a la que se había producido en el siglo anterior.

6. *Moral y dogma* es el libro de texto no oficial de la Jurisdicción Sur. No todas las jurisdicciones están de acuerdo con Pike o apoyan sus puntos de vista sobre el significado de los grados.

7. Pike fue un erudito académico que comprendió las enseñanzas esotéricas fundamentales presentes en el simbolismo masónico, que pasaron desapercibidas o fueron malinterpretadas por la mayoría de sus miembros.

8. Utilizando la literatura existente de su época, y basándose en gran medida en las obras anteriores del renacimiento del ocultismo francés y de Eliphas Levi en particular, Pike trató de demostrar que la masonería era algo más que el club social de caballeros en el que se estaba transformando, y que por el contrario, era la heredera de una tradición secreta de desarrollo humano que tenía miles de años de antigüedad.

9. Según Albert Mackey, la masonería a menudo se refiere a sí misma como el Arte Real, nombre que ha existido desde 1693, cuando Guillermo III fue iniciado en la Orden. El término Arte Real también se utiliza para describir la alquimia, una similitud que no habría pasado desapercibida entre los primeros masones de los siglos XVII y XVIII.

10. La finalidad, tanto de la masonería como de la alquimia, es la Gran Obra, de naturaleza triple: religiosa, filosófica y natural. Es ante todo el perfeccionamiento de la capacidad humana por un acto de voluntad del individuo sobre sí mismo y sobre la naturaleza, y es esencialmente mágica en su origen y en su función.

11. Levi y Pike señalan que los antiguos magos y alquimistas creían en un estrato subyacente de luz que creó al universo físico y que lo sostiene, y que este estrato subyacente puede ser afectado por el pensamiento humano, demostrando así las doctrinas místicas de los antecesores.

12. La física teórica moderna denomina a este estrato subyacente a nivel cuántico energía de punto cero, la cual existe en un campo de punto

cero y se explica en términos similares a los utilizados en los antiguos manuscritos alquímicos y cabalísticos a fin de describir la naturaleza y función del "Agente Universal", o luz astral, como se le llama a veces.

Tareas para el capítulo siete

1. Imagínate en la América colonial de mediados del siglo XVIII. ¿Cómo sería viajar a varias ciudades, entrar en contacto con logias masónicas y discutir con ellas el establecimiento de un nuevo rito o sistema?

2. Lee un artículo o un libro sobre Albert Pike. Imagina que eres él e intenta comprender qué pasión lo llevó a dedicar su vida a explicar y exponer su interpretación de las enseñanzas contenidas en el Rito Escocés. ¿Qué te haría falta en tu situación actual para emprender una acción similar?

3. Medita sobre cómo sería si pudieras crear y alterar conscientemente la realidad a través de la fuerza de tu mente. ¿Cómo utilizarías esta capacidad? ¿En qué cambiaría tu vida? ¿Qué significaría para ti este tipo de poder? ¿Qué tipo de persona tendrías que ser para que se te otorgara esa capacidad y pudieras dirigir ese poder?

El Rito Escocés y el surgimiento de la masonería esotérica
Lecturas recomendadas

A Glossary to Morals and Dogma, del doctor Rex R. Hutchens, 33° (Supremo Consejo, Rito Escocés Antiguo y Aceptado de la masonería, Jurisdicción Sur de los Estados Unidos de América, 1993). Es exactamente lo que dice: un glosario de términos y palabras utilizados por Pike que puedan parecer oscuros o tener un significado diferente para el lector moderno.

Moral y dogma del Rito Escocés Antiguo y Aceptado, de Albert Pike (Masónica, 2015). La obra fundamental de Pike. Se pueden encontrar ediciones electrónicas en línea.

Esoterika de Albert Pike: El simbolismo de los Grados Azules de la masonería, transcrito y editado por Arturo de Hoyos (Westphalia Press, 2023). Comentarios de Pike sobre el simbolismo de los tres grados principales de la iniciación masónica y su significado desde la perspectiva del Rito Escocés.

8

La masonería oculta en el siglo XVIII

En las primeras reuniones, los nuevos discípulos invitados a participar en la obra del maestro verán a la Cosa realizar actos misteriosos. Saldrán de la reunión encendidos de entusiasmo, pero aterrorizados, como Saint-Martin, o ebrios de orgullo y ambición, como los discípulos de París. Se han manifestado apariciones y han hablado seres extraños, distintos de los humanos terrenales.

PAPUS, COMENTANDO SOBRE
MARTINEZ DE PASQUALLY

MUCHOS GRUPOS ANTIMASÓNICOS MODERNOS, principalmente la Iglesia católica romana y varias iglesias protestantes fundamentalistas, han utilizado los escritos de Pike como prueba de una tradición esotérica dentro de la masonería que va en contra de sus enseñanzas establecidas y, por lo tanto, hace que la masonería sea incompatible con las prácticas cristianas (o musulmanas, según algunas declaraciones islámicas). Algunos masones que han leído a Pike y no están de acuerdo con sus conclusiones también han intentado distanciarse del hombre que, sin ayuda de nadie, revivió el Rito Escocés en los Estados Unidos. Sin embargo, esta falta de aprecio por la erudición de Pike, así como la ignorancia general de muchos de los que alcanzan su grado 32 o 33 sin haberlo leído, se ve delatada por una profunda ignorancia de los diversos ritos genuinamente ocultos relacionados con la masonería europea en los siglos XVIII y XIX.

A mediados del siglo XVIII se gestaba en Europa un renacimiento del ocultismo. Aunque se centraba principalmente en las élites sociales, que tenían los medios y el tiempo libre para dedicarse a esos temas, el efecto dominó en la sociedad fue claro y se produjo principalmente a través de canales masónicos y cuasimasónicos. La explosión de ritos y grados que se estaban creando dio lugar a la masonería de alto grado en Europa, que se centraba principalmente en la búsqueda de la promesa del conocimiento secreto que presuntamente contenían estos rituales y grupos. Aunque abundaban los estafadores, los fraudes y los oportunistas (tal como sucede hoy en el movimiento Nueva Era e incluso en los escenarios religiosos convencionales), es muy probable que hubiera algunas enseñanzas y prácticas genuinas que tuvieran valor. Desafortunadamente, la verdad de una persona es la mentira de otra, y discernir entre qué era útil y qué era basura es, simplemente, una cuestión de opinión. Claramente, los masones que no están interesados en el esoterismo no encontrarán nada de valor en él, mientras que otros pueden verlo como la única forma "verdadera" de masonería.

Entre los movimientos más importantes que surgieron de la masonería, y que la afectaron durante el siglo XVIII, se encontraban el Rosacrucismo, los Elus Cohen y la masonería egipcia.

LOS ROSACRUCES

Ningún otro tema del esoterismo occidental ha producido tanto asombro, mistificación, confusión e incluso mentiras descaradas como el de Christian Rosenkreutz, la sociedad o fraternidad que él construyó y la cripta que, según se dice, contenía su cadáver incorrupto. Manly P. Hall llamó a los rosacruces "la orden secreta más misteriosa del mundo moderno"[1].

El mito rosacruz

Cuando hablamos del mito rosacruz no nos referimos a una invención o a algo irreal, simplemente señalamos que todo tiene su historia, una interpretación de esa historia y una creencia que crece en torno a ambas. Esta creencia puede llegar a ser más poderosa que cualquiera de las dos anteriores y constituye una estructura metafísica para interpretar experiencias históricas y personales. Es a esta estructura metafísica a la que nos referimos cuando decimos "mito". Como todas las construcciones metafísicas, un mito es una mezcla de historia, creencia y cumplimiento de deseos. No se puede probar ni refutar, ni hace falta, pues su propósito no es contar la historia, sino darle un significado. Este significado se ve a la luz de las fuerzas espirituales invisibles que afectan y dirigen a la humanidad hacia un fin deseado. El papel de los rosacruces y su filosofía, conocida como rosacrucismo, está claramente delineado en la *Fama Fraternitatis*.

Historia rosacruz

La sociedad rosacruz aparece en la escena europea a principios del siglo XVII. Su principal medio de introducción fue la publicación de dos anuncios: la *Fama Fraternitatis* (1614) y la *Confessio Fraternitatis* (1615). Ambos pueden haber circulado en forma manuscrita ya en 1610. Además de su autoría anónima, lo más peculiar de estos documentos es que en ellos se utiliza por primera vez el término rosacruz*.

Estos manuscritos fueron escritos supuestamente en cinco idiomas europeos, aunque hoy en día se sabe que solo existen copias originales en alemán y latín. La traducción al inglés se hizo a partir de un original alemán cuarenta años después de su publicación. La publicación de *Fama Fraternitatis* en alemán fue una declaración significativa, ya que ocurrió más de sesenta años antes de que las universidades alemanas comenzaran a impartir clases en alemán vernáculo en lugar de latín, por lo tanto, marcó un pequeño paso hacia la generalización del conocimiento, en lugar de reservarlo para las clases educadas y privilegiadas. *Fama Fraternitatis* relata la historia de Christian Rosenkreutz, un joven de origen noble pero empobrecido, que a los cinco años de edad fue enviado por sus padres a vivir en un monasterio. Diez años después viaja a Oriente Medio, donde aprende la sabiduría de los sabios árabes y egipcios. Al regresar a Europa, el "Padre CRC", como le llaman ahora, reúne a un pequeño grupo de

---

*En su *Encyclopaedia of Occultism,* Lewis Spence afirma que el término "rosacruz" pudo haber existido ya en 1598.

hombres piadosos para formar la primera Sociedad de la Rosa Cruz. Estos hechos ocurrieron durante la primera mitad del siglo XV, según el manuscrito.

La " fraternidad invisible"

Mucho se ha dicho sobre la Hermandad de la Rosa Cruz o los Rosacruces, abarcando la gama desde lo ridículo hasta lo apenas racional.

Si de plano desechamos los documentos como si se tratase de una broma infantil o una leyenda urbana moderna, entonces no hay nada que hacer. Si pretendemos encontrar en ellos una "hermandad invisible" internacional de adeptos perfeccionados que guían el desarrollo de la humanidad, nos sentiremos igualmente decepcionados, si no es que plenamente engañados. Dado que se dice que las reglas de la sociedad establecen que "cualquiera que diga ser rosacruz no lo es", si los rosacruces realmente existieran y nos encontráramos con uno de ellos, podríamos reconocerlos ya sea por lo que son, o por lo que no son.

Como resultado de los manifiestos rosacruces de principios del siglo XVII han surgido, fructificado y desaparecido cientos de logias, organizaciones y grupos que han tratado de cumplir alguna parte del ideal rosacruz. Esta energía contribuyó a la fuerza de los movimientos futuros y, por consiguiente, hoy nos encontramos en la cima del "movimiento rosacruz". Pero es hora de que dejemos de buscar a los rosacruces en el Tíbet, Europa o los Andes y busquemos, en cambio, al "rosacruz interior" para poder traerlo al mundo.

El utopismo y los documentos principales

Mientras que el tema central de la *Fama Fraternitatis* era la biografía de CRC y el redescubrimiento de la sabiduría perdida representada por su cripta funeraria, la *Confessio* nos presenta una extensión de este ideal espiritual en el mundo material: la "reforma universal". Como resultado, surgieron muchos ideales utópicos y se publicaron tratados que presentaban soluciones a los muchos males que asolaban a la humanidad y proclamaban cuál sería su estado ideal. Francis Bacon, de quien se afirma fue rosacruz, o al menos estaba familiarizado con alguna forma de movimiento de inspiración rosacruz, fue autor del más conocido de estos tratados utópicos: *La nueva Atlántida*, y de una especie de obra complementaria, *Novum Organum*.

La nueva Atlántida de Bacon se interpreta a menudo como una descripción subrepticia de antiguas escuelas esotéricas que se cree han existido desde el diluvio bíblico hasta nuestros días. Otros la ven como la descripción de una sociedad secreta o "colegio" que Bacon fundó o dirigió. Su descripción del "Colegio de de la Obra de los seis días" recuerda mucho a la "Universidad Pansófica" del alquimista moravo John Amos Comenius.

Aunque la obra de Bacon se distingue de las demás obras utópicas de la época, todas tenían varios puntos en común que siguen siendo relevantes hoy en día: se hacía hincapié en la educación y se instruía a los niños en las artes y las ciencias, los oficios prácticos, la religión, la moral, la ética y la consciencia social. Las familias eran autosuficientes, el trabajo se consideraba honorable y la sanguijuela social era marginal. Se valoraban el orden, la limpieza y la salubridad, y cada individuo cumplía con sus obligaciones para con la sociedad. Se socializaba la medicina y se rechazaba la guerra como medio para resolver disputas.

La forma de implementar estos ideales cambiaba de un autor a otro, con algunos defendiendo lo que sería considerablemente liberal incluso para los estándares modernos, mientras que otros eran excesivamente controladores y no reconocían al individuo. Sin embargo, las ideas básicas presentadas en aquella época, entre 450 a 300 años atrás, siguen siendo hoy objeto de mucha acción política y especulación en todo el mundo, sobre todo en las naciones industrializadas.

No obstante, cuando hablamos de "reforma" es evidente que los autores de los manifiestos se referían a algo más que cambios políticos y religiosos, tan dramáticos como fueron entonces e incluso hoy en día. También hablaban de cambios en la consciencia, porque sin cambios en la forma de pensar y sentir de las personas no puede haber una expansión duradera de la sociedad y la cultura.

La visión del mundo de la época era de intenso egoísmo por parte de las clases dominantes. Diversos grados de determinismo moldeaban las creencias de la mayoría de las personas, siendo Dios el guionista de la vida de todos. Se consideraba que gran parte de la vida de una persona se desarrollaba menos como "causa y efecto" y más como "voluntad de Dios".

Las personas buscaban que su breve periodo en la Tierra simplemente fuera lo más cómodo posible, y perdían poco o ningún tiempo en intentar impulsar reformas que las despojaran de sus derechos de nacimiento o que nunca vivieran lo suficiente para ver y, mucho menos, para compartir.

Dadas las circunstancias, los manifiestos rosacruces tuvieron un efecto verdaderamente revolucionario y evolutivo.

La naturaleza y el origen del rosacrucismo es posiblemente el tema más opaco del esoterismo occidental. Aunque hay bastantes pruebas de que los manifiestos rosacruces iniciales eran un llamamiento a la reforma política y social, parece ser que se extendieron sin control y se convirtieron en algo mucho más grande de lo que sus jóvenes autores pretendían, dando lugar a numerosos movimientos que han reclamado el manto rosacruz durante los últimos cuatrocientos años. Es decir, lo que comenzó como poco más que una travesura colegial, se convirtió en un fenómeno.

La primera mención sobre la existencia de una fraternidad mística que practicaba las artes arcanas y se autodenominaba rosacruz aparece en 1614, con la publicación de *Universal and General Reformation of the Whole Wide World*. Este pequeño folleto, con un título enorme, fue publicado en Cassel, Alemania, por Wilhelm Wessel y consistía en una traducción al alemán de un capítulo de *Ragguagli di Parnaso* (1612), de Traiano Boccalini, que se burlaba de las ideas utópicas de la época. Le siguió la famosa *Fama Fraternitatis*, "Anuncio de la fraternidad", que proclamaba la existencia de la sociedad secreta o fraternidad de la Rosa Cruz. Allí se detallaba la vida del fundador de la fraternidad, Christian Rosenkreutz, junto con el descubrimiento de una cripta de siete lados que contenía su cadáver incorrupto, utensilios mágicos y alquímicos, un libro con las enseñanzas de la fraternidad y una invitación a ponerse en contacto con ellos. (Por desgracia, no se facilitaba ninguna dirección postal, por lo que quienes desearan conocer los secretos del universo estaban un poco perdidos).

La *Confessio Fraternitatis*, publicada en 1615, contenía un ensayo sobre la filosofía mágica que se encuentra en la *Monas Hieroglyphica*, de John Dee, que vinculaba aún más, al menos filosóficamente, al rosacrucismo con Dee y, como vimos antes, a Dee con la masonería anterior a 1717 a través de Elias Ashmole. Estos vínculos tangenciales entre los defensores herméticos del rosacrucismo y los defensores de Dee darían lugar a la idea de que la masonería, o al menos su reorganización a partir de 1717, fue de hecho una acción de los superiores de los rosacruces para promover sus objetivos de reforma mundial.

Las bodas alquímicas, de Christian Rosenkreutz, obra publicada en 1616 en Estrasburgo, es una alegoría alquímica que describe el viaje de un anciano CRC hacia la boda de unos reyes, junto con las pruebas que experimenta a lo largo del camino. La historia alcanza su clímax con la muerte y resurrección de la novia y el novio, o los símbolos alquímicos de la personalidad mundana y la consciencia espiritual.

Aunque fue el último capítulo de la trilogía rosacruz que se publicó, *Las bodas alquímicas* fue el primero en escribirse. Su autor fue el joven seminarista luterano Johann Valentin Andreae. Andreae estaba profundamente involucrado en la sociedad hermética existente en la Universidad de Tubinga. Además, tanto su padre como su hermano practicaban la alquimia. Es en su autobiografía, escrita cerca del final de su vida pero que permaneció inédita hasta 1799, donde Andreae menciona que escribió *Las bodas alquímicas*, junto con la *Fama Fraternitatis*, como una broma o burla de las ideas de reforma social que estaban en boga en ese momento. La palabra que utiliza es *ludibrium*, que significa "broma, burla, comedia u obra de teatro".

Sin embargo, parece que la obra original adquirió vida propia; el mismo Andreae notó que los actores habían cambiado y la obra siguió con vida.

ELUS COHEN

De todas las órdenes cuasimasónicas del siglo XVIII, ninguna encarna mejor la noción de una logia o sistema oculto mágico u operativo asociado a la masonería que la Elus Cohen (y también se podría argumentar que de la masonería egipcia. Ver página 154).

Elus Cohen, o "Sacerdotes Electos", era el nombre corto de la Orden de los Caballeros Masones, Sacerdotes Electos del Universo, establecida en 1767 por Martinez de Pasqually (a veces escrito como Pasqually o Pasqualys). Sin embargo, aunque este título masónico de sonido barroco es típico, las raíces de Elus Cohen se pueden encontrar en una orden anterior, también fundada por Pasqually: los Jueces Escoceses (*Juges Ecossais*), que afirmaban tener una conexión con el Rito Escocés. La primera logia de los Jueces Escoceses se estableció en Montpellier, Francia, en 1754; la primera logia de los Elus Cohen (o Elus Coens) se estableció seis años después, en Toulouse. Como muchos aspirantes a adeptos, Pasqually se presentó a la Gran Logia de Francia en un esfuerzo por convertirlos o al menos interesarlos en su rito. Como muchos antes y después de él, el esfuerzo fracasó, pero Pasqually siguió por ese camino de todos modos. Fue durante su visita a la Gran Logia de Francia que conoció a Jean-Baptiste Willermoz. Willermoz, de Lyon, era miembro del Rito de la Estricta Observancia y tenía influencia en los círculos masónicos. Fue gracias a su ayuda que Pasqually pudo establecer Elus Cohen por toda Francia.

El sistema Elus Cohen constaba de cuatro grados. Los tres primeros eran los mismos que los de la Logia Azul: Aprendiz, Compañero y Maestro. Sin embargo, a diferencia de la masonería estándar, los iniciados en estos grados recibían instrucciones y ejercicios espirituales que debían realizar. El cuarto grado, el de Elus Cohen o Gran Profesor, introducía al iniciado en las enseñanzas mágicas internas de la orden y en toda su razón de ser. Aquí, en determinadas épocas del año, coincidiendo con los equinoccios (cuando el día y la noche tienen la misma duración), los miembros de Elus Cohen realizaban extensos rituales en sus aposentos privados. Tales rituales incluían una plétora de círculos y diseños mágicos, muchos de los cuales solo se veían en el sistema Elus Cohen, que a menudo duraban hasta seis horas. Se invocaba a entidades, ángeles y seres invisibles y se les hacía aparecer de forma visible y audible. Si todo iba bien, el rito culminaba con la presencia de *La Chose* o "la Cosa". En ese momento, podían verse bolas de luz que destellaban o se arqueaban por la habitación, se experimentaban barridos o "pases" y se sentía la presencia del poder redentor de Cristo.

Aunque Elus Cohen hacía mucho hincapié en la importancia de estos fenómenos psíquicos y en su realidad, tan solo eran signos de naturaleza secundaria respecto de *La Chose*. Para el Elus Cohen de cuarto grado, la reintegración de su yo espiritual en el cosmos, corrigiendo así los errores y males de la caída bíblica en desgracia era primordial, y esto solo podía lograrse mediante *La Chose*. Este énfasis en la aparición de la gloria divina, del genuino poder y la presencia de Cristo, del mismo Adam

Kadmon (el hombre primordial, según la Cábala) reconstituido, hace que la naturaleza de los rituales de Elus Cohen sea única, así como evidentemente distinta del catolicismo de la época, e incluso de la masonería.

Las enseñanzas de Pasqually eran una compleja mezcla de catolicismo romano, cábala y dualismo gnóstico dentro de un marco masónico que utilizaba la obsesión popular por el Rito Escocés en Francia como vehículo de promulgación. La única obra escrita de Pasqually fue una representación esotérica del libro del Génesis titulada *Tratado de la reintegración de los seres* (1769). Pasqually, de quien se dice no dominaba el francés escrito, pudo haber contado con ayuda para compilar su libro.

Las ideas clave del *Tratado de la reintegración de los seres* son las siguientes: al igual que sus predecesores gnósticos y, en ocasiones, católicos romanos, los Elus Cohen veían el mundo material como maligno, un lugar cuyo propósito original era servir de prisión para los espíritus rebeldes. Adam (o Adán) Kadmon, el "Primer Hombre" o "Ser Primordial", fue colocado en la Tierra para actuar como guardián e impedir que los espíritus malignos escaparan. Sin embargo, Adán fue tentado por su deseo de crear, tal como Dios había creado, por lo que a su vez "cayó". Su primera creación fue Eva, con la que dio a luz a Caín, al margen de la bendición divina, y con ello introdujo el mal en el mundo. El nacimiento de su segundo hijo, Abel, fue bendecido por Dios, aunque Abel fue posteriormente asesinado por Caín. Set, el tercer hijo de Adán y Eva, tuvo acceso a todo el conocimiento y la sabiduría. Según los Elus Cohen, los hijos de Set se aparearon con los hijos de Caín, dando lugar a la raza humana. Un pequeño grupo de estos humanos fue capaz de recordar las enseñanzas divinas y las artes ocultas y trató de sintonizarse con la voluntad divina. Se les llamaba "Amigos de la Sabiduría", de los que Pasqually afirmaba ser el heredero final. Los miembros de su orden seguían estrictas reglas dietéticas, similares a las de los levitas, y se abstenían de determinados productos animales para purificarse de las influencias malignas y demoniacas.

El sistema de grados, rituales e iniciaciones de los Elus Cohen cambiaba continuamente, evolucionaba y se hacía más complejo. Muchas de las iniciaciones constituían una especie de ordenación en el sentido clerical, ya que los miembros avanzados de los Elus Cohen se consideraban sacerdotes en la línea de los discípulos de Cristo y los patriarcas.

La primera agrupación muestra cuatro clases de un total de doce grados, mientras que la segunda serie de grados se divide en cuatro grupos y da un total de once grados. Gran parte del simbolismo de estos grados se centra en Zorobabel, que reconstruyó el Templo de Salomón tras su destrucción por los babilonios en el siglo VI. Como dice la leyenda masónica, Zorobabel trabajó con una espátula en una mano y una espada en la otra para defenderse de las amenazas de sus vecinos idólatras. Dado que gran parte del trabajo preliminar de los Elus Cohen tiene que ver con limpiar el aura de la Tierra de las influencias demoniacas y malignas, además de fuentes tradicionales del error y la confusión humana, es apropiado que tanto las escrituras hebreas como la masonería de alto grado se identifiquen con esta figura arquetípica. Muchos de los rituales de los Elus Cohen se distinguen de la magia típica de la época por la ausencia de metales, espadas ceremoniales o incluso varitas, prohibición que puede haber estado profundamente influenciada por el famoso grimorio: *El libro de la magia sagrada de Abramelin el mago.*

Pasqually murió en 1774 en Haití y sin heredero aparente, y la orden a la que se había dedicado se desmoronó. Algunos segmentos sobrevivieron como Elus Cohen, mientras que otros lo hicieron en el Rito de la Estricta Observancia y algunos más en los principios filosóficos de Louis Claude de Saint-Martin. A través de Willermoz y el Rito de la Estricta Observancia, algunos de los rituales fueron absorbidos por la masonería del Rito Escocés, por lo que existen en la Orden de los Caballeros Bienhechores de la Ciudad Santa (*Chevaliers Bienfaisants de la Cité Sainte*) y, como veremos, se asociaron con los Caballeros Templarios y el Rito de York. A través de Saint-Martin, la filosofía mística de Pasqually sobreviviría y sería revivida a finales del siglo XIX por el doctor Gérard Encausse y su Orden Martinista. La orden de los Elus Cohen fue resucitada y reorganizada durante los días más oscuros de la Segunda Guerra Mundial y sigue funcionando hasta nuestros días.

MASONERÍA EGIPCIA

Al igual que Elus Cohen era prácticamente inseparable de su fundador, la masonería egipcia está íntimamente relacionada con la vida y el destino de su creador: el enigmático conde Alessandro di Cagliostro. Los dos ritos pueden incluso haber estado conectados a través de un sacerdote jesuita irlandés, igualmente extraño y enigmático, que vivía en Londres: el padre George Cofton, de quien se dice estuvo asociado con los Elus Cohen. Cofton copió los rituales de la masonería egipcia o los escribió él mismo.

La masonería egipcia del conde de Cagliostro se publicó originalmente a partir de una copia manuscrita realizada en 1845 que él afirmó haber descubierto con un librero, y más tarde se publicó en inglés bajo el título *Secret Ritual of Egyptian Freemansonry*. En este rito podemos ver que una generación después de la formación de la Gran Logia de Francia se intensificó el deseo de ver en la masonería algo más que un club social, una fraternidad o una organización caritativa.

Después de la debida preparación y revelación de los signos de reconocimiento, el candidato es instruido en la comprensión hermético-alquímica de la masonería.

Siete son los pasos para perfeccionar la materia primigenia y siete son sus colores. Siete son los efectos necesarios para completar las operaciones filosóficas (es decir, la piedra filosofal)[2].

Además,

P: ¿Qué quiere decir "con los Arcanos [Secretos] de la Naturaleza"?

R: El reconocimiento de esa hermosa filosofía, tanto natural como sobrenatural, de la que les he hablado anteriormente y cuyos principios encontraron ustedes confirmados en los emblemas que representan la Orden de la Masonería y en el tablero (tablero de logia) que se colocó ante la vista de ustedes en todas las logias.

P: ¿Es posible que la masonería común proporcione una idea sobre los sublimes misterios? Aunque soy masón desde hace treinta y tres años y he pasado por todos los grados durante ese largo espacio de tiempo, no tenía la menor sospecha de lo que usted me habla. Nunca he considerado que la masonería fuera otra cosa que una sociedad de personas que no se reunían para divertirse y que para una mejor unidad han adoptado unos signos y un lenguaje particular. Dígnese, con sus brillantes interpretaciones, develar el fin sólido y verdadero que me fue prometido.

R: Que Dios me inspire y levantaré una de las esquinas del velo que ocultaba la verdad; empezaré por instruirte en el origen de la masonería, te daré la explicación filosófica de la visión masónica y terminaré cuando hayas aprendido todo el significado de los sublimes y místicos fines de la verdadera masonería[3].

Números, ángeles y el Arcanum Arcanorum

El número siete desempeña un papel especialmente importante en la masonería egipcia y a menudo se representa como una estrella de siete rayos con el nombre Elohim escrito en el centro, y una letra hebrea en el vértice de cada una de las puntas, correspondiente a cada uno de los siete ángeles de los planetas clásicos. El catecismo, o resumen de las enseñanzas que se da al final de cada grado en forma de preguntas y respuestas, dice: "Elohim significa: 'Quiero y ordeno que se haga mi voluntad, y que se haga de conformidad con ella'".

El Maestro Masón, en el rito egipcio, viste de verde, color asociado con el número siete, con Venus, la planta pie de león (*alchemilla vulgaris*), los poderes regenerativos de la alquimia, la filosofía oriental y de Hermes, y lleva un fajín rojo.

Mientras que los Elus Cohen se preocupaban por invocar la presencia de los siete poderes angelicales principales y la reintegración de la humanidad caída de nuevo en la perfecta expresión de la voluntad divina, la masonería egipcia buscaba contactar con los siete seres angelicales que gobernaban las energías planetarias, bien conocidas en la magia medieval y renacentista, para la perfección de las personas mientras estuviesen aún en la Tierra y en la carne. Este énfasis alquímico puede verse más claramente en las enseñanzas de los *Arcana Arcanorum* o "Secreto de los Secretos". Se dice que estas enseñanzas se han derivado de varias órdenes y sociedades que formaban parte del rito de Cagliostro y que encontraron su camino en el Rito de Misraim en los grados 87 a 90; en la era moderna, se dice que la Orden de Hermes Trismegisto, fundada en 1927 por conocidos ocultistas y masones europeos, las emplea.

Los *Arcana Arcanorum* se componen de tres áreas de trabajo relacionadas entre sí:

- Invocación de la jerarquía angelical de los elementos, los planetas, los niveles del Árbol de la Vida, el guía angelical de la época y el propio ángel de la guarda o yo superior del individuo.
- Alquimia mineral trabajando con antimonio.
- Alquimia interior, en la que los símbolos y trabajos externos encuentran su correlación en el cuerpo humano, convirtiéndolo así en un recipiente alquímico perfecto.

Cuatro puntos son de particular interés para los estudiantes de masonería y esoterismo contemporáneos:

1. Las prácticas específicas de los *Arcana Arcanorum* son similares y están directamente conectadas con las de los rosacruces, incluyendo las prácticas hermético-químicas de los pietistas de la Pensilvania colonial en Fairmount Park y más tarde en Ephrata, además de la necesidad de un retiro alquímico de cuarenta días para el rejuvenecimiento físico.
2. Los *Arcana Arcanorum* declaran que la piedra filosofal debe ser creada directamente de la sangre destilada del adepto[4].
3. Hay una relación con el enigmático libro ilustrado *Los símbolos secretos de los rosacruces de los siglos XVI y XVII*, publicado en Altoona, Pensilvania, en 1785[5].
4. También se relaciona con *El libro de la magia sagrada de Abramelin el mago,* las obras de Agripa y las de Pedro de Abano, incluido presumiblemente el *Heptamerón*, a menudo encuadernado con el *Cuarto libro de filosofía oculta*, atribuido a Agripa[6].

MASONERÍA ADOPTIVA

Además de sus catecismos únicos y su instrucción en métodos operativos de exploración ocultista, las logias esotéricas del siglo XVIII solían compartir una "herejía" masónica común: iniciaban a mujeres. Conocidas como masonería adoptiva, las logias de esta naturaleza solían estar separadas de las masculinas y funcionaban como organizaciones paralelas para mujeres. En el rito de Cagliostro, Serafina, su esposa, dirigía una logia compuesta exclusivamente por mujeres ricas de clase alta a las que iniciaba en los misterios de Isis y en la que ella era la gran maestra de los misterios. Otros sistemas permitían a hombres y mujeres sentarse juntos en la logia. Aunque se sabe que la masonería "normal" ha contado con mujeres entre sus miembros, generalmente no es una práctica habitual; lo que pasaba es que eran sorprendidas escuchando o espiando una iniciación en curso y eran "convertidas en masonas" para que cumplieran con sus obligaciones. Aunque no todas las formas de masonería adoptiva eran o son esotéricas, es común, tanto históricamente como en el presente, ver masones esotéricos y ritos cuasimasónicos adoptados en la práctica.

LOS RITOS HERMÉTICO-ALQUÍMICOS Y LOS *ILLUMINATI*

Según Albert Mackey, dentro de los registros masónicos más antiguos Hermes Trismegisto es a menudo considerado como uno de los fundadores de la masonería y reconocido como el padre de la sabiduría. Se dice que estableció dos pilares de piedra sobre los que se colocaron las artes y las ciencias a fin de preservarlas para las generaciones futuras. A menudo aparecen dos Hermes: Hermes el Tres Veces Grande, supuesto autor de los tratados herméticos, y Thot-Hermes, también conocido como Hermes-Mercurio, dios egipcio de la magia y el aprendizaje que por parecerse tanto a sus homólogos griego y romano, simplemente se combinaron. En realidad, es difícil separar estas figuras entre sí. Hermes el Tres Veces Grande se ha asociado con varios sacerdotes-filósofos históricos que vivieron en Egipto, y se le ha considerado una encarnación de los propios dioses. Por lo tanto, no tiene sentido buscar una conexión histórica, fuera de la literatura que se le atribuye. Los escritos herméticos han sido de los más influyentes en el mundo occidental, y su importancia en la masonería ha sido pasada por alto por la mayoría de los miembros de la Orden durante el último siglo.

Como hemos visto, en la mayoría de las búsquedas espirituales humanas el mito es a menudo más fuerte e importante que la historia, ya que

La masonería oculta en el siglo XVIII ▮▮▮ 159

representa un ideal por el cual luchar y una verdad aún por alcanzar. Como tales, los mitos nos guían hacia el futuro en lugar de limitarse a arrojar luz sobre el pasado. Por tal razón, la mitología de Hermes es la que manda. Dentro de la masonería encontramos referencias a Hermes el Tres Veces Grande en las *Constituciones de York*, colección de manuscritos en los que se describen el origen y las reglas del Rito de York. Hay cinco manuscritos de York, de los cuales falta el número cuatro, y se hace referencia a ellos en plural. Sin duda, los autores de este antiguo documento obtuvieron su conocimiento de Hermes de la leyenda popular y de los escritos filosóficos, pero claramente ocultos en la época. El principal de ellos, por lo que concierne al interés masónico, es el *Policronicón*. Escrito por Ranulf Higden, un monje benedictino, y traducido del latín al inglés por John Trevisa, fue publicado por William Caxton en 1482 durante el periodo inicial de la renovación hermética del Renacimiento. Se cita ampliamente en el *Manuscrito Cooke*, que data de finales del siglo XV y es el segundo manuscrito más antiguo de la historia masónica; delinea los orígenes de la masonería, comienza con una descripción de las diversas artes liberales y relaciona la geometría con la masonería.

Hermes el Tres Veces Grande, maestro de las artes mágicas y esotéricas, de las que la alquimia es la joya de la corona, y autor del *Corpus Hermeticum*, aparece sobre todo en los escritos de la élite intelectual de Europa antes y un poco después de la formación de la Gran Logia de Inglaterra en 1717. Sin embargo, esto no debe sugerir que el interés por Hermes, la filosofía hermética y su aplicación práctica a través de la magia, estuvieran limitados a las altas esferas sociales. Desde la Edad Media Hermes suscitó un gran interés, incluso entre el común de la población. A menudo se le representaba como contemporáneo de Moisés, y aparecía en las iglesias cristianas y en el arte de la época y del Renacimiento. Antes de la iniciación y el florecimiento de la masonería de alto grado en el continente, no encontramos temas abiertamente alquímicos en los rituales masónicos. Pero a partir del siglo XVIII el material alquímico puede verse en aquellos rituales y ritos con un tema hermético o filosófico específico. (En aquella época, "filosófico" era sinónimo de "hermético"). En 1785, por ejemplo, la Gran Logia de Francia, conocida como Gran Oriente de Francia, ordenó que se colocaran pequeños frascos de sal y azufre en la

Cámara de Reflexión, lo que sugería claramente el entorno alquímico en el que vivía el candidato y la interpretación que debía extraer de sus iniciaciones. También encontramos referencias a la purificación con fuego y agua, así como con los elementos (en este caso, los cuatro elementos de la alquimia clásica: fuego, aire, agua y tierra). De hecho, se supone que la Cámara de Reflexión está bajo tierra, lo que sugiere aún más las iniciaciones precristianas, así como el elemento tierra. Con esta infusión de símbolos alquímicos, el Consejo Supremo del Rito Escocés Antiguo y Aceptado de Francia introdujo nuevas iniciaciones para los tres primeros grados con un simbolismo alquímico explícito[7].

En los escritos de Antoine-Joseph Pernety (1716–1800) y de los *Illuminati* de Aviñón se observa claramente la instrucción alquímica específica en un entorno masónico. Pernety nació en Roanne, Francia, en 1716, y siendo aún joven ingresó en la Congregación Benedictina de Saint Maur. Al cabo de un tiempo, él y veintiocho de sus hermanos solicitaron la dispensa de sus votos monásticos y abandonaron la orden en 1765. Pernety viajó a Berlín, donde se convirtió en bibliotecario de Federico el Grande de Prusia. Poco después marchó a Francia, donde el arzobispo de París intentó convencerlo de que volviera a la vida monástica. Fue por entonces cuando Pernety conoció los escritos y doctrinas de Emanuel Swedenborg, el filósofo sueco, y se interesó profundamente por sus especulaciones místicas. Tradujo al francés *Del cielo y del infierno,* de Swedenborg, y se retiró a Aviñón.

Pernety creó en 1770 los *Illuminati* de Avignon, rito masónico por el que es tan conocido. El rito se trasladó a Montpellier en 1778 con un nuevo nombre: Academia de los Verdaderos Masones*. Esta versión del rito contenía cuatro grados, el cuarto llamado Verdadero Masón, e incorporaba la instrucción en hermetismo, alquimia de laboratorio y las enseñanzas de Emmanuel Swedenborg. En la *Nueva Enciclopedia de la Francmasonería,* Waite afirma que Pernety estaba involucrado en "la investigación de eventos futuros por medio de un oráculo cabalístico peculiar" y que dirigía a los miembros del rito a "seguir las enseñanzas de Emmanuel Swedenborg"[8].

---

*Respecto al año en que se fundó el rito, Waite afirma: "Se ha referido erróneamente al año 1760 y alternativamente a 1785", y continúa citando a una autoridad masónica que sitúa el surgimiento del rito tan tarde como 1812. Véase Waite, *Nueva Enciclopedia de la Francmasonería*, vol. I (Ediciones Obelisco S.L., 2018).

Pernety creó grados masónicos adicionales y se cree que fue el autor del grado de Caballero del Sol, Príncipe Adepto (grado 28), dentro del Rito Escocés. Derivaciones de este grado y del Verdadero Masón pueden encontrarse en el martinismo, que es el descendiente filosófico de los Elus Cohen.

El grado de Caballero del Sol, también conocido como príncipe Adepto, incluye magia angelical, operaciones teúrgicas, indicios de alquimia operativa y claras similitudes con los trabajos de los Elus Cohen. En su obra *Book of the Ancient and Accepted Scottish Rite* (El libro del Rito Escocés Antiguo y Aceptado), Charles T. McClenachan, masón de grado 33 y antiguo maestro de ceremonias del Supremo Consejo, escribe:

> Que no hay más que un Dios, increado, eterno, infinito e inaccesible; que el alma del hombre es inmortal, y su vida presente solo un punto en el centro de la eternidad; que la armonía está en el equilibrio y el equilibrio subsiste por la analogía de los contrarios; que la analogía es la clave de todos los secretos de la naturaleza y la única razón de ser de todas las revelaciones; y, finalmente, que el Absoluto es la RAZÓN, que existe por sí misma; y que el mal, lo incorrecto y la miseria son las discordias necesarias que se unen con las concordancias del universo para producir una gran armonía para siempre. Tal es el argumento de este último grado filosófico (hermético) del Rito Escocés Antiguo y Aceptado; su doctrina se deriva de la cábala y es la misma que la de los filósofos herméticos que escribieron sobre alquimia[9].

En otro lugar, McClenachan describe los símbolos necesarios para el grado como un pentagrama con un ojo en su centro y un hexagrama en blanco y negro, con el negro en la parte superior y con la letra hebrea Shin invertida en el centro. Esto es peculiar, porque normalmente el blanco, el color de la energía y la pureza, está más arriba, pero aquí el negro, el color de la materia, la solidez y la corporeidad, apunta hacia arriba, formando el triángulo activo o "masculino". Es un solo triángulo, con un lado negro, uno blanco y uno rojo, los tres colores principales de la alquimia, que simbolizan las tres etapas desde la materia densa (negro) a la pureza (blanco) y finalmente la perfección (rojo), y las letras hebreas Yod y Heh en el centro del hexagrama.

En este grado encontramos también un mandil triangular de piel de cordero blanca y un pentagrama en bermellón. El bermellón, hecho con cinabrio o sulfuro de mercurio, se utiliza en alquimia. El rojo es el color de la energía, el poder y la acción, y simboliza la piedra filosofal y al hombre original, Adán. Aquí, al maestro se le conoce como "Padre Adán", y también están presentes siete oficiales, cada uno representando a uno de los siete planetas antiguos y sus ángeles, según la atribución masónica. Otros miembros llevan un pentagrama bermellón y se les conoce como "leones de Dios". Leo, el signo astrológico regido por el Sol y cuyo metal es el oro, es representado por ellos como símbolo de haber alcanzado el fin de los filósofos: la confección de la piedra filosofal. El mismo pentagrama bermellón se encuentra grabado en una pieza cuadrada de mármol blanco colocada sobre el altar hacia el lado norte.

También están presentes dos pilares coronados por una paloma blanca y un cuervo negro, las aves de la iniciación y el trabajo alquímico; y aunque su interpretación es en términos de la cuarta y quinta *Sefirot* del Árbol de la Vida, también hay una interpretación masónica peculiar en la que la paloma es la vida y el cuervo la justicia divina. Ver el cuervo como un símbolo de la muerte sería más apropiado, y encajaría con el atributo alquímico del cuervo como el *caput mortum*, o "cabeza muerta", del proceso alquímico.

Como parte del grado de Caballero del Sol, al norte de la logia se encuentra una gran imagen del "macrocosmos" de Eliphas Levi, también conocido como el "gran Símbolo de Salomón", de su libro *Dogma y ritual de la Alta Magia*. Esta imagen es particularmente interesante: muestra a un rey coronado y barbudo con los codos levantados y las manos hacia abajo, con una imagen de espejo debajo que, si se examina detenidamente, permite observar que los brazos de ambas figuras, al unirse, forman un hexagrama. La figura está rodeada por la frase hermética: "Como es arriba, es abajo", en latín, y toda la imagen está rodeada por el uróboros.

Se hacen referencias a la iniciación egipcia y a las pruebas de los cuatro elementos de fuego, aire, agua y tierra, tal como se encuentran en la magia clásica y la alquimia. Se decía que al sobrevivir a estas pruebas, el iniciado dominaba los elementos y alcanzaba el estado de adepto: el quinto punto del pentagrama.

La masonería oculta en el siglo XVIII ▪ 163

Para Pike, McClenachan y otros, el significado simbólico de la alquimia dentro de la masonería no tenía que ver con la búsqueda del elixir de la vida, el oro potable, la panacea o la piedra filosofal, ya que esto habría sido "ilógico" según los estándares del siglo XIX; más bien, la búsqueda se centraba en vivir una vida moral, recta y bien ordenada en la que uno fuera un miembro respetado y productivo de su comunidad, logia y familia.

La principal contribución de Pernety al avance de la alquimia fue su obra *Treatise on the Great Art: A System of Physics According to Hermetic Philosophy and Theory and Practice of the Magisterium* (Tratado sobre el Gran Arte. Un sistema de física según la filosofía hermética y la teoría y práctica del magisterio), publicada por primera vez en inglés en 1898 por la Occult Publishing Company de Boston, Massachusetts; el libro fue editado por Edouard Blitz, masón y miembro del Gran Consejo de la Orden Martinista. En su tratado, Pernety sintetiza los grandes escritos sobre espagiria y alquimia y muestra una de las descripciones más lúcidas de la Gran Obra jamás presentadas. Para Pernety, la alquimia era "una operación de la Naturaleza ayudada por el arte; pone en nuestras manos la Clave de la Magia o Física Natural y nos convierte en hombres maravillosos, al elevarnos por encima de las masas"[10]. Esta idea del siglo XVIII de superación personal y comprensión del orden natural divino de la creación, estaba en perfecta armonía con el ideal masónico que se expresa en "hacer mejores a los hombres buenos". Pernety estaba profundamente influenciado por la mitología clásica, e interpretó de manera dogmática y convincente los mitos antiguos desde la perspectiva de que eran variaciones de la Gran Obra.

Además de sus intereses en la alquimia y la masonería, Pernety publicó numerosos volúmenes sobre mitología, teología, filosofía, geografía, bellas artes y matemáticas, tanto teóricas como aplicadas. Murió en Valence, Dauphiné, en 1800.

Es posible que hayan existido muchos otros individuos, menos relevantes que Pernety, que trabajaron la alquimia operativa, mientras que otros utilizaron el símbolo alquímico en un sentido meramente especulativo para sugerir un significado más profundo de las enseñanzas morales y éticas de la masonería. Se podría considerar como una forma de "psicoterapia alquímica junguiana" adelantada a su tiempo. También parece haber existido una preocupación por las revelaciones de san Juan (el Apocalipsis) y su interpretación según líneas iniciáticas, alquímicas y teúrgicas en muchos de estos ritos. Son las escuelas operativas las que revisten mayor interés, ya que demuestran una conexión real entre la masonería, los históricos trabajadores de la piedra y los adeptos herméticos, o simplemente una creencia de que existía tal conexión. Este tema sería retomado un siglo y medio después, culminando en los escritos de Isabel Cooper-Oakley y su *Masonry & Medieval Mysticism*, hasta llegar a su cúspide en *El misterio de las catedrales*, de Fulcanelli. Aquí, el misterioso adepto alquímico del siglo XX adopta la postura de que dentro de las fachadas de piedra de las grandes catedrales góticas, en particular Chartres y Notre Dame, todo el proceso alquímico se revela y se oculta a la vez.

CONCLUSIÓN

A pesar de la breve vida que tuvieron muchas de las órdenes ocultistas masónicas o cuasimasónicas del siglo XVIII, otras se verían revitalizadas un siglo después, durante la *belle epoque* del resurgimiento ocultista francés. Algunas, incluso, influirían en el renacimiento ocultista británico a través de la *Societas Rosicruciana in Anglia* (SRIA) y la formación de la Orden Hermética de la Aurora Dorada. Sin embargo, a pesar de las afirmaciones de poder oculto e influencia en los asuntos del escenario mundial, la mayoría persistiría, moriría y nunca más se volvería a saber de ellas. Como una estrella fugaz que destella en el cielo nocturno del siglo XVIII, los grandes ritos ocultos asociados a la masonería del Rito Escocés divertirían, entretendrían y distraerían a muchos por un instante, solo para desvanecerse en la oscuridad cósmica, fuera de la vista y la mente.

La masonería oculta en el siglo XVIII
Puntos clave

1. A mediados del siglo XVIII el interés por el ocultismo se había extendido por toda Europa. Aunque se centraba principalmente en las élites sociales, también era muy popular entre la clase media y los campesinos.

La masonería oculta en el siglo XVIII ▮▮▮ 165

2. Muchos movimientos ocultistas surgieron en torno a la masonería y en particular al Rito Escocés.

3. Aunque muchos antimasones han citado erróneamente a Pike y muchos masones se han distanciado de él, lo más frecuente es que se le malinterprete. La masonería teme esencialmente sus orígenes esotéricos y ocultos, y las reacciones modernas a Pike dentro de la masonería son prueba de este temor.

4. El rosacrucismo fue fundamental para el desarrollo del esoterismo desde principios del siglo XVII en adelante. Muchos de los ritos y grados que aparecieron en el Rito Escocés del siglo XVIII afirmaban tener conexión con fuentes rosacruces o influencia de ellas.

5. El rosacrucismo se centra en la historia de Christian Rosenkreutz y sus viajes a Oriente Medio en busca de sabiduría, y de la fraternidad que estableció a su regreso. El documento clave del rosacrucismo es *Fama Fraternitatis*, publicado en 1614.

6. Se pueden encontrar principios utópicos en *Fama Fraternitatis* y documentos relacionados. Sin embargo, los documentos en sí pueden haber sido escritos como una farsa, burlándose del utopismo en lugar de defenderlo.

7. Elus Cohen, establecido por Martínez Pasqualis, es uno de los organismos de estilo masónico más importantes del siglo XVIII que vincula la magia ritual medieval operativa, la piedad católica y el ritual masónico. Su supervivencia se puede ver en el Rito de la Estricta Observancia, el martinismo moderno y las organizaciones actuales de los Elus Cohen.

8. El conde Alessandro di Cagliostro estableció el rito conocido como masonería egipcia. Una parte fundamental del sistema de Cagliostro es el *Arcanum Arcanorum*, que trata del rejuvenecimiento alquímico, la comunicación con los siete ángeles planetarios y la perfección del cuerpo humano como recipiente alquímico. Se dice que se basa en parte en un libro titulado *Los símbolos secretos de los rosacruces de los siglos XVI y XVII*, publicado en 1785.

9. El monje benedictino francés Antoine-Joseph Pernety estableció los *Illuminati* de Avignon, uno de los ritos masónicos herméticos más conocidos. El rito se basaba en las visiones de Emmanuel Swedenborg,

la alquimia práctica, el hermetismo y la cábala, hasta que finalmente fue absorbido por el Rito Escocés, donde sus ideas centrales se pueden encontrar en el grado 28: Caballero del Sol, Príncipe Adepto.

10. Pernety escribió *Treatise on the Great Art: A System of Physics According to Hermetic Philosophy and Theory and Practice of the Magisterium.*

Tareas para el capítulo ocho

1. Investiga la importancia del rosacrucismo en el desarrollo del esoterismo occidental.

2. Investiga el papel de los ángeles en el judaísmo y en las distintas religiones cristianas.

3. Lee un libro sobre alquimia y sus prácticas asociadas.

4. Si pudieras vivir 100, 150 o 200 años con buena salud, ¿lo harías? ¿Qué harías con ese tiempo?

La masonería oculta en el siglo XVIII
Lecturas recomendadas

The Comte De Saint-Germain: Last Scion of the House of Rakoczy, de Jean Overton Fuller (East-West Publications, 1988). Una mirada al histórico conde de Saint-Germain, la figura central que vincula a la masonería con las mitologías presentadas por movimientos esotéricos posteriores. Este es posiblemente el único libro de su tipo que no se basa en fuentes cuestionables para contar la historia del extraordinario y misterioso "hombre que no moriría".

Cagliostro: El Ultimo Alquimista, de Iain McCalman (Editorial Crítica, 2004). Una mirada crítica e informativa sobre Cagliostro y justa en su tratamiento de este tema tan difícil y enredado.

El iluminismo rosacruz, de Frances A. Yates (Siruela, 2008). Con este libro, Yates convirtió el rosacrucismo en un campo de estudio *per se*; un texto anticuado, pero aún crítico.

Los Rosacruces: historia, mitología y rituales de una orden oculta, de Christopher McIntosh (La Tabla de Esmeralda, 1988). Sigue siendo uno de los clásicos en este tema.

9

El Rito de York y la supervivencia de los Caballeros Templarios

Él revela lo profundo y lo oculto, conoce lo que hay en la oscuridad, y en él mora la luz.

DANIEL 2:22

EL RITO DE YORK, AL IGUAL QUE EL RITO ESCOCÉS, exige que sus miembros sean Maestros Masones en regla en una Logia Azul. También, al igual que el Rito Escocés, se dice que el sistema del Rito de York profundiza y explica, aunque simbólicamente, el material presentado en los primeros tres grados. Mientras el Rito Escocés se formaba y crecía en el continente, se introdujeron grados adicionales en Inglaterra, a los que finalmente se les conoció como Rito de York. Sin embargo, a diferencia del Rito Escocés, el Rito de York se subdivide en tres grupos relacionados: Masonería del Real Arco (también conocido como Rito Capitular), Masonería Críptica y Masonería Caballeresca, cuya piedra angular es la Orden de los Caballeros Templarios. Como se puede discernir a estas alturas, el número exacto de grados y tipos de rituales varían entre algunas jurisdicciones, pero las ideas esenciales siguen siendo las mismas.

Los primeros de estos nuevos grados superiores fueron el Real Arco y los Caballeros Templarios. Sin embargo, a finales de la década de 1730 se conferían grados adicionales que ampliaban aún más el sistema, cada uno de ellos profundizando en el tema básico del Templo de Salomón, el tesoro escondido y los secretos perdidos desde hace mucho tiempo. El Rito de York también se aparta del protocolo masónico típico en que, si bien cualquier masón puede solicitar la membresía en el Real Arco y la Masonería Críptica, en teoría solo los cristianos pueden convertirse en miembros de los grados caballerescos, en particular los Caballeros de Malta y los Caballeros Templarios, debido a su marcada orientación y énfasis cristianos. Estos grados surgieron después del periodo anti-masónico de principios del siglo XVIII, y fueron en parte un esfuerzo por hacer que la masonería no se siguiera viendo como la organización esoté-rica, cuasi revolucionaria y antisistema en la que se estaba convirtiendo el Rito Escocés en Europa, sino como una buena organización cristiana convencional.

EL REAL ARCO: LA CÚSPIDE DE LA MASONERÍA

Como ocurre con muchas cuestiones burocráticas, la lógica y la palabra escrita no deberían ser un obstáculo para que algo se convirtiese en un hecho a los ojos del observador. Durante el periodo de disputa entre las grandes logias de los Antiguos y los Modernos que comenzó a mediados del siglo XVIII, los Antiguos consideraban que el grado del Real Arco era la culminación filosófica de la formación de un Maestro Masón. Esto era complicado, porque solo había tres grados claros en la masonería, de los cuales el de Maestro Masón era el más alto. Sin embargo, a los ojos y oídos de la tradición, esto no importaba, y la concesión del grado del Real Arco fue un importante punto de fricción durante la unificación de las grandes logias de los Antiguos y los Modernos en 1813.

Para empeorar las cosas, con el paso del tiempo, y como parte del compromiso, el Real Arco pasó de ser un grado único a una enti-dad administrativa propia, y ahora confiere un total de cuatro grados: Maestro de la Marca, Past Master, Muy Excelente Maestro y Masón del Real Arco. Los grados crípticos incluyen Maestro Real, Maestro Selecto y Súper Excelente Maestro. Los grados de los Caballeros Templarios son la Ilustre Orden de la Cruz Roja, la Orden de los Caballeros de Malta y la Orden de los Caballeros Templarios.

Sin embargo, lo que hace fascinantes a estos grados no son sus complicadas y aburridas preocupaciones organizativas, sino los mensajes que enseñan y los símbolos que transmiten: los secretos del Templo de Salomón.

MASONERÍA CRÍPTICA Y LA PALABRA PERDIDA

Los grados del Rito Críptico aparecieron por primera vez en la masonería entre 1760 y 1780 y según parece, se encuentran entre los grados masónicos mejor escritos y más informativos. Los grados conferidos en el Rito Críptico se basan en las narraciones bíblicas y las tradiciones orales del patriarca Enoc. Enoc es una figura particularmente interesante. Además de ser el bisabuelo de Noé, también "caminó con Dios y desapareció" (Génesis 5:24), transfigurándose en el arcángel Metatrón según algunos relatos. Metatrón es de particular importancia en la magia popular judía y en las prácticas cabalísticas.

En *A Dictionary of Angels*, Gustav Davidson escribe:

El patriarca Enoc, al ser trasladado al cielo (Génesis 5:24), se convirtió en Metatrón, uno de los más grandes jerarcas, "rey sobre todos los ángeles" (véase la leyenda asiria en la *Epopeya de Izdubar*). En la Tierra, como mortal, se dice que Enoc redactó 366 libros (la literatura de Enoc). La leyenda dice que Enoc-Metatrón es hermano gemelo de Sandalfón y que cuando fue glorificado recibió 365 mil ojos y 36 pares de alas. El modo espectacular del traslado de Elías al cielo, como se relata en 2 Reyes 2, al parecer tuvo un paralelo anterior en el caso de Enoc, pues este último también fue llevado "en un carro de fuego tirado por corceles de fuego", como se relata en *La leyenda de los judíos* I, 130. Sin embargo, en páginas posteriores (p. 138) se descubre que no fue uno de los caballos de la manada, sino un ángel (Anpiel) quien transportó al patriarca prediluviano de la Tierra al cielo. Para los árabes, Enoc era Idris (Corán, sura 19, 56). En el *Pirkei De-Rabbi Eliezer* [*midrash* o estudio exegético cuyo título puede traducirse como "Capítulos del maestro Eliezer"] se atribuye a Enoc la invención de la astronomía y la aritmética. La leyenda conecta a Enoc-Metatrón con Behemoth[1].

La imagen de Metatrón aparece en la primera imagen talismán o pentáculo del sol en la *Clavicula Salomonis*, donde se le da la descripción: "El Rostro del Todopoderoso, a cuyo aspecto todas las criaturas obedecen y los espíritus angelicales hacen reverencia de rodillas".

Dado que Enoc ascendió al cielo, donde se transfiguró en el arcángel Metatrón, gemelo del ángel Sandalfón y gobernante de la Tierra, es curioso que la leyenda masónica lo muestre excavando una serie de cámaras subterráneas, nueve en total, cada una debajo de la otra, en el sitio donde se construiría el Templo de Salomón. Cada una de estas bóvedas o cámaras contenía un secreto específico, que culminaba en el secreto supremo de todos: el Inefable Nombre de Dios, en la novena bóveda. Aquí, enterrado en las profundidades de la materia, está el nombre secreto YHVH. Aquí, en el lugar más material de todos, está la verdad que todo masón busca. Como el fuego secreto de los alquimistas, la Palabra Perdida se encuentra en este mundo, no en el próximo. Es la clave para nuestra comprensión y liberación de la ignorancia y el sufrimiento, pero se encuentra dentro de la roca áspera de la experiencia diaria. Dios, al parecer, está en todas partes y oculto en todo, en lugar de solo en los cielos estrellados. De las enseñanzas masónicas de los grados crípticos parece desprenderse que antes de poder ascender y transfigurarnos en seres divinos de luz, primero debemos excavar profundamente en el mundo de la materia y descubrir los secretos sagrados que contiene.

Los grados crípticos

Maestro Real. Los eventos que se describen en el grado ocurren antes de la finalización del Templo de Salomón. Proporcionan al candidato información sobre Hiram Abiff y su sucesor, Adoniram.

Maestro Selecto. Este grado tiene lugar entre la primera y la segunda mitades del grado anterior. (Es común en toda la masonería que los grados salten en periodos de tiempo y que profundicen sobre los eventos mencionados anteriormente). El enfoque principal está en depositar secretos en las bóvedas secretas y su ubicación.

Súper Excelente Maestro. Este grado tiene lugar después de la destrucción del Templo y del periodo del cautiverio babilónico.

Adicionalmente, el título de Maestro Tres Veces Ilustre se otorga a veces a una posición de liderazgo selecta dentro del Rito Críptico. Los herméticos notarán la similitud del título con el de Hermes el Tres Veces Grande, siendo Hermes y Enoc intercambiables en algunos de los primeros textos herméticos.

Enoc y aprender a caminar con Dios

Enoc también es asociado con la magia angelical del doctor John Dee y Edward Kelley, prácticas bien conocidas por varios de los primeros y destacados masones, en particular Elias Ashmole. Aunque no están relacionadas, una curiosa escritura, conocida como escritura "angelical" o "enoquiana", aparece en las tablas de caballete masónicas del siglo XVIII. Esta escritura, sin embargo, es distinta del llamado alfabeto enoquiano utilizado por Dee y Kelley.

Aunque de poca importancia para los masones modernos, en el siglo XVIII, periodo en el que las referencias bíblicas y la cultura mágica todavía estaban presentes, estas referencias a Enoc y su significado no habrían pasado desapercibidas.

La creencia en la magia y en diversas prácticas ocultistas estaba muy extendida en Europa y América durante los siglos XVIII y XIX, en particular durante el periodo de mayor prestigio de la masonería. Harvard enseñó alquimia hasta la década de 1820, y uno de sus presidentes, Ezra Stiles (que dirigió la escuela entre 1778 y 1795), exploró la alquimia y la cábala. La aristocracia de Virginia era una gran conocedora de la astrología y la curación alquímica, aunque Benjamin Franklin satirizó abiertamente la obsesión del público por todo lo oculto, mientras que Thomas Jefferson la puso a la par de la creencia común en los milagros. En Inglaterra, los médicos fueron la fuerza que impulsó el resurgimiento del ocultismo en la década de 1780.

En toda Europa, las clases sociales más bajas podían tener fácil acceso a los libros sobre ocultismo, como señala D. Michael Quinn:

> Incluso a principios del siglo XVIII, al menos un clérigo inglés se quejaba de que la gente común tenía un acceso generalizado a libros que promovían la magia. Peor aun, decía, los libros bien intencionados

que condenaban la brujería y el ocultismo en realidad proporcionaban suficientes detalles para que los lectores realizaran los ritos prohibidos. "Esos libros y narraciones se encuentran en las tiendas de los comerciantes y en las casas de los granjeros, y se leen con avidez, y continuamente están animando las mentes de los jóvenes, que se deleitan con esos temas". En la Francia del siglo XIX, los manuales de magia "abundaban en el campo" y los juicios judiciales por brujería a menudo concluían que los campesinos poseían libros de ocultismo que habían estado fuera de circulación durante doscientos o trescientos años. Esto refuta la suposición de que la gente común era indiferente a la magia académica, y también desafía el hecho de que los agricultores pobres no tuvieran acceso a obras publicadas y libros raros[2].

El deseo generalizado de libros sobre ocultismo en las zonas rurales y urbanas, a lo largo del siglo XVIII y mediados del XIX, es un hecho comprobado. En Estados Unidos, el flujo de libros procedentes de Europa era incesante, y los vendedores ambulantes de libros en zonas rurales afirmaban haber ganado enormes cantidades de dinero con las ventas de libros sobre ocultismo. Los registros de un vendedor ambulante de 1809 a 1810 muestran que había vendido libros de puerta en puerta por valor de 24 mil dólares en el sur, principalmente a granjeros. Dado que el precio medio era de setenta y cinco centavos por un libro de cuero, cuarenta y cuatro centavos por un libro nuevo y unos peniques por los libros de bolsillo, esto documenta un interés fenomenal por todo lo oculto, y aparentemente una nula preocupación por un posible conflicto con las ideas religiosas predominantes en la época.

MASONERÍA CABALLERESCA

Los grados caballerescos constituyen la culminación de la iniciación masónica y su confusa mezcla de historia y mito. Si bien no existe ninguna conexión histórica entre estas órdenes reales y sus sucesores no masónicos, su existencia sí indica que, a pesar de la naturaleza igualitaria de la masonería, la necesidad de tener "mayores avances" en forma de títulos, reuniones separadas y secretos, parece ser inherente a la naturaleza humana. Si el trabajador común tenía títulos con los que podía identificarse, no parecía inusual que la clase alta también los tuviera, y podría dar a la creciente clase media un sentido de pertenencia a algo poderoso e importante.

Los grados caballerescos son:

Ilustre Orden de la Cruz Roja. El tema de este grado vincula los grados crípticos con los grados caballerescos, así como con las escrituras judías y cristianas. Este grado no se otorga en todos los sistemas templarios. Algunos, como los británicos, otorgan solo los grados siguientes.

Orden de los Caballeros de Malta. Aquí se le confiere al candidato una serie de títulos de caballería, como Caballeros de San Pablo, Caballeros de Malta o Caballeros Hospitalarios.

Orden del Temple u Orden de los Caballeros Templarios. En este grado, el candidato se encontrará con lo que para muchos es la serie de experiencias rituales más impresionantes tanto dentro como fuera de la masonería. Además de pasar tiempo en la Cámara de Reflexión, cada candidato se reúne con sus hermanos y comparte la experiencia comunitaria de la "bebida de la mortalidad". Los rituales son claramente de orientación cristiana, y quienes toman este grado declaran su voluntad de defender la fe cristiana cuando les sea pedido.

ORIGEN DE LOS TEMPLARIOS

Los Caballeros Templarios surgieron en el año 1118, cuando Hugues de Payns, un noble de linaje menor, junto con ocho compañeros caballeros del norte de Francia, hicieron juramentos de pobreza y obediencia en relación con sus votos militares, convirtiéndose en los primeros monjes guerreros de la cristiandad. Adoptaron el nombre de "Orden de los Pobres Compañeros de Cristo" y eligieron como símbolo a dos caballeros pobres compartiendo un caballo. Su tarea era proteger a los peregrinos en la ruta terrestre de Jaffa a Jerusalén. Jerusalén había caído en manos de los ejércitos cristianos en 1099 y el acto de peregrinaje era extremadamente peligroso, ya que los caminos estaban plagados de bandidos y forajidos musulmanes que atacaban tanto a viajeros solitarios como a caravanas armadas. Se creía que simplemente morir en el viaje era suficiente en algunos casos para que los pecados fueran perdonados. Pocos en número, los Pobres Compañeros de Cristo no podían esperar cumplir su misión sin apoyo adicional.

En 1124, De Payns regresó a Francia para recibir la sanción oficial de la Iglesia católica romana en el Concilio de Troyes. Si bien la aprobación papal le dio legitimidad a la orden, fue el respaldo de san Bernardo de Claraval lo que selló su futuro y garantizó un amplio apoyo financiero y político. En una generación, los Pobres Compañeros se convertirían en la fuerza militar más rica y poderosa de la historia.

El nombre de "Caballeros Templarios" provendría de la ubicación de sus cuarteles en un complejo del palacio del rey Balduino II de Jerusalén, una sección deteriorada en el antiguo emplazamiento del Templo del Rey Salomón. A menudo se afirma que el área que se les dio como cuartel se utilizó anteriormente como establo. Esta ubicación se agregó a su nombre, y fueron reconocidos como los "Pobres Compañeros de Cristo y del Templo de Salomón" o "Caballeros Templarios", para abreviar. En 1139, los templarios recibieron un poder desconocido para cualquier otra orden militar: solo respondían ante el papa Inocencio II y ninguna otra autoridad eclesiástica podía cuestionar sus acciones. Estaban exentos de impuestos y prácticamente eran ajenos a todas las autoridades civiles. Esto, junto con su capacidad para quedarse con toda la riqueza capturada durante sus campañas, así como con las actividades comerciales de las tierras y castillos que se les otorgaron, los convirtió en la orden militar más rica de la época, y posiblemente de toda la historia.

Aunque los templarios controlaban grandes extensiones de tierra en Palestina y Siria, su influencia no se limitaba a Tierra Santa. En 1131, Alfonso I de Aragón (actual España) redactó un testamento en el que dejaba su reino a los templarios, junto con los Caballeros Hospitalarios y los Caballeros del Santo Sepulcro. Esta disposición fue finalmente derogada tras su muerte en favor de vías de sucesión más tradicionales, pero habla de la importancia de la alianza de estas órdenes con los poderosos reinos cristianos. Se construyeron prioratos templarios, o salas capitulares, e iglesias templarias en toda Europa y Oriente Medio (construidas con un diseño circular único, que recuerda la Mesa Redonda de Arturo y los círculos mágicos de la teúrgia medieval). Los templarios eran un estado de facto dentro del estado de la Europa católica.

Caída de los templarios y su supervivencia

La derrota en Acre, cerca de Haifa, en 1291, marcó el comienzo de la caída de los Caballeros Templarios. Bajo el asalto de fuerzas musulmanas, que sumaban 160 mil hombres con torres de asedio y catapultas, las murallas de la ciudad fueron derribadas y el control cristiano de la región comenzó a desmoronarse. Después de abandonar Tierra Santa, los templarios fueron a Chipre para reorganizarse. Sin nada que les quedara en Oriente, dirigieron su atención hacia el oeste, a Europa y a las enormes posesiones que habían acumulado allí. Con su red establecida y su reputación de intercambio bien conocida, los templarios centraron su energía en la banca. Los esfuerzos del papa Clemente V por fusionar pacíficamente a los templarios con los hospitalarios fracasaron, lo que fue una señal de que Roma poco los necesitaba con Jerusalén ya bajo control musulmán. Después de la destrucción de los templarios y la ejecución de su gran maestre, las propiedades y los miembros restantes de la orden se fusionarían con los hospitalarios. Los reyes que estaban en deuda con ellos tenían sus propias razones para querer ver a los todopoderosos y casi intocables templarios controlados de una vez por todas.

Desafortunadamente para los templarios, encontraron a su archienemigo en un hombre al que en una ocasión habían ayudado y que a su vez los destruiría: el rey Felipe IV de Francia, también conocido como Felipe el Hermoso, quien era un sinvergüenza en todos los sentidos. Expulsó a los judíos de Francia en 1306 para robarles sus propiedades, robó dinero de los banqueros italianos en 1311 y devaluó la moneda nacional, debilitándola y aumentando la deuda nacional. Felipe incluso intentó secuestrar al papa Bonifacio VIII. En 1306, durante los disturbios en París, Felipe recibió refugio y protección en la preceptoría templaria. Allí, Felipe habría visto solo una fracción de la riqueza templaria, y eso fue suficiente para ponerlo a pensar.

Dos acontecimientos acabarían proporcionando a Felipe la oportunidad que buscaba: las acusaciones de sodomía, idolatría y blasfemia en el seno de los templarios, por parte de un antiguo miembro llamado Esquiu de Floyrian, y la polémica elección del papa Clemente V, que tardó un año en concluir. Para facilitar su elección, Clemente había acordado con Felipe que, tras su elección como Papa, derogaría las leyes anteriores aprobadas por el Vaticano contra Francia. Este fue el comienzo de una amistad entre un Papa débil y un rey avaro que acabaría con la destrucción de los Caballeros Templarios.

Al amanecer del viernes 13 de octubre de 1307, los Caballeros Templarios fueron arrestados en una serie de redadas coordinadas por toda Francia. En total, dos mil miembros de la orden fueron encarcelados. La coordinación para este tipo de arresto a gran escala es asombrosa, dada la epoca y la gran cantidad de mano de obra que requirió. Se tuvieron que hacer copias de las órdenes de arresto, todas copiadas a mano, y entregarlas con sellos oficiales y bajo la autoridad de Felipe. Hubo que organizar y desplegar hombres. El hecho de que ningún simpatizante de los templarios les avisara de los arrestos que se venían, es en sí mismo un indicador tanto de los celos que pudieron haber fomentado, como del miedo al castigo de la Iglesia si alguien era encontrado culpable de ayudar a los condenados Caballeros del Temple. Menos de un año después, el papa Clemente V autorizaría arrestos adicionales allí donde la Iglesia católica romana tenía autoridad.

Entre los cargos que se presentaron contra los templarios figuraban herejía, negar la divinidad de Cristo, escupir en la cruz, sodomía y homosexualidad (dar un beso anal a quien dirigía la iniciación en la orden) y el más famoso de todos, adoración a un ídolo con forma de cabeza extraña, conocido como Baphomet (y aunque Baphomet ha adquirido muchos significados extraños y peculiares a lo largo de los años, es muy probable que se tratara de un error al escribir Mahoma en francés medieval).

Los juicios y los interrogatorios fueron una burla a la justicia, las confesiones extraídas bajo tortura eran una rutina. Las preguntas capciosas estaban a la orden del día. Nunca se presentó prueba alguna, aparte de la extraída mediante tortura, para apoyar las acusaciones presentadas contra los Templarios. Jamás se encontró un ídolo Baphomet. Sin embargo, al final, unos sesenta caballeros que habían sido arrestados murieron bajo tortura o fueron ejecutados después de un juicio amañado. Cincuenta y cuatro de los sesenta se retractaron de sus confesiones y fueron quemados en la hoguera en 1310, bajo la acusación de ser herejes reincidentes. Los métodos establecidos para la destrucción de los templarios se perfeccionarían un siglo después, durante el comienzo de la "cacería de brujas", es decir, la persecución de aquellos percibidos como practicantes de brujería.

Entre los que murieron se encontraba el gran maestre de la orden, Jacques de Molay. Tras permanecer en prisión durante siete años, el 18 de marzo de 1314 Molay fue quemado en la hoguera. Antes de morir, predijo que pronto le seguirían el rey Felipe y el papa Clemente. Al cabo de un año, ambos murieron.

Después de los juicios, la mayoría de los templarios fueron liberados y se unieron a otras órdenes o se retiraron a la vida civil. Fuera de Francia, los arrestos y las persecuciones no fueron tan enérgicos.

Los templarios en la masonería del Rito de York

Así como la mitología templaria del caballero Andrew Michael Ramsay estimuló la imaginación de lo que se convertiría en el Rito Escocés, también plantó las semillas de lo que sería el Rito de York. La obsesión francesa y alemana con esta supuesta conexión fue la más fabulosa y productiva en el surgimiento de nuevos grados e incluso de ritos. Si bien no había evidencia que apoyara la idea de que los templarios habían huido a Escocia junto con la sabiduría esotérica que obtuvieron en Tierra Santa, con sus enormes tesoros, o ambas cosas, esto no pudo frenar la explosión del mito sobre la conexión templaria con la masonería. En 1769 se otorgaron grados templarios en las colonias americanas, y en 1778 en Inglaterra. Sin embargo, una clara diferencia, incluso en esta etapa, era evidente entre los ritos templarios estadounidenses y británicos, y los de Alemania y Francia, y en el Rito Estricta Observancia en particular. En Europa se estableció una conexión clara y directa entre la masonería, los templarios, los estudios esotéricos y las prácticas ocultas como la alquimia, la astrología y la cábala. Entre los templarios anglosajones esta conexión no existía y de hecho, los grados templarios eran poco más que un grado adicional en una escala masónica en constante expansión.

Los templarios y el ocultismo

En la mitología templaria y en la masonería de estricta observancia encontramos la idea de que los templarios eran herederos de un tesoro oriental de naturaleza espiritual más que material, el cual incluía los secretos de la cábala, la alquimia y la magia árabe. Si bien es posible que esta idea existiera desde antes, no es sino hasta el desarrollo de los grados masónicos que esta noción aparece plenamente desarrollada y de manera coherente, mediante rituales, ritos y una continuidad en la enseñanza que se remonta a los tiempos de los propios templarios.

La historia tradicional detrás de la Estricta Observancia afirma que Pierre d'Aumont, gran mariscal de los Caballeros Templarios y sucesor de Jacques de Molay como gran maestre huyó a Escocia acompañado de siete caballeros disfrazados de albañiles. Allí, según la tradición, los templarios establecieron la masonería en su forma actual. Sin embargo, como todas las historias tradicionales, faltan hechos que respalden tales afirmaciones, y la "historia" se entiende mejor como mitología o como una narrativa que contiene una enseñanza, y no como un relato real. Por desgracia, las historias tradicionales a menudo se presentan como hechos reales en vez de relatos sugerentes. Esto ha creado un avispero de confusión dentro de los círculos masónicos y en la propia investigación masónica al día de hoy.

Fundado en Alemania alrededor de 1754 por Johann Gottlieb von Hund, el Rito de la Estricta Observancia se basó en su afirmación de que había sido iniciado en una logia templaria masónica doce años antes y se le había confiado la misión de difundir este rito. Su autoridad y conocimiento, dijo, provenían de "superiores desconocidos" que exigían una obediencia perfecta. Si bien es posible que Von Hund fuera iniciado en un grado o rito templario, eso es poco probable o, simplemente, pudo haber sido engañado. La noción de "superiores desconocidos", amos invisibles del destino humano que se encuentran en los escritos de *madame* Blavatsky y a lo largo del renacimiento ocultista xix y principios del xx, encuentra sus orígenes en parte en esta "historia" de la Estricta Observancia. A diferencia de los informes posteriores sobre estos superseres, Von Hund afirmaría que recibió su investidura y que se le dejó a su suerte en cuanto a cómo proceder; por lo tanto, la Estricta Observancia es un vehículo de su propia creación. Más tarde, ocultistas y masones con intereses en el ocultismo retomarían el tema que Von Hund dejó y afirmarían que estaban en contacto continuo, a menudo por vía telepática, con sus maestros y tutores invisibles.

Con tan solo su palabra de honor, Von Hund y su rito languidecieron y cayeron en decadencia. Tras su muerte, la Logia de Philalethes absorbió gran parte del rito. Lo que quedó de la Estricta Observancia, como la mayoría de las cosas masónicas, fue destruido o dispersado por la Revolución francesa.

Entre los más importantes de la hermandad de la Estricta Observancia se encontraba Jean-Baptiste Willermoz (1730–1824). Willermoz era un conocido masón de Lyon y cofundador del Rito Escocés Rectificado. Curiosamente, el Rito Rectificado negaba cualquier conexión con los Caballeros Templarios y contenía elementos de magia ritual. Willermoz también era un ardiente discípulo de Martinez de Pasqually, fundador de los Elus Cohen (véase el capítulo 8) y uno de sus dos herederos: Louis Claude de Saint-Martin, su hijo místico, y Willermoz, su hijo mágico. Así, a finales del siglo XVIII se preparó el escenario para que los Elus Cohen se absorbieran en la fertilización cruzada de ideas y prácticas de la Masonería de Alto Grado, y a través de la Estricta Observancia se conectaran con el mito de los templarios y su sabiduría esotérica.

A pesar de que la Estricta Observancia rechazó el rosacrucismo y su filosofía hermético-alquímica en favor de los Elus Cohen y su teúrgia en 1782, Willermoz fue responsable de establecer un capítulo del Águila Negra de la Rosa Cruz casi veinte años antes.

El Rito de York y la supervivencia de los Caballeros Templarios
Puntos clave

1. Los miembros del Rito de York deben ser Maestros Masones en regla. Al igual que el Rito Escocés, el Rito de York es un sistema que se basa en los tres primeros grados. El Rito de York consta de varios grupos relacionados, cada uno de los cuales otorga un conjunto específico de grados que culminan en la Orden de los Caballeros Templarios.

2. Los primeros grados superiores en la historia del Rito de York fueron el Real Arco y los Caballeros Templarios. En 1730 serían conferidos grados adicionales, cada uno de los cuales se centraba en el tema básico del Templo de Salomón, el tesoro escondido y los secretos perdidos.

3. Para muchos, el Real Arco se considera el pináculo de los logros masónicos, mientras que los grados posteriores son simplemente explicativos.

4. A diferencia de la Logia Azul o el Rito Escocés, el Rito de York es claramente cristiano en su tono y en los requisitos de membresía.

5. Los grados crípticos del Rito de York aparecieron por primera vez entre 1760 y 1780, y se basaban en el tema de las nueve criptas o bóvedas que existían debajo del Templo de Salomón. En la bóveda más baja se encuentra la Palabra Perdida, colocada allí por el patriarca Enoc.

6. Enoc es una figura fundamental en la masonería; también se le identifica fuertemente con la magia ritual y la cábala a través de su asociación con el arcángel Metatrón, o más bien mediante su transformación en él.

7. Los grados de caballería confieren títulos de caballero, pero no hay evidencias de que estén históricamente vinculados a las órdenes reales a las que se refieren esos títulos. Los grados de caballería culminan en los Caballeros Templarios.

8. Los Caballeros Templarios fueron fundados en 1118, cuando Hughes de Payns, un noble de menor jerarquía, y ocho compañeros caballeros de Francia tomaron votos de pobreza y obediencia en relación con sus votos militares. Al hacerlo se convirtieron en los primeros monjes guerreros de la cristiandad.

9. Los caballeros, conocidos como los Pobres Compañeros de Cristo, fueron alojados en una sección en ruinas del Templo de Salomón, en Jerusalén, y luego cambiaron su nombre, haciéndose llamar Caballeros Templarios, para abreviar.

10. La tarea autoimpuesta de los Caballeros Templarios era proteger a los peregrinos cristianos en su viaje a Tierra Santa. Rápidamente ascendieron hasta convertirse en la entidad militar y económica más poderosa de la región, y solo seguían órdenes del Papa.

11. En 1307, los templarios fueron arrestados y sus líderes ejecutados bajo falsos cargos de herejía, sodomía y adoración de un ídolo llamado Baphomet. La tortura se utilizó ampliamente para extraer confesiones y el 18 de marzo de 1314, después de siete años en prisión, Jacques de Molay, el último gran maestre de los Caballeros Templarios, fue quemado en la hoguera.

12. En buena parte debido a la mitología templaria del caballero Andrew Michael Ramsay, del siglo XVIII, en los últimos dos siglos se han desarrollado numerosos mitos y tradiciones en torno a los templarios. La mayoría de estas historias vinculan a los templarios con antiguos tesoros o sabiduría secreta de naturaleza alquímica, cabalística o árabe.

Tareas para el capítulo nueve

1. ¿Qué puedes aprender acerca de la Palabra Perdida o el secreto divino escondido en la creación? ¿Qué significa esto para ti? ¿Cómo crees que se pueda experimentar?
2. Cuando contemplas la historia de Enoc transformándose en Metatrón y siendo llevado corporalmente al cielo, ¿qué ideas surgen en tu mente? ¿Qué ideas similares existen en otras religiones, filosofías y tradiciones esotéricas?

El Rito de York y la supervivencia de los Caballeros Templarios
Lecturas recomendadas

The Templars and the Assassins: The Militia of Heaven, de James Wasserman (Inner Traditions, 2001). Una exploración del extraño y emocionante recuento de una de las mayores rivalidades de la historia.

An Illustrated History of the Knights Templar, de James Wasserman (Inner Traditions, 2006). Historia con hermosas imágenes, a las que Wasserman añade su erudición.

The Templars: Knights of God, de Edward Burman (Destiny Books, 1986). Una mirada concisa a la historia de los Caballeros Templarios.

The Knights Templar and Their Myth, de Peter Partner (Destiny Books, 1990). Un examen crítico de los diversos mitos que han dado forma a nuestra visión de los Caballeros Templarios.

10

La masonería y el resurgimiento del ocultismo europeo

Sepa, entonces, oh aspirante, que los misterios de la rosa y la cruz han existido desde tiempos inmemoriales, y que los ritos se practicaban y la sabiduría se enseñaba en Egipto, Eleusis, Samotracia, Persia, Caldea y la India, y en tierras mucho más antiguas. La historia de la introducción de estos misterios en la Europa medieval nos ha sido transmitida de esta manera.

DE LA LECTURA DEL TERCER ADEPTO, RITUAL DEL *ADEPTUS MINOR*, ORDEN HERMÉTICA DE LA AURORA DORADA

A FINALES DEL SIGLO XIX, grupos de estilo masónico o de masones marginales se habían convertido en el punto focal del renacimiento ocultista. Incluso organizaciones como la Sociedad Teosófica incorporaron elementos masónicos en secciones de su trabajo, convirtiéndose, como ya lo veremos, en principales defensores de una orden masónica conocida como masonería mixta o co-masonería, con miembros de ambos sexos. Este periodo es de considerable interés para los estudiantes de esoterismo y de masonería convencional, debido a la rica variedad de personalidades, ritos, actas constitutivas, reclamaciones y contrarreclamaciones de autenticidad, demandas judiciales, abierta hostilidad y ocasionales actos violentos que dominaron los movimientos basados en el ideal

La masonería y el resurgimiento del ocultismo europeo ▮▮▮ 183

filosófico de la fraternidad del hombre y los valores espirituales. La ironía no puede pasar desapercibida para quien explore este periodo; de hecho, es el principal atractivo para más de un autor.

A pesar de ello, y a partir de esfuerzos fallidos, los grupos principales de este periodo siguieron ejerciendo influencia sobre el esoterismo en Estados Unidos y Europa mucho después de que su fuego se apagara. Las semillas que plantaron, al igual que las semillas de sus antepasados de los siglos XVII y XVIII, crecerían silenciosamente y sus frutos serían descubiertos por las generaciones futuras mucho después de que las personalidades se hubieran convertido en notas de pie de página de la historia.

En cierto aspecto, son estos grupos minoritarios los que muestran lo mejor y peor de la masonería y de los ideales y actividades humanas en su conjunto. Los ideales fuertes requieren un carácter fuerte. La tentación de andar por ahí dándole al diablo lo que le corresponde es muy poderosa, y más aún cuando se acompaña de títulos y promesas de poder material y espiritual. Aunque muchas personas (incluyéndome) se han beneficiado enormemente de la participación en algunos de los grupos que se enumeran a continuación, también está claro que los movimientos pueden convertirse en un pararrayos para quienes buscan la realización y la satisfacción a través de la llamada espiritualidad, siempre y cuando no hayan podido encontrar dichas cualidades en la vida material. En la masonería tradicional, la membresía solo se permitía a partir de los veintiún años (es decir, casi la edad promedio de quienes vivían en el siglo XVIII) y la cábala solo estaba autorizada para hombres en "la edad de la sabiduría", es decir, cuarenta años. Claramente, a estas alturas de la vida se esperaba una base y un establecimiento firmes en la vida material, y esto se suponía que debía incorporarse a las actividades de un miembro de la fraternidad. Si hay una lección que aprender del breve estudio que sigue sobre los grupos masónicos minoritarios modernos, es que los ideales humanos, por nobles que sean, aún requieren del vehículo imperfecto de la humanidad para ser llevado a cabo. La perfección es un ideal por el que se lucha pero que tal vez nunca se alcance.

MASONERÍA MIXTA
Y RECONSIDERACIÓN DE ADEPTOS INVISIBLES

La masonería mixta, uno de los órganos masónicos más recientes, es el resultado directo del renacimiento ocultista del siglo XIX. Fundada en 1900, la masonería mixta reivindica su autoridad a través de una serie de entidades masónicas que se separaron del Supremo Consejo de Francia en 1879. La primera logia masónica mixta se abrió en Londres en septiembre de 1902, con la doctora Annie Besant ejerciendo como vicepresidenta gran maestre del Supremo Consejo y adjunta para Gran Bretaña y sus dependencias.

Lo interesante de todo esto es que, aunque la masonería mixta admitía a mujeres en sus filas (y aún lo hace, ya que está viva y goza de buena salud), en igualdad de condiciones con los hombres en una época en la que el movimiento por el sufragio femenino empezaba a cobrar tremenda fuerza en Europa y América, sus miembros no veían en ello nada irregular.

- La premisa fundamental de la masonería mixta es que las mujeres fueran admitidas en los antiguos misterios, anteriores al surgimiento de la era cristiana; por lo tanto, su aceptación en la masonería implicó la restauración de algo que se había perdido.
- Teniendo en cuenta esta premisa, resulta claro que la masonería mixta ve a la masonería en su conjunto como una continuación de las antiguas escuelas mistéricas de Oriente Medio y Asia bajo la forma del gremio de albañiles, en lugar de verla como una entidad social.
- Los líderes y miembros de la masonería mixta, desde su origen hasta hoy, están implicados de alguna manera con la teosofía. Ellos ven al cristianismo como una religión moribunda que será reemplazada por un único sistema universal de creencias, y creen que el mundo se unirá bajo un gobierno único; y a partir de esto, se establecerán la paz y la hermandad universales, completando así la expresión política de la misión esotérica de la masonería.
- Detrás de los movimientos establecidos de la teosofía y la masonería mixta están los "superiores desconocidos" o maestros invisibles que guían a la humanidad, conduciéndola a su objetivo de unidad bajo un liderazgo iluminado.

Con el correr del tiempo, los rituales de la masonería mixta fueron revisados para reflejar la percepción de que las iniciaciones originales y los grados funcionales de la Orden contenían una sabiduría esotérica que se había perdido desde su creación. Estas revisiones, finalizadas en 1916, se basaron en rituales ingleses y escoceses. Se introdujeron más ideas procedentes de los rituales franceses, así como innovaciones que hacían hincapié en ideas esotéricas propias de los dirigentes de la época. Con el paso de los años también se modificaron otros grados, lo que permitió a la masonería mixta elaborar su propia interpretación de la Orden, del Real Arco y del Rito Escocés.

Los líderes más influyentes de la masonería mixta fueron Annie Besant (1847–1933) y Charles Webster Leadbeater (1847–1934), ambos muy conocidos y consolidados en la comunidad teosófica. Besant fue una mujer fenomenal involucrada en muchos de los movimientos sociales más importantes de la época, pasando por el ateísmo, el socialismo, la promoción del nacionalismo indio, el feminismo y el impulso del control de la natalidad, en una época en la que una de cada seis mujeres moría en el parto y la pobreza urbana en las naciones industrializadas era enorme. Leadbeater fue un clérigo de la Iglesia de Inglaterra cuyo interés en la teosofía lo llevó a abandonar los hábitos; más tarde declararía públicamente que era budista practicante. Fue autor de varios libros teosóficos importantes, así como de dos volúmenes sobre la naturaleza esotérica de la masonería: *La vida oculta en la masonería* y *Vislumbres de historia masónica*, cuya importancia se basa en su condición de masón grado 32 y en sus supuestas habilidades clarividentes. Sin embargo, la vida de Leadbeater estuvo llena de controversias, por lo que se vio obligado a dimitir de la Sociedad Teosófica después de que empezaran a circular acusaciones de relaciones homosexuales con niños, acusaciones que fueron corroboradas. Diversas acciones le permitieron reincorporarse a la Sociedad Teosófica y dirigir su sección india, hasta que resurgieron las viejas acusaciones de pederastia. Leadbeater se vio entonces obligado a abandonar la India, estableciéndose en Australia. Después de Blavatsky es la figura más controvertida del movimiento teosófico.

Teosofía en sí es un término peculiar que significa "conocimiento de Dios", y aunque a menudo se aplica a corrientes europeas únicas de especulación mística y esotérica desde el Renacimiento en adelante, se ha identificado casi exclusivamente con los escritos de la vidente y aventurera rusa Helena Petrovna Blavatsky. Blavatsky (1831–1891) nació en Ucrania, producto de un funcionario provincial de origen alemán perteneciente a la nobleza. Fue criada por sus abuelos maternos, ambos nobles, y en ese entorno estuvo expuesta a muchas ideas esotéricas y filosóficas, entre ellas la masonería, la estricta observancia y las ideas de Pasqually y Saint-Martin. A los diecisiete años se casó con Nikifor Blavatsky, militar ruso mucho mayor que ella, por lo que a los pocos meses huyó del matrimonio.

Durante la siguiente década viajó mucho; sus viajes constituirían la base de la mitología construida en torno a la historia de su vida en años posteriores. La "historia" oficial de los teósofos proclama que se aventuró al Tíbet, donde vivió con los *mahatmas* o "grandes almas", seres iluminados que guían a la humanidad en su búsqueda espiritual. Las pruebas sugieren que fue más bien una aventurera, a veces artista de circo y posiblemente hasta espía; y, por supuesto, como es típico de la época, una médium fraudulenta. No está claro si tuvo hijos y en sus últimos años se negó a hablar de sus andanzas, a pesar de la gran cantidad de conocimientos que le generaron durante toda su vida.

Se sabe que Blavatsky pasó un tiempo en Egipto, algo que jugó un papel importante en el desarrollo de la masonería mixta, a cargo de Annie Besant. Blavatsky siempre estuvo involucrada de alguna manera con la masonería, las sociedades herméticas y cuasi herméticas, y los grupos místicos orientales en todas sus formas, utilizando estos contactos para alegar el acceso a alguna forma de sabiduría secreta u oculta, tema que reaparece en la masonería mixta. Blavatsky fue una de las sobrevivientes del naufragio del barco que la transportaba a El Cairo en 1871. Ya en El Cairo fundó una organización espiritista con la ayuda de Emma Coulomb, mujer inglesa a la que Blavatsky empleó como ama de llaves. La relación de Blavatsky con Coulomb sería duradera y fatídica, ya que Coulomb se convertiría en una de sus críticas más acérrimas. La organización, conocida como Société Spirite se basaba en las teorías del autor y fundador del espiritismo, Allan Kardec, y se creó para investigar fenómenos espiritistas. Sin embargo, duró poco tiempo (según un informe, apenas dos semanas); su ruptura se produjo bajo las habituales acusaciones de fraude y malversación de fondos de mecenas estafados. Blavatsky abandonó pronto el grupo y centró su atención en el hermetismo y las prácticas de magia, astrología y cábala. Viajó a París, a través de Europa Oriental, y llegó a la capital francesa en la primavera de 1873. Sus viajes la llevarían finalmente a Estados Unidos.

Utilizando sus viajes y escritos como guía, está claro que la vida de Blavatsky tuvo dos periodos distintos: uno occidental y hermético y el otro oriental y budista. El periodo hermético dominó los primeros años de la Sociedad Teosófica, desde su creación, en 1875, y alcanzó su apogeo con la publicación de *Isis sin velo*, en 1877. Con el viaje de Blavatsky a Bombay, dos años más tarde, la dirección filosófica de la Sociedad Teosófica también cambió, y un fuerte enfoque indo-tibetano se convirtió en la norma. Luego, mientras estaba en Egipto, Blavatsky conoció y reclamó ser miembro de la Hermandad Hermética de Luxor, y aprendió suficientes detalles del ritual y las enseñanzas masónicas para impresionar adecuadamente a las autoridades masónicas parisinas.

El pasado de *madame* Blavatsky comenzaría a perseguirla durante su periodo en la India. En 1884, mientras Blavatsky estaba en Londres con su viejo amigo y partidario, el coronel Henry Steel Olcott, dos miembros del personal de la Sociedad Teosófica, Emma Coulomb y su marido, Alexis, declararon que la habían ayudado a perpetrar sesiones de espiritismo fraudulentas. La publicidad resultante de estas acusaciones creó una división entre Blavatsky y Olcott. Con la muerte de Blavatsky, en 1891, el liderazgo de la Sociedad Teosófica recayó en Annie Besant, tras lo cual comenzó a sufrir una serie de cismas. Mientras que la personalidad de Besant y su aparente falta de tacto y diplomacia jugaron un papel importante en avivar los fuegos de la revuelta, su deseo de promover la masonería mixta también fue culpable, ya que los teósofos sentían que la masonería mixta y la Iglesia católica liberal de Leadbeater no eran temas apropiados, dada la dirección claramente indo-tibetana de la organización.

RESURGIMIENTO DEL MARTINISMO Y LOS ROSACRUCES

La popularidad de las obras de Eliphas Levi *Dogma y ritual de la Alta Magia* y *La historia de la magia* puede considerarse el semillero de lo que con el tiempo se denominaría renacimiento ocultista del siglo XIX y principios del XX. No hubo movimiento que no se viera afectado por sus contenidos, que en muchos sentidos dieron origen a un conjunto de órdenes ocultas, entre las que destacan los renacimientos modernos del martinismo, el rosacrucismo y, como hemos visto, la interpretación de Pike de los grados del Rito Escocés.

En este ambiente de penumbra que impregnaba a la *belle époque*, vemos surgir o resurgir las doctrinas de Louis Claude de Saint-Martin, alumno y discípulo de Martinez Pasqually, bajo el paraguas del martinismo. En 1884, el doctor Gérard Encausse (1865–1916) se une a Augustin Chaboseau para fundar la Orden Martinista. Bajo el seudónimo de Papus, Encausse se convirtió en una de las figuras más destacadas del ocultismo europeo, aventurándose incluso en la corte del zar Nicolás II y convirtiéndose en el archirrival espiritual de Rasputín. A Papus a menudo le llaman el "Balzac del ocultismo", por los más de doscientos libros que publicó. Aunque muchos de ellos son breves y de escaso valor académico, ponen de manifiesto su papel fundamental y el deseo existente por este tipo de obras, muchas de las cuales siguen disponibles a más de un siglo de su publicación. Papus publicó su primer libro, *Tratado elemental de ciencia oculta*, en 1888, y su obra más famosa, *El tarot de los bohemios*, al año siguiente. Le seguirían decenas de títulos hasta su prematura muerte en 1916, mientras servía como médico en el frente durante la Primera Guerra Mundial.

Antes de su participación en el martinismo (y más tarde en el establecimiento de varios grupos rosacruces), Papus estuvo activo en la escena teosófica parisina, pero al igual que Rudolf Steiner, la abandonó cuando esta se desplazó del hermetismo hacia el misticismo oriental.

En 1891 se constituyó el Supremo Consejo de la Orden Martinista y se hicieron esfuerzos por meter al redil a numerosos y diversos grupos, círculos, iniciadores y maestros independientes que habían surgido del trabajo de la masonería de estricta observancia de Saint-Martin, Pasqually y Willermoz. Se utilizaron cuatro grados, con una estructura similar a la de la masonería. El cuarto grado, el de *Independent Superior Inconnu* ("Superior Libre Desconocido" o, más tarde, L.I. o Libre Iniciador), otorgaba a su titular la autoridad para iniciar a otros y formar logias compuestas por los tres grados inferiores de Asociado, Místico (o Hermano) y Superior Inconnu ("Superior Desconocido"). Como resultado, el martinismo se extendió rápidamente, incluso más allá de las costas de Europa, y como consecuencia de tan rápido crecimiento dio lugar a innovaciones personales y cismas. Papus y otros intentaron en varias ocasiones utilizar el martinismo como medio para regresar la masonería a sus raíces esotéricas. Estas propuestas fueron firmemente rechazadas por las autoridades masónicas regulares, y muchos incluso vieron incorrectamente el martinismo como una forma de masonería irregular o clandestina basada en las similitudes superficiales de su estructura de grados. Como muchas de las órdenes ocultas de la época, la Orden Martinista admitía tanto a mujeres como a hombres, aunque los intentos posteriores por cambiar esta situación y obligar a los miembros martinistas a cumplir un requisito masónico, dieron origen a la formación de otro órgano, generando así un cisma en la organización.

Siendo un organizador nato, Encausse se asoció con numerosas personalidades conocidas del ocultismo parisino para formar la Orden Cabalística de la Rosa Cruz. Esta orden fue en parte idea de Estanislao de Guaita (1860–1898). Artista y poeta extravagante, De Guaita dejó su impronta creando un personaje siniestro a su alrededor y deleitándose en la decadencia de la época. Dormía de día, trabajaba de noche y destruyó su salud por su adicción a la morfina y la cocaína, por lo que falleció a los treinta y ocho años en un urinario público a consecuencia de una sobredosis. Como muchos soñadores de todas las épocas y edades, Guaita veía en el arte el medio para transformar el mundo, y participaba en concurridos salones de temas esotéricos. Al igual que el movimiento Nueva Era, de finales del siglo XX, la espiritualidad, el ocultismo y la contracultura se unieron en el París del siglo XIX para formar un narcisismo de moda, en el que los elegidos podían encontrar la iluminación en brazos de sus amantes, bajo la influencia de las drogas, y justificarla con el lenguaje de la revolución. Pero al igual que su contraparte, la Nueva Era, su impacto en la sociedad en general parece haber sido insignificante.

Sin embargo, como ocurrió con tantos movimientos idealistas, los *illuminati* de los burdeles de París fueron incapaces de mantener su sueño unido. En 1890, uno de los miembros fundadores de la Orden Cabalística de la Rosacruz se marchó para fundar la Orden Católica de la Rosacruz, en un intento por reunir el arte, el misticismo y la teología católica tradicional bajo un único movimiento iniciático. Siguieron una serie de campañas de envío de cartas, conocidas como la Guerra de las Rosas, en las que cada bando intentaba justificar su postura y denunciaba la traición del otro.

Como tantas cosas esotéricas, salvo raras excepciones, estas luchas internas apenas tuvieron repercusión fuera de los círculos en los que se produjeron y la vida cotidiana continuó para el hombre de a pie. El sitio de París y las batallas de Verdún, Saint-Mihiel e Ypres, entre tantas otras, junto con la muerte a gran escala en las trincheras de la Primera Guerra Mundial, estaban a solo una generación de distancia. Para 1919, la mayoría de los miembros fundadores de estas órdenes estarían muertos, demasiado viejos o simplemente demasiado cansados para seguir preocupándose. Las antiguas disputas sobre autenticidad fueron vistas como lo que entonces eran y ahora son: una conveniente distracción nacida del lujo, tanto de tiempo como de dinero. La invocación de las sombras de los muertos pasó de estar de moda a ser un lugar común, ya que los dolientes buscaban consuelo en la visión de un ser querido en la cámara oscura del médium espiritista o en el espejo mágico del mago. Ya no era necesario hablar de los demonios del abismo en abstracto, ahora eran vecinos.

De la época del renacimiento ocultista francés, con su gloria y su decadencia, surgiría un espíritu que daría nacimiento, aunque más en inspiración que en sustancia, a la fraternidad mística iniciática más importante del siglo XX: la Antigua y Mística Orden de la Rosa Cruz (AMORC), más conocida como Orden Rosacruz. En el seno de la AMORC se haría realidad el ideal de un movimiento esotérico internacional unificado, abierto a hombres y mujeres de todas las razas dentro de un marco casi masónico de iniciación, ritual e instrucción. Inspirándose en sus contemporáneos, así como en Cagliostro y en la masonería egipcia, Harvey Spencer Lewis (1883–1939) logró, a través de la AMORC, lo que muchos movimientos esotéricos y ocultistas habían intentado y no habían logrado: sobrevivir la muerte de su fundador, mantener templos físicos en todo el mundo y generar un profundo impacto en la cultura popular y en la comprensión de temas e ideas tradicionalmente secretos y muy velados.

En diferentes periodos y con imposiciones que variaban de una jurisdicción a otra, a los miembros de la AMORC se les denegaba a veces la afiliación masónica, ya que durante sus primeros años la Orden Rosacruz fue vista como un cuerpo masónico clandestino. Esto no parece haberse generalizado nunca y se trató más bien de una peculiaridad local. Sin embargo, a Lewis, fundador de la organización, la Gran Logia de Nueva York le denegó la iniciación como Maestro Masón tras haber completado los grados de Aprendiz y Compañero. Este desaire parece haber sido en represalia, en parte por la falta de tacto de Lewis en la promoción inicial de su incipiente movimiento y en parte debido a un rencor personal contra él por parte de un antiguo miembro de la AMORC, el cual también era miembro de la logia en la que Lewis iba a ser iniciado.

ORDEN HERMÉTICA DE LA AURORA DORADA

El martinismo se basó en la masonería, para algunos de sus miembros, e incluso, aunque por poco tiempo, trató de cambiar el rostro de la propia masonería, por lo que la masonería mixta se vio a sí misma como la heredera esotérica legítima de la verdad oculta dentro del ritual y las formas masónicas. Sin embargo, es la Orden Hermética de la Aurora Dorada la que ha tenido un mayor impacto en la escena ocultista de los siglos XX y XXI y la que está más claramente conectada con los movimientos masónicos y semimasónicos.

Los dos fundadores principales de la Orden Hermética de la Aurora Dorada fueron William Wynn Westcott (1848–1925) y Samuel Liddell Mathers (1854–1918). Ambos estaban profundamente arraigados en el mundo masónico y esotérico de la Inglaterra victoriana, y trajeron consigo conexiones y habilidades que se fundirían en la creación de la orden mágica más importante durante más de un siglo.

Aunque los orígenes reales de la Aurora Dorada son turbios, en el mejor de los casos, se sabe que en 1886 Westcott encontró, recibió o creó un conjunto de documentos en un código o clave única. Estos se conocieron como los Manuscritos Cifrados. Estos documentos contenían enseñanzas y rituales en forma de esquemas para una organización que se hacía llamar la Orden Hermética de la Aurora Dorada. La estructura de la orden era idéntica a la cuasi masónica y alquímica Orden des Gold- und Rosenkreuz (Orden de la Rosacruz Dorada) del siglo XVIII.

Westcott alegaba que el reverendo A. F. A. Woodford (1821–1887), compañero masón con interés en el ocultismo, encontró los documentos en un puesto de venta de libros, tal como sucedió con Cagliostro y los textos de su Rito Egipcio. Esto no es improbable, pero tampoco puede demostrarse, lo que llevó a muchos a cuestionar la autenticidad de la historia. También se acumularon las acusaciones de falsificación, apuntando principalmente al hecho de que las cartas presentadas posteriormente por Westcott, supuestamente procedentes de una tal fräulein Sprengel, en Alemania, estaban escritas por alguien que mostraba poco dominio del alemán. Westcott no era ajeno a los problemas de hacer reclamaciones de sucesión sin documentación que las respaldara. Como miembro de la *Societas Rosicruciana in Anglia* (SRIA), o Sociedad Rosacruz de Inglaterra, había investigado las afirmaciones del fundador de la sociedad, Robert Wentworth Little, de que la SRIA se había fundado sobre documentos descubiertos en la Sala de los Masones de Londres, mas no encontró nada que apoyara dicha afirmación.

Westcott ascendió rápidamente en las filas de la SRIA; ingresó en 1880 y se convirtió en Magus Supremo en 1891. Mathers también era miembro de la SRIA. Tal vez no sorprenda que la estructura de grados de la SRIA fuera idéntica a la utilizada anteriormente por la Orden des Gold- und Rosenkreuz y más tarde por la Orden Hermética de la Aurora Dorada.

Westcott estableció formalmente la Orden Hermética de la Aurora Dorada en marzo de 1888, con la ayuda de Mathers y William Robert Woodman, los otros dos masones que reclutó para la tarea. Como era de esperar, los miembros iniciales procedían de los asociados de los fundadores, y con el tiempo llegó a tener unos trescientos miembros y al menos nueve templos: seis en Gran Bretaña, dos en Estados Unidos y uno en París. El primer anuncio público fue una respuesta de Westcott a una carta publicada en la revista británica de literatura y folclore *Notes and Queries*, en diciembre de 1888. La carta preguntaba sobre la existencia continuada de una sociedad cabalística que supuestamente incluía entre sus miembros a Eliphas Levi y al famoso cabalista y alquimista Hayyim Samuel Jacob Falk. Westcott respondió afirmativamente, aunque Levi y Falk no eran miembros oficiales, sino influencias inspiradoras y literarias. Esta respuesta suscitó más preguntas y pronto el número de miembros de la Aurora Dorada aumentó considerablemente.

A medida que la Orden Hermética de la Aurora Dorada se expandía, sus miembros deseaban más material práctico del que se publicaba en los grados inferiores de Neófito, Celador, Teórico, Práctico y Filósofo, y bajo la hábil mano de Mathers se vieron obligados a ello. Con la creación de los rituales del Portal y del Adepto Menor, se formó una segunda orden u orden interior llamada Ordo Rosae Rubeae et Aureae Crucis (Rosa Rubí Cruz Dorada). Se planearon grados adicionales, pero su finalización fue discutida como resultado de la ruptura de la Aurora Dorada en 1900.

Fue aquí, en la segunda orden, donde las enseñanzas mágicas prácticas por las que la Aurora Dorada se haría famosa fueron realmente enseñadas y practicadas, y fue con la autodestrucción de la orden en su duodécimo año que estas prácticas fueron arrojadas a los vientos de la fortuna. Aunque se crearon varias organizaciones para continuar las enseñanzas de la Aurora Dorada, incluida la propia Orden Alfa y Omega, de Mathers, la mayoría de ellas menguaron y murieron o fueron sucedidas por estudiantes de segunda generación, como la Fraternidad de la Luz Interior, de Dion Fortune (que más tarde cambió su nombre por el de Sociedad de la Luz Interior), y los Constructores del Adytum, de Paul Foster Case, por nombrar solo dos de ellas. La sociedad de Fortune utilizaba originalmente varios grados derivados de la masonería mixta para sus misterios menores. Sin embargo, esto terminó en 1961, cuando el trabajo se redujo a un solo grado y adoptó un tono claramente cristiano. La organización de Case, a la que se conoce a veces por sus iniciales en inglés, BOTA, utiliza los rituales de la Aurora Dorada pero sin echarle guante a la magia enoquiana. El trabajo práctico de la Aurora Dorada sobrevivió, en su mayor parte, gracias a que sus rituales fueron publicados, primero por Aleister Crowley, antiguo alumno y cercano colaborador de Mathers, y después por su alumno Israel Regardie, entre 1937 y 1940, en varios volúmenes.

Curiosamente, parte del material de la Aurora Dorada también apareció en la SRIA. Cuando Westcott se vio obligado a elegir entre renunciar a su membresía a la Aurora Dorada o a su cargo de funcionario público, optó por abandonar la Aurora Dorada, pero conservó sus actividades masónicas. En 1907, la rama estadounidense de la SRIA (conocida como *Societas Rosicruciana in Civitatibus Foederatis*) sufrió un cisma de miembros que deseaban eliminar el requisito de ser masón. El órgano disidente adoptó el nombre de *Societas Rosicruciana in America* (SRIA, de nuevo) e inicialmente estuvo dirigida por Sylvester C. Gould, aunque dos años más tarde le sucedió el doctor George Winslow Plummer. Bajo el liderazgo de Plummer, la *Societas Rosicruciana in America* creció, y utilizando métodos de la época estableció un curso por correspondencia que contenía gran parte de las enseñanzas de la Aurora Dorada. A la muerte de Plummer, en 1944, el liderazgo de la organización recayó en su esposa, Gladys Plummer, más conocida como Madre Serena, a quien sucedió la hermana Lucia Grosch, y más tarde Sor M.A* La SRIA sigue ofreciendo cursos de instrucción en línea y está dirigida por Sandra Tabatha Cicero, una autora muy conocida dentro de la tradición de la Orden Hermética de la Aurora Dorada, cuya autoridad proviene directamente de su conexión con Israel Regardie. Tanto la Orden Hermética de la Aurora Dorada (que dirige con su marido, Chic) como la SRIA tienen su sede en Florida.

DE NUEVO LOS CABALLEROS TEMPLARIOS

Una de las figuras más controvertidas e influyentes de lo que podría denominarse "masonería mágica marginal" de principios del siglo XX es Aleister Crowley (1875–1947). Nacido en el seno de una familia adinerada que practicaba una forma inusualmente severa de puritanismo, conocida como los "hermanos de Plymouth", Crowley se crió con una pequeña fortuna, una educación de primera clase y un importante bagaje psicológico. Crowley se veía a sí mismo como el profeta del Nuevo Eón, un mesías venido para liberar a la humanidad de sus limitaciones morales y éticas a fin de encontrar su "verdadera voluntad" a través de la magia (que él deletreaba

---

*Cortesía de Sandra Tabatha Cicero: Gladys Miller Plummer (más tarde Gladys Plummer de Witow), conocida en la Sociedad como Madre Serena, ejerció de Imperatrix de 1969 a 1989.

La hermana Lucia Albers Grosch, de 1989 a 1997.

Maria Babwahsingh, de 1997 a 2010.

Sandra Tabatha Cicero, del 2010 a la actualidad.

Ya sea hombre o mujer, el jefe de la orden es conocido como Magus Supremo o Imperator o Imperatrix, según sea el caso.

La masonería y el resurgimiento del ocultismo europeo ▮▮▮ 195

como *magick*). Crowley se interesó por la magia cuando estudiaba en la universidad, tras encontrar un ejemplar de *El libro de la magia negra y de los pactos demoniacos*, de A. E. Waite. En 1898 se hizo miembro de la Aurora Dorada, asumiendo un papel de liderazgo bajo la dirección de Mathers. Crowley, sin embargo, volvería su talento contra Waite (quien, tras el cisma de 1900, estableció su propia Hermandad de la Rosacruz, que trabajaba con el esquema de la Aurora Dorada de forma puramente mística) y contra Mathers, lanzando despiadadas diatribas contra ambos en sus escritos. En su punto más bajo, Mathers y Crowley se enfrascaron en una guerra mágica entre ellos mismos, enviando vampiros astrales para atacarse entre sí.

Estando en El Cairo, en abril de 1904, Crowley tuvo una serie de experiencias en las que se comunicaba con una entidad que se hacía llamar Aiwass. En un lapso de tres días escribió mensajes en un volumen que se conoció como *El libro de la ley*, que entre otras cosas proclamaba a Crowley como el Anticristo: la Bestia del Apocalipsis. Utilizando lo que le quedaba de su herencia, publicó *The Equinox*, una revista a través de la cual llevó las enseñanzas de la Aurora Dorada a un público ocultista más amplio. Poco después se unió a la Orden del Templo Oriental (OTO), un grupo cuasi masónico dirigido por Theodor Reuss (1855–1923).

La Orden del Tiempo Oriental había sido fundada por Reuss y Karl Kellner (1851–1905) y en 1902 ambos se pusieron en contacto con John Yarker (1833–1913), un masón y ocultista inglés que poseía una enorme biblioteca y numerosos linajes ocultistas. Le compraron los estatutos para fundar una logia del Rito de Menphis y Misraim, un rito masónico que consta de noventa y nueve grados, y al año siguiente publicaron un folleto para la creación de la OTO. La orden avanzó poco en los años siguientes y empezó a crecer significativamente con la afiliación de Crowley. Con el tiempo, como con todas las cosas que Crowley tocaba, habría una pelea con Reuss, ya que se hizo evidente que este estaba reinventando la OTO a su propia imagen.

A pesar del carácter cuestionable de Reuss, varios ocultistas conocidos de la época tuvieron breves encuentros con la OTO, entre ellos Papus, Rudolf Steiner y Harvey Spencer Lewis. La conexión de Lewis con Ruess alimentaría otra batalla legal para Crowley, cuando intentó hacerse cargo de la AMORC de Lewis en la década de 1930, justo cuando la AMORC se estableció y prosperó y el dinero del propio Crowley había sido despilfarrado en drogas, alcohol, sexo y vanidades del más alto nivel.

Bajo la dirección de Crowley, la OTO adoptó *El libro de la ley* como texto principal, y sus miembros, tanto hombres como mujeres, se sometieron a una serie de iniciaciones que impartían conocimientos mágicos y hacían hincapié en la magia sexual, algo que obsesionaba tanto a Kellner como a Reuss. Sin embargo, a la muerte de Crowley, en 1947, el único organismo activo de la OTO que quedaba en el mundo era la Logia Ágape, con sede en California. La logia no duraría mucho tras la muerte de Crowley. En 1969, sin embargo, Grady McMurtry (1918–1985), un estadounidense que había dirigido en parte la Logia Ágape, anunció que tenía su propia acta constitutiva de la OTO otorgada por Crowley, y que la había recibido cuando visitó a la Bestia en Londres, en 1943. A pesar de las reclamaciones y reconvenciones, la autoridad legal de McMurtry quedó establecida en los tribunales y se concedieron marcas registradas y derechos de autor a su rama de la OTO. Bajo su liderazgo, la OTO alcanzó una audiencia mucho mayor de la que nunca tuvo bajo Reuss o Crowley, y actualmente es uno de los movimientos masónicos marginales más influyentes y controvertidos que existen.

La masonería y el resurgimiento del ocultismo europeo
Puntos clave

1. A finales del siglo xix y principios del xx, la masonería y los movimientos marginales de tipo masónico fueron el foco del renacimiento ocultista.

2. A pesar de pretender promover la igualdad y la fraternidad, muchos de estos grupos se vieron divididos por cismas y conflictos de personalidad.

3. La masonería mixta adquirió importancia gracias a la vinculación de varios de sus líderes con la Sociedad Teosófica. La masonería mixta admitía a las mujeres en igualdad de condiciones que los hombres y promovía una comprensión esotérica del ritual y la iniciación masónicos.

4. La masonería mixta veía la masonería como una continuación de las antiguas escuelas mistéricas y del ocultismo medieval, veía al cristianismo como una religión moribunda que sería reemplazada por un único sistema universal de creencias y consideraba que el mundo se uniría bajo un único gobierno, promoviendo así la paz universal.

La masonería y el resurgimiento del ocultismo europeo ▪ 197

5. La masonería mixta y la Sociedad Teosófica afirmaban que seres perfectos, conocidos como "superiores desconocidos", "Maestros" o "Adeptos", guiaban a los líderes del movimiento, haciéndolos prácticamente infalibles.

6. Los escritos de Eliphas Levi impulsaron el renacimiento ocultista francés y dieron origen, tanto directa como indirectamente, a varias organizaciones, entre ellas los movimientos rosacruces y martinistas.

7. Gérard Encausse, más conocido por el seudónimo de Papus, fue una fuerza central del ocultismo parisino. Fue un autor prolífico y un organizador incansable. Es responsable del martinismo moderno y, en menor medida, del rosacrucismo.

8. La Guerra de las Rosas, sostenida entre dos movimientos rosacruces franceses enfrentados, demostró la debilidad humana que había detrás de los ideales de la época. Lo que esas disputas internas no destruyeron, sí lo hicieron la Primera y la Segunda Guerras Mundiales, que convirtieron a muchos movimientos esotéricos modernos en irrelevantes para la vida cotidiana.

9. La Orden Hermética de la Aurora Dorada es la orden mágica moderna más influyente que apareció en este periodo. Duró solo doce años, pero su influencia se siente con más fuerza que nunca. Varios de sus fundadores eran masones de alto grado y miembros de un grupo rosacruz masónico.

10. Aleister Crowley fue uno de los miembros más famosos, o infames, de la Aurora Dorada. Desempeñó un papel fundamental en la desaparición de la orden y acabó publicando sus enseñanzas en su revista *The Equinox*, con lo que por primera vez llegaron a todo el público.

11. Más tarde, Crowley se convirtió en uno de los principales miembros de la Orden del Templo Oriental, de Karl Kellner, orden iniciática al estilo de los Caballeros Templarios que pretendía ser masónica. La OTO practicaba diversas formas de magia sexual. En el momento de la muerte de Crowley, en 1947, solo había una logia OTO en funcionamiento en el mundo.

12. A partir de 1969, bajo el liderazgo de Grady McMurtry, alumno de Aleister Crowley, la OTO experimentó un proceso de renovación que en tres décadas la convertiría en uno de los mayores movimientos de su clase, con logias activas en todo el mundo.

Ejercicios para el capítulo diez

1. Si tuvieras que organizar un movimiento, ya sea esotérico, benéfico o educativo, ¿cuáles serían tus ideales fundamentales? ¿Qué estructura organizativa utilizarías como modelo para tu organización?
2. ¿Cómo abordarías los problemas que pueden surgir de las diferentes personalidades y responsabilidades del liderazgo?
3. Basándote en tu conocimiento de las sociedades fraternales y secretas, ¿cuáles son los principales problemas que parecen surgir en este tipo de movimientos y cómo pueden evitarse?

La masonería y el resurgimiento del ocultismo europeo
Lecturas recomendadas

Fulcanelli and the Alchemical Revival: The Man behind the Mystery of the Cathedrals, de Geneviève Dubois (Inner Traditions, 2006). Uno de los muchos libros que intenta resolver el enigma del misterioso alquimista francés Fulcanelli.

Al-Kemi: A Memoir: Hermetic, Occult, Political, and Private Aspects of R. A. Schwaller de Lubicz, de Andre Vandenbroeck (Lindisfarne Press, 1987). Una mirada especializada a uno de los más influyentes representantes del esoterismo, y tal vez el menos comprendido del siglo XX.

Eliphas Levi and the French Occult Revival, de Christopher McIntosh (Weiser, 1972). Un tanto anticuado, pero sigue siendo un clásico en el campo del ocultismo francés.

Access to Western Esotericism, de Antoine Faivre (State University of Nueva York Press, 1994). Un examen detallado de los problemas y posibilidades en la investigación académica del esoterismo.

Espiritualidad de los movimientos esotéricos modernos, de Antoine Faivre y Jacob Needleman (Ediciones Paidós, 2000). Ensayos sobre figuras y movimientos clave. Vale la pena leerlos para comprender otras áreas de posible interés.

CONCLUSIÓN
La masonería moderna

¿Mucho ruido y pocas nueces o el renacer de la Palabra Perdida?

El ejemplo no es lo principal para influir en los demás. Es lo único.

ALBERT SCHWEITZER

UNA DE LAS OBSERVACIONES MÁS INTERESANTES sobre la masonería es que, aunque tiene una serie de hitos, tradiciones y rituales que la hacen reconocible de una época a otra y en todas las jurisdicciones, en muchos aspectos es una entidad maleable que cambia para satisfacer las aspiraciones particulares de sus miembros. Como hemos visto, desde la creación de la primera gran logia ha persistido la idea de que a la masonería le falta algo; guarda en su seno los secretos místicos más profundos pero no encuentra la clave para develarlos. Al mismo tiempo, vemos que la masonería crece y se expande como entidad social, como niveladora de las diferencias de clase y como vehículo para que los hombres de buena voluntad, independientemente de su estatus social y económico, se reúnan. Cada candidato aporta lo que tiene a la puerta del templo, no en dinero o estatus, ya que eso les será arrebatado al menos temporalmente, sino en términos de quiénes son y en qué esperan convertirse. Para algunos, esta aspiración se expresará a través de la caridad, para otros es el ascenso social, y para un pequeño grupo son las especulaciones y prácticas filosóficas o incluso esotéricas y ocultas.

Como se señala en la introducción de este libro, resulta difícil hablar de la masonería como un tema monolítico, ya que existen tantas variantes como masones. Cada uno elige hacer de ella lo que quiere y, a su vez, la fraternidad moldea a sus miembros y es moldeada por ellos.

El mundo del siglo XVII y principios del XVIII, de donde surgió la masonería, no era muy distinto al nuestro. Muchas de las mismas ideas que florecieron entonces son populares ahora: el utopismo, la Atlántida y los continentes perdidos, la sensación de que el mundo es un caos y que el centro ha colapsado... (Al releer esta conclusión en 2020, catorce años después de su primera publicación, esta extraña sensación de inestabilidad casi constante no ha hecho más que amplificarse con el COVID-19 y otros acontecimientos actuales. Aun así, las similitudes con los primeros años de la década del 2000 y los periodos mencionados siguen siendo las mismas).

En la época en que la masonería entró en la escena mundial como una entidad altamente organizada con una gran logia centralizada, el sectarismo religioso y la violencia habían quebrado la moral de la población, diezmado las economías y prácticamente destruido las culturas construidas a lo largo de cientos de años o más. La guerra de los Treinta Años (1618–1648) retrasaría la unificación alemana doscientos años. Es decir, Alemania tardaría doscientos años en reconstruir su infraestructura como resultado de los daños causados. Inglaterra se recuperaría más rápidamente de la división entre católicos y protestantes, pero solo como resultado de su limitado tamaño y aislamiento geográfico. Dictaduras severas, tanto seculares como sectarias, también ayudaron a que las cosas se hicieran mucho más rápido en la pequeña tierra que se convertiría en sede del imperio británico y la masonería.

En nuestra época, la masonería, como todas las organizaciones cívicas, ha experimentado un descenso constante en sus membresías desde mediados de la década de 1960. Sin embargo, para la masonería —o más específicamente, para la masonería regular— el impacto ha sido más duro y es más difícil de llevar. En muchos casos, la Orden se encuentra enfrentada a un choque cultural, similar a la ruptura que hubo entre los Antiguos y los Modernos en los primeros años de la primera gran logia. Hoy en día, muchos de los jóvenes que se unen a la masonería regular descubren que

La masonería moderna ▪ 201

sus expectativas de conocer hombres de quienes aprender, con cultura y superación personal, no se cumplen. En cambio, son recibidos por miembros de veinte, treinta e incluso cincuenta años, para quienes la masonería ha sido una vida de fraternidad, contactos sociales y servicio cívico, pero no una organización filosófica o particularmente intelectual. La formación masónica ha llegado a consistir en cantidades generosas e impresionantes de cosas a memorizar, sobre todo rituales, pero no incluye nada en términos de su significado simbólico y posibles orígenes, y mucho menos un estudio activo de las siete artes y ciencias liberales, y el esoterismo es prácticamente desconocido para el noventa por ciento de los hermanos. Este énfasis de la forma sobre la esencia ha significado que la masonería haya perdido una o dos generaciones de miembros potenciales.

Sin embargo, y a pesar del declive, muchos de los jóvenes que se unen a la masonería en busca de esas mismas cosas, trabajan con otros hermanos y las hacen realidad. Las logias de investigación, las logias del Colegio de Ritos (o Gran Colegio) o el movimiento más reciente de Observancia Tradicional, así como una gran cantidad de recursos impresos y electrónicos, significa que los masones están mejor capacitados para conectarse entre sí e intercambiar más información que nunca antes sobre lo que implica la masonería para ellos. Las redes sociales han facilitado como nunca la participación en disputas masónicas, o las relaciones entre hermanos de todo el mundo que viven activamente los principios masónicos en la medida de lo posible. Estoy particularmente orgulloso del trabajo que realiza la Gran Logia de Pensilvania y su Academia de Conocimiento Masónico. Hay programas que se llevan a cabo dos veces al año, en primavera y otoño, e incluyen a autoridades mundiales en todas las áreas de la masonería. Estos programas han sido grabados y pueden ser vistos tanto por masones como por no masones. Combinados con el programa de certificación de la academia y los premios Masonic Scholars, garantizan que cualquier masón en Pensilvania pueda sacar lo mejor de su desarrollo personal a partir de sus experiencias masónicas; la elección de participar solo depende de ellos, en la medida en que se sientan cómodos. Esto es cierto en muchas jurisdicciones; hay muchos programas disponibles, tanto en línea como en persona, que van más allá de la memorización de rituales. Así, los miembros obtienen de la masonería lo que estén dispuestos a aportar.

Conclusión

La masonería esotérica no está presente en todas las logias, pero sí existe y está creciendo rápidamente entre los masones convencionales, pues ven en la fraternidad los ideales del siglo XVIII, signos vitales para el siglo XXI. En muchas jurisdicciones, las logias de Observancia Tradicional, en las que los miembros deben demostrar competencia intelectual y filosófica antes de avanzar al siguiente grado y en las que el esoterismo juega un papel primario o fuertemente secundario en la interpretación del significado de la Orden, serán la norma y no la excepción dentro de una generación o menos. Muchas de las obras apreciadas por quienes participan en la masonería de Observancia Tradicional se han mencionado en otras partes de este libro, pero las mencionaremos de nuevo, ya que tanto miembros como no miembros de la masonería se beneficiarán al leerlas:

"A Classical Vision of Masonic Restoration: Three Key Principles of Traditional Observance", de Shawn Eyer, en *Philalethes: The Journal for Masonic Research and Letters* 66, no. 4 (2013): 147–59; https://scholar.harvard.edu/seyer/three-principles-of-traditional-observance

Freemasonry: The Reality, de Tobias Churton (Lewis Masonic Publishers, 2007).

La iniciación masónica, de W. L. Wilmshurst (Editorial Masónica, 2007, publicación original de 1924).

Observing the Craft: The Pursuit of Excellence in Masonic Labour and Observance, de Andrew Hammer (Mindhive Books, 2010).

The Way of the Craftsman: A Search for the Spiritual Essence of Craft Freemasonry, de W. Kirk MacNulty (Plumbstone, 2017).

Además, *Le Droit Humain,* una Orden Internacional de Masonería para Hombres y Mujeres, y una serie de otros ritos que están abiertos tanto a hombres como a mujeres y son de orientación claramente esotérica, están viendo aumentar su membresía, mientras los debates con masones convencionales florecen.

En cuanto a membresías, la masonería se encuentra en el mismo punto en que se encontraba en la primera mitad del siglo XVIII: el número de masones está disminuyendo y continuará haciéndolo a medida que la generación actual muera en los próximos diez años. Sin embargo, los cientos de miles de millones de dólares en recursos disponibles para las distintas grandes logias, significan que la masonería nunca morirá y que su trabajo caritativo está garantizado por sus inversiones, lo que da a la masonería la oportunidad de centrarse ahora en reconstruir el aspecto filosófico de la Orden para que se le pueda considerar como una auténtica fraternidad, no simplemente como un club social. La masonería está volviendo a convertirse en una pequeña organización elitista socialmente conectada, compuesta por personas que eligen ser miembros, en lugar de ser miembros simplemente porque su padre o abuelo fue masón. Este sistema de membresía voluntaria significa que la masonería se está transformando para satisfacer los deseos de las generaciones actuales y futuras en cuanto a educación, participación y crecimiento personal con un sentido espiritual. Los masones convencionales que encuentran estas cosas en su fraternidad permanecen y apoyan a sus logias. Aquellos que no encuentran lo que buscan se van y se unen a otras organizaciones que puedan proporcionárselo.

A pesar de este cambio de dirección en la orientación de la Orden, es asombroso ver cómo los masones de todas las edades se saludan entre sí al encontrarse, incluso por primera vez. La ira se ha suavizado hasta convertirse en paciencia, la reacción apresurada y brusca se ha vuelto un gesto de disculpa y una pausa para intercambiar cortesías sinceras, y el egocentrismo distraído se tornó en ayuda desinteresada, incluso en sacrificio, al ver un anillo en el dedo o la solapa de un hermano.

Así como sus miembros hacen cambiar a la masonería, la masonería hace cambiar a sus miembros. Es una organización cuyos ideales son eternos y ahora, más que nunca son necesarios.

Epílogo

Charles S. Canning, 33°

EN EL PEREGRINAJE DE LA VIDA viajamos por muchas autopistas y caminos. Ya has terminado de leer *El camino de la masonería*, has tomado un desvío en tu viaje y te has aventurado a explorar un mundo fascinante e intrigante. Este mundo de la masonería tiene como objetivo el mejoramiento personal. No te desanimes si te sientes confundido o desconcertado con respecto a la masonería. He sido miembro activo y estudiante durante más de cincuenta y cinco años, y de repente descubro una nueva forma de ver un símbolo o motivo que me aporta una comprensión distinta. Algunos lectores podrán desestimar este texto y verlo como una simple lectura de interés para ellos, y pasarán a la siguiente novela. Algunos podrían estar interesados en un panorama general de la masonería y habiendo completado las lecciones y lecturas, podrían sentirse satisfechos con su comprensión de la masonería y su relación con la filosofía esotérica. Es posible que otros se hayan interesado en la masonería como fenómeno de la tradición mágica occidental, mientras que unos más puede que sean miembros de la masonería y ahora encuentren una nueva forma de pensar sobre la fraternidad. También puede haber un pequeño grupo que, habiendo llegado hasta aquí, desee comprender los misterios de la Orden y solicite ser miembro de una logia masónica.

En las últimas décadas se ha prestado cada vez más atención a los aspectos esotéricos de la masonería. Si bien no esperamos encontrar ningún documento que haya existido en los años de formación de la masonería simbólica y que dé fe del uso de los simbolismos y procedimientos esotéricos en el desarrollo del ritual masónico, podemos sacar conclusiones mediante un estudio razonado de los periodos históricos y de las probables influencias. Se han publicado artículos sobre el estudio de los grados de la logia masónica y su interpretación del Árbol de la Vida de la cábala y de diversos aspectos del hermetismo. Sin embargo, pocos autores han profundizado en el ritual masónico, su motivo y alegoría, para examinar el simbolismo oculto que apunta a un pasado centrado en la magia ritual que se puede rastrear a través de la Era de la Razón, la Ilustración, el Renacimiento e inicios del misticismo tradicional. *El camino de la masonería* ha dado un paso adelante al presentar las raíces esotéricas de la Orden de manera amplia y comprensible.

Mark Stavish ha tomado un tema muy complejo y lo presenta desde un punto de vista común. No lo ha ilustrado utilizando únicamente la masonería "tradicional y oficial", formada por las grandes logias con pedigríes de alguna otra gran autoridad reconocida, sino que ha utilizado el panorama general de la masonería, el cual incluye diversos orígenes, afiliaciones y estructuras. En este contexto, ha examinado las raíces esotéricas y sus aplicaciones, y ha retrocedido hasta el siglo XVIII. *El camino de la masonería* ha sido estructurado en un formato de libro de estudio y trabajo, lo que ofrece al lector la oportunidad de investigar y llegar a su propia comprensión del tema.

Conforme recorriste este camino de la masonería, fuiste llevado al periodo operativo de la Orden, de los constructores de templos clásicos y catedrales góticas. Recibiste información sobre la espiritualidad que se ve en la arquitectura y encontraste un misterio adicional en las ilustraciones iniciáticas a lo largo de tus lecturas. Y aprendiste que existe un potencial espiritual que puede transformar nuestro entorno más allá del tiempo y el espacio. Al aventurarnos en la cosmología de la masonería, podemos encontrar un mundo que algunos creen que los acerca a Dios.

Al pasar por la transición de la masonería de arte operativo a especulativo conociste elementos que reflejaban un origen esotérico. Quizás te hayas preguntado si el misterio oculto de la masonería se encuentra en la filosofía hermética, la alquimia o la cábala. Eso debería convertirse en una búsqueda personal y, a través de la meditación y el estudio, podrías llegar a comprender mejor la naturaleza del hombre y la superación personal.

Stavish presenta en el libro la mentalidad imperante en las distintas épocas, y se basa en las practicas mágicas y alquímicas de entonces para proyectar el desarrollo de la masonería y para que el lector pueda analizarla, al tiempo que se dan pistas y se guía al lector para que tenga una conexión esotérica con el presente.

La masonería tiene muchas facetas y es el tema central de más de setenta y cinco mil libros. El estudiante que solo lee sobre masonería está al mismo nivel de comprensión que el miembro que solo asiste al ritual. La riqueza de la masonería se valora aún más cuando desarrollamos una apreciación más amplia de su herencia a través de un viaje interior para interpretar y entender su trasfondo esotérico. A través de esta aventura, la experiencia bidimensional de las palabras, los signos y los temas, se transforma en multidimensional. La "palabra", que es esencial en gran parte del ritual, resuena con nueva vibración y significado y produce una experiencia más profunda y personal. La masonería, tal como existió en el pasado, recibe una visión renovada. Si bien los secretos identificados de la masonería se encuentran en los gestos de reconocimiento (signos, contraseñas y apretones de manos), el verdadero significado secreto y esotérico de la masonería está en el viaje personal que cada miembro debe emprender al reflexionar sobre sí mismo, así como sobre su viaje en la cosmología más profunda de ese paisaje místico y eterno. Aquí, el miembro debe enfrentarse a sus propios arquetipos y convertirse en su propio masón operativo, que encontrará la palabra verdadera en su inconsciente colectivo. Cualquiera que sea el camino que tomes, el destino es el mismo: convertirte en una piedra más pulida y más viva para formar parte de "la casa que no se construye con las manos y es eterna en los cielos".

CHARLES S. CANNING, 33°
CABALLERO DE YORK, GRAN CRUZ DE HONOR
DIRECTOR DE LA BIBLIOTECA MASÓNICA HARRY C. TREXLER

APÉNDICE A

La geometría sagrada en la tradición masónica

John Michael Greer

LA IDEA DE QUE LA MASONERÍA Y LA GEOMETRÍA tienen mucho que ver entre sí, es algo que difícilmente puede pasarse por alto. Los hermanos que se familiarizan con los rituales de nuestra fraternidad, o simplemente asisten al grado de Compañero más de unas cuantas veces, recordarán que la geometría se describe allí como la primera y más noble de las ciencias, y como la base sobre la que se erige la superestructura de la masonería. El uso que se hace de la geometría en la masonería moderna es básicamente moral y simbólico. Así como las enseñanzas sobre las herramientas de trabajo establecen diferencias entre el uso práctico de esas herramientas y los "propósitos más nobles y gloriosos" de la alegoría moral, la actitud común entre los masones especulativos de hoy frente a la geometría supone una contemplación abstracta, en lugar de estudiarla y practicarla en un sentido más concreto.

Por supuesto que esta es una manera válida de abordar la masonería. Sin embargo, el interés histórico al menos sugiere que si todo el edificio de la masonería se construye sobre la base de la geometría, no estaría de más echar un vistazo a los cimientos de vez en cuando. Además, la idea de que la masonería operativa es menos noble y gloriosa que la masonería especulativa de la institución, podría ser cuestionada por cualquiera que haya experimentado las nobles y gloriosas creaciones de la arquitectura antigua, medieval y renacentista. Construcciones como los templos de la antigua Grecia y las catedrales góticas, son tanto obras de mente y espíritu como de piedra y cemento. Se diseñaron y construyeron no solo con fines prácticos, sino para elevar los corazones y enriquecer las vidas de quienes los veneraban. Dar tanta belleza e inspiración al mundo no era poca cosa e implicaba algo más que trabajo físico. Nuestro ritual nos recuerda que nuestros antiguos hermanos trabajaban tanto en la masonería operativa como en la especulativa, pero no sé cuántos masones modernos se han dado cuenta de que ambas no eran vistas como dos cosas separadas. Más bien, nuestros antiguos hermanos trabajaban en ambas formas de masonería al mismo tiempo y en las mismas acciones.

Pocas veces se advierte sobre la estrecha unión que había entre la geometría práctica y la filosofía antes de la revolución científica. En un importante estudio de 2001, el filósofo Robert Hahn documentó que los orígenes de la filosofía griega están estrechamente relacionados con los primeros desarrollos de la arquitectura griega, en particular con la adopción de métodos arquitectónicos egipcios para los primeros templos griegos de piedra[1]. Tales y Anaximandro, los primeros filósofos griegos de la historia, también fueron famosos por sus logros en geometría, ingeniería y ciencias, y testimonios antiguos nombran a Tales como el hombre que trajo la geometría de Egipto a Grecia por primera vez. Pitágoras, que inventó la palabra *filósofo*, y quien posiblemente fue la primera figura histórica conocida en el desarrollo de las tradiciones esotéricas de Occidente, es todavía recordado hoy por su teorema sobre la relación entre los lados de un triángulo rectángulo (teorema que exploraremos con cierto detalle más adelante).

Por lo tanto, el arte de la geometría sagrada debe entenderse en el contexto apropiado. Es cierto, como sugiere un útil artículo sobre la geometría sagrada en la masonería, que los principios de la geometría sagrada se basan más en "profundas meditaciones sobre el espacio geométrico y la forma"[2], que en la lógica deductiva de Euclides o, en todo caso, en la geometría moderna que se imparte en las aulas. Sin embargo, estas meditaciones no se quedaron en los reinos del pensamiento abstracto y la percepción mística, sino que descendieron a través de los planos, como diría la terminología ocultista moderna, hasta el plano de la materia densa, el plano de la masonería operativa, de piedra, madera y cemento. Nuestros antiguos hermanos, si podemos llamar así a los maestros constructores de tiempos medievales y renacentistas, aplicaban los principios de fuerza, sabiduría y belleza a sus obras. El dominio de la fuerza les permitió —pese al uso de medios técnicos muy simples— levantar edificios, algunos de los cuales siguen en pie luego de más de tres mil años de haber sido construidos. El dominio de la belleza les permitió diseñar y ornamentar esos edificios con una elegancia y una gracia que aún hoy nos siguen maravillando. Estos dos aspectos son obvios, y aunque la presencia de la sabiduría sea menos visible a primera vista, fue igual de fundamental para los logros del mundo antiguo.

Esa sabiduría se basaba sobre todo en el dominio de las proporciones. Hay muchos factores que contribuyen a que los edificios actuales sean tan descabelladamente feos, pero uno de los más importantes es que sus partes y dimensiones no guardan relación entre sí; la conveniencia y el capricho del arquitecto lo gobiernan todo. Los templos de la Grecia pagana, las catedrales de la Edad Media y los palacios y pinturas del Renacimiento se fundieron en un molde diferente. Vitruvio, cuyo libro de arquitectura es la única obra clásica sobre el tema que ha sobrevivido al naufragio del mundo antiguo, explica que los seis principios esenciales de la arquitectura son: orden, disposición, euritmia, simetría, decoración y economía[3]. Este último principio se ocupa de las consideraciones prácticas que hoy en día dominan todos los demás aspectos de la construcción. El penúltimo trata sobre cuestiones de estilo y ornamentación, que ocupan toda la atención que los arquitectos modernos pueden dedicar a las cuestiones puramente pragmáticas. Los otras cuatro tienen que ver con la dimensión faltante en la arquitectura moderna: proporción, relación, equilibrio y armonía, características determinadas por la geometría y recogidas en cada detalle del edificio, desde el plano de la planta hasta los detalles decorativos.

Formada en el antiguo Egipto y transmitida a Grecia y Roma, esta fusión de lo que hoy llamaríamos enfoque operativo y enfoque especulativo de la geometría, continuó sin interrupción en la Edad Media, reforzada por el patrocinio de la Iglesia cristiana. La hostilidad de la Iglesia hacia las tradiciones esotéricas, desde finales del Renacimiento, ha hecho difícil para los estudiosos modernos, y en muchos casos incluso más difícil para los masones modernos, reconocer que este estado de cosas era un nuevo punto de partida del periodo moderno y que las cosas antes habían sido diferentes. El estudio de Valerie Flint, *The Rise of Magic in Early Medieval Europe*, documenta que la Iglesia, lejos de ser hostil a la espiritualidad esotérica, desempeñó un papel crucial en su preservación, transmisión y difusión en los siglos posteriores al colapso del Imperio romano[4]. Mientras se invocara a la Trinidad en lugar de a dioses paganos y se evitara toda dificultad moral evidente, casi todo era aceptable. Este nivel de tolerancia siguió formando parte de la cultura cristiana medieval hasta los primeros pánicos causados por la brujería a finales del siglo XIV, y no había sido forzada a pasar a la clandestinidad hasta que la revolución científica del siglo XVII calentó demasiado el tema.

De este modo, las geometrías sagradas de los templos paganos clásicos, copiadas por los constructores de las primeras iglesias cristianas, pasaron a formar parte del acervo de los masones operativos medievales y sobrevivieron en formas poco comprendidas en el tejido de la masonería especulativa moderna. Esta conexión se puede demostrar fácilmente, ya que detalles específicos de la simbología masónica moderna se pueden vincular a la práctica de la construcción medieval y demostrar un significado inesperado en ese contexto.

Un ejemplo paralelo de otra tradición ayudará a aclarar esto. En algunas órdenes druidas modernas, los iniciados de cierto grado llevan un cinturón de cuerda dividido por trece nudos equidistantes. No todos los que llevan el cinturón conocen los orígenes de esta costumbre. Por su parte, el cinturón de nudos ha sido tomado prestado por otras tradiciones ajenas al druidismo, algunas de las cuales han desarrollado sus propias interpretaciones de los nudos mediante simbolismos mitológicos y espirituales. Sin embargo, el significado real de la cuerda anudada es totalmente práctico, o como diríamos en la masonería, operativo.

Trece nudos espaciados uniformemente dividen la cuerda en doce secciones iguales. Si se dispone de uno de estos cinturones de cuerda, tres estacas de madera y ningún otro material, es posible trazar un ángulo recto exacto en el suelo, utilizando el sencillo triángulo pitagórico de números enteros: tres unidades para la base corta, cuatro para la base larga y cinco para la hipotenusa. Según fuentes griegas, los antiguos egipcios utilizaron

La geometría sagrada en la tradición masónica ▮▮▮ 211

este mismo método para colocar los cimientos de sus pirámides y templos, y los académicos modernos han sugerido que se utilizaron métodos similares siglos antes, en Gran Bretaña e Irlanda, para colocar los grandes círculos de piedra como Stonehenge y Avebury. Estas órdenes druidas, que curiosamente se fundaron más o menos al mismo tiempo que la Gran Logia de Inglaterra, casi con toda seguridad tomaron prestada la idea de sus cuerdas anudadas de las mismas fuentes griegas; no hay razón alguna para pensar que los métodos de construcción utilizados en Stonehenge se transmitieran intactos hasta el presente, pero la transformación de herramienta operativa en emblema especulativo es digna de mención, ya que este mismo método de trazar ángulos rectos mediante triángulos pitagóricos también ha dejado su huella en la masonería.

Estoy seguro de que todos los presentes recordarán el lugar que ocupa la cuadragésima séptima proposición de Euclides en los rituales de nuestra Orden; se presenta en el ritual utilizado en el estado de Washington como "un descubrimiento de nuestro antiguo amigo y Hermano, el gran Pitágoras". Hay muchas proposiciones de Euclides, y cualquiera de ellas podría haber sido seleccionada e interpretada en los términos morales habituales de la masonería especulativa moderna. Sin embargo, solo esta ocupa un lugar en el ritual. ¿Por qué? Sugiero que la razón de su inclusión es el papel de esta proposición en la geometría práctica de nuestros hermanos operativos medievales.

No hace falta especular sobre los métodos utilizados por los albañiles medievales; el testimonio de arqueólogos e historiadores está a nuestra disposición y es relevante. Por ejemplo, en el año 1134, los monjes del recién fundado priorato de San Bertelin, en Norton, no lejos de Liverpool, encargaron una iglesia de piedra y contrataron al maestro albañil Hugh de Cathewik para que la diseñara y supervisara las obras. Sus métodos de diseño han sido reconstruidos por los arqueólogos que excavaron las ruinas del priorato en las décadas de 1970 y 1980[5]. Estos métodos eran tan elegantes y exactos como sencillos. En primer lugar, Hugh trazó una línea recta de este a noreste y de oeste a suroeste, inclinándola de modo que el sol naciente brillara directamente en la nave de la iglesia el día de la fiesta de San Bertelin. La alineación se trazó probablemente con el *skirret*, herramienta de trabajo masónica que ya no se incluye en nuestro ritual de Washington pero que todavía se menciona en algunos rituales ingleses, y que consiste en una cuerda marcada o un cordel de tiza en un carrete[6]. Así, lo único que se necesita es un *skirret*, dos estacas rectas, un aprendiz entrenado y un ojo experto. Esta orientación solar, cuidadosamente seleccionada, era casi universal en las iglesias antes de la Reforma, y tiene ecos en la orientación simbólica de las logias masónicas hacia el amanecer, el mediodía y el atardecer.

A continuación, Hugh midió tres triángulos pitagóricos, de nuevo utilizando el *skirret*. Los dos primeros, empezando por el oeste, medían 25 pies medievales en la base corta, 60 pies en la base larga y 65 pies en la hipotenusa, mientras que el último, en el este, medía 25 pies en la base corta, 30 pies en la base larga y 39 pies en la hipotenusa. Las bases de 25 pies determinaban la anchura de la nave, hacían que los muros de la iglesia fueran exactamente paralelos entre sí y permitían trazar ángulos rectos exactos para los muros este y oeste, la pantalla del púlpito y el extremo oeste del coro. Dos cuadrados superpuestos, que también pudieron trazarse rápidamente con el zócalo sobre el suelo desnudo, definieron los transeptos norte y sur y las dimensiones del coro. Una vez hecho esto, se podían añadir detalles a voluntad utilizando métodos similares. Todo el proceso podía completarse en pocas horas y los trabajos de cimentación comenzaban el mismo día[7].

El proceso depende por completo del dominio del concepto de los triángulos pitagóricos de números enteros. Cuando se construyó la iglesia de San Bertelin no existían equipos topográficos como los de hoy, tampoco muchos siglos después, ni existían fuentes de papel lo suficientemente grandes como para dibujar planos de construcción a una escala adecuada. La hábil aplicación de la geometría práctica era la única opción disponible para el maestro de obras medieval, y los triángulos pitagóricos una de las pocas respuestas eficaces al problema de trazar ángulos rectos exactos y líneas paralelas. No es casual que el principio geométrico central de este método de trazado de edificios siga siendo la única pieza de geometría real en nuestro ritual masónico actual.

Estos triángulos pitagóricos no constituían la totalidad del bagaje geométrico del albañil operativo medieval. Representaban uno de los elementos básicos del arte de la construcción, y de hecho eran un elemento

La geometría sagrada en la tradición masónica ■ 213

adecuado para los compañeros de oficio que aún no se habían ganado el rango de maestro. Más importantes eran los sutiles patrones geométricos con los que esos cuatro primeros principios de Vitruvio, orden, disposición, euritmia y simetría, se mezclaban en el tejido de la arquitectura sagrada y secular por igual. Estos patrones forman el núcleo de la geometría sagrada tal como la conocen sus practicantes modernos y cada uno tenía su significado especial. La raíz cuadrada de 2, derivada geométricamente de la relación entre el cuadrado y su diagonal, representaba la generación y el cuádruple mundo de la naturaleza. La raíz cuadrada de 3, derivada geométricamente del triángulo equilátero, representaba la integración y el triple mundo del espíritu[8].

Dos sistemas diferentes de arquitectura sagrada, el *ad quadratum* y el *ad triangulum*, se desarrollaron respectivamente a partir de una u otra de estas proporciones básicas, y hubo disputas (en ocasiones hasta el nivel de peleas) entre los partidarios de los dos sistemas. Pero había también una tercera proporción, la proporción maestra de toda la geometría sagrada: la proporción áurea o sección áurea. Sus propiedades matemáticas son fascinantes y su geometría compleja; los experimentos han demostrado que la mayoría de las personas consideran instintivamente que las formas basadas en ella son más bellas que cualquier otra[9]. Los investigadores la han encontrado en las formas del Partenón, las grandes catedrales y muchas otras obras de arte de los maestros constructores.

La documentación contemporánea sobre el uso de la proporción áurea como principio de diseño en la arquitectura antigua, medieval y renacentista es prácticamente inexistente, pero esto puede entenderse en más de un sentido. Se sabe que los masones operativos de la Edad Media y el Renacimiento mantenían en secreto algunos de sus métodos prácticos y solo los transmitían a miembros calificados de su gremio bajo juramento, al alcanzar el grado de maestros. Por ejemplo, las Ordenanzas de Ratisbona, conjunto de normas establecidas por una asamblea de maestros masones alemanes en 1459, prohibían a cualquier masón comunicar su método secreto para calcular la elevación de una estructura a partir del plano de planta a cualquier persona que no fuera un candidato calificado a la maestría[10]. Los gremios medievales de todo tipo tenían secretos como este. Sin embargo, la transmisión de tales secretos en la Edad Media y el

Renacimiento planteaba problemas desconocidos desde una perspectiva moderna. La mayoría de los masones medievales eran analfabetas. Las Marcas de Masón, esos elegantes patrones geométricos que identifican el trabajo de los distintos canteros en la estructura de las grandes catedrales góticas, se empezaron a utilizar porque sus propietarios no podían escribir sus propios nombres. ¿Cómo podían transmitirse a cada nuevo Maestro Masón los exigentes métodos de construcción geométrica, de tal suerte que fueran lo suficientemente memorables como para preservar intacta la información a lo largo de las generaciones?

Una manera de hacerlo, practicada tanto en la Edad Media como en épocas anteriores, consistía en convertir los detalles de un método práctico en acontecimientos de una narración, una historia en la que los incidentes centrales sirvieran de recordatorio. Tal narración, sugiero, oculta un secreto operativo en el centro de la masonería especulativa: la leyenda del grado de Maestro Masón.

Podemos comenzar a explorar esta dimensión de la geometría sagrada masónica con el conocido título del "Hijo de la viuda". Esto ha sido interpretado de diferentes maneras por los teóricos masónicos y los estudiantes de mitología comparada, pero hasta donde yo sé, aún no se ha señalado que este famoso título tenga una interpretación geométrica directa.

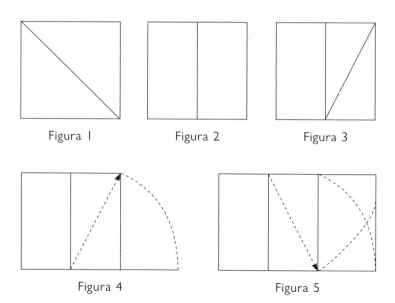

Figura 1   Figura 2   Figura 3

Figura 4   Figura 5

Como ya se ha mencionado, el cuadrado con su diagonal forma el símbolo geométrico de la generación (fig. 1). Una viuda, como mitad de una pareja casada, el símbolo humano de la generación, podría estar representada por medio cuadrado, dividido por una línea vertical en lugar de la diagonal a partir de la cual se genera el cuadrado mayor (fig. 2). Sin embargo, para que la viuda tenga su propio hijo, debe tener una diagonal propia, por lo que trazamos una diagonal desde el punto medio del cuadrado hasta la esquina opuesta, tal como se muestra en el diagrama (fig. 3).

Para que la viuda genere a su hijo, el extremo superior de la diagonal se gira hacia abajo hasta quedar paralelo a la línea inferior del cuadrado (fig. 4); en la práctica, esto se hace con un compás sobre papel o con un *skirret* sobre el suelo desnudo de una obra medieval. A continuación, la línea superior del cuadrado se prolonga la misma distancia, utilizando de nuevo el compás o *skirret* (fig. 5), y los extremos de las dos líneas prolongadas se unen con una línea vertical.

El resultado es un rectángulo de proporción áurea (fig. 6). Si el lado del cuadrado original es igual a 1, el lado largo del nuevo rectángulo es el número irracional Φ, igual a $(\sqrt{5} + 1)/2$ o aproximadamente 1.618. La relación 1:Φ da la proporción áurea, la "joya preciada" de la geometría sagrada. Si el argumento aquí presentado es correcto, a esta proporción también se la denomina masónicamente el "Hijo de la viuda", que establece los patrones utilizados por los obreros que construyen el templo sagrado.

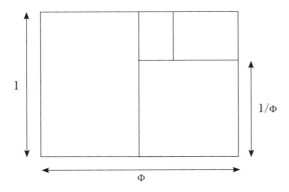

Figura 6

La construcción que acabamos de exponer resulta familiar a cualquier persona con un buen conocimiento general de la geometría plana. Sin embargo, tiene ciertos inconvenientes para su uso práctico en la arquitectura medieval. El más importante de estos problemas es que parte de una medida menor y crea una mayor. En la práctica medieval, como se muestra en el diseño de la iglesia de San Bertelin, las dimensiones más grandes solían establecerse en primer lugar, y las dimensiones más pequeñas se producían como fracciones de una u otra de estas medidas primarias. Desde el punto de vista masónico, podemos decir que nuestros hermanos operarios se vieron en un dilema una vez trazadas estas primeras medidas, ya que el "Hijo de la viuda" no aparecía por ninguna parte, y sin él, el trabajo no podía seguir adelante. Los métodos que utilizaron para buscar esta proporción que faltaba serán familiares para cualquier Maestro Masón.

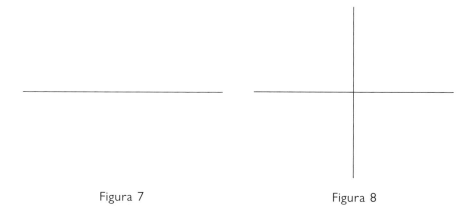

Figura 7   Figura 8

La búsqueda del "Hijo de la viuda" comienza con una línea de cualquier longitud (fig. 7), que es simbólicamente la obra vacía, sin rastro del "Hijo de la viuda". El primer paso consiste en buscarlo en las cuatro direcciones. Para ello, se traza una segunda línea perpendicular a la primera y que pase por su centro (fig. 8).

A continuación, se traza un arco con el compás o *skirret*, con la intersección de las dos líneas como centro y la distancia desde la intersección hasta el final de la primera línea como radio (es decir, la mitad de la longitud de la primera línea). Esto revela la forma de una colina. También se asemeja a la parte superior de un rostro humano, y la afición medieval a los juegos de palabras podría sugerir un término como *cima de la colina* para este diagrama (fig. 9). Luego, se traza una línea desde un extremo de la línea original hasta el punto en que la curva interseca la línea perpendicular. Esta línea, que se trasladará a otro lugar durante la construcción, podría compararse con la rama de un árbol simbólico.

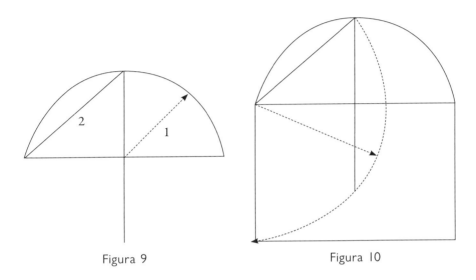

Figura 9   Figura 10

La rama se retira, ajustando el compás o *skirret* a su longitud, y se traza una línea de la misma longitud de forma perpendicular desde el extremo de la línea original, utilizando la escuadra sobre papel o cuerdas anudadas y triángulos pitagóricos sobre el suelo de una obra medieval. Otra línea de la misma longitud se prolonga del mismo modo desde el otro extremo de la línea original, y sus extremos se unen con una línea recta paralela a la línea original para formar un rectángulo (fig. 10). Este rectángulo podría compararse con una tumba, sobre todo si tenemos en cuenta que la línea original de la obra de una iglesia medieval solía estar alineada con el sol naciente, como ocurría en la planta de la iglesia de San Bertelin descrita anteriormente. La "tumba" simbólica se sitúa, por tanto, al este y al oeste.

Luego viene la excavación de la tumba, que se hace trazando líneas diagonales que conectan las esquinas opuestas del rectángulo. Pero el

"Hijo de la viuda", escondido en la tumba, no puede ser sacado de ella tan fácilmente. Se necesitan tres acciones o intentos adicionales para hacerlo. En primer lugar, se ajusta el compás o *skirret* a un radio igual a la línea original, y tomando un extremo de la línea original como centro se traza un arco corto en la línea diagonal que se extiende desde el mismo extremo de la línea original hasta la esquina opuesta del rectángulo, midiendo la longitud de la línea original sobre la diagonal. A continuación, con el compás o el *skirret* ajustado a la misma medida, se toma el otro extremo de la línea original como centro y se repite el proceso a lo largo de la otra línea diagonal. Por último, utilizando cualquiera de estos dos arcos cortos como centro y el compás o *skirret* todavía ajustado a la misma medida, se hace un tercer arco corto en la línea perpendicular trazada a través de la línea original, tal como se muestra en el diagrama (fig. 11).

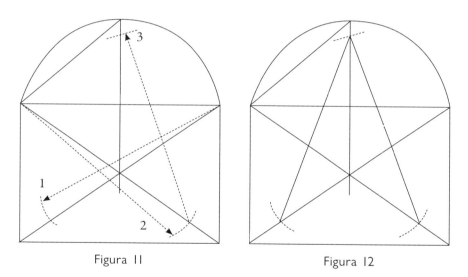

Figura 11   Figura 12

En este punto, el "Hijo de la viuda" puede ser sacado de la tumba. Los dos extremos de la línea original y los tres arcos cortos marcan las puntas de un pentagrama (fig. 12). Las cinco puntas de esta figura recordarán fácilmente a cualquier Maestro Masón las cinco puntas por las que fue levantado de un estado similar de ocultación. También forma un símbolo que puede encontrarse ocupando una posición de honor en cada logia masónica.

Geométricamente, el pentagrama divide la línea original por la proporción áurea en no menos de seis formas distintas, según se muestra en la figura 13. La proporción entre AD y AB es 1:Φ, y también lo es la proporción entre CB y AB. Además, la relación entre AC y CB y la relación entre DB y AD también son iguales a 1:Φ, al igual que las relaciones entre CD y AC, por un lado, y CD y DB, por el otro. Las notables propiedades geométricas de la proporción áurea entrelazan cada una de estas relaciones también mediante relaciones F; por ejemplo, la relación entre AC y AB es 1:Φ2, y la que existe entre CD y AB es 1:Φ3. De este modo, el maestro albañil que utilizara esta construcción podría producir una serie de proporciones basadas en Φ a partir de una única medida inicial, como la longitud prevista de un edificio.

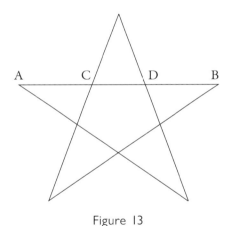

Figure 13

Para continuar con la misma serie de proporciones a escalas más pequeñas, podrías repetir la misma construcción utilizando CD como línea inicial, por ejemplo, o hacer lo mismo de forma aún más sencilla conectando los cinco puntos del pentágono en el centro del pentagrama y creando un nuevo pentagrama con lados iguales a AC o DB. Cualquiera de los dos procesos podría repetirse tantas veces como fuera necesario, de modo que todo, hasta los más pequeños detalles de las ventanas y las molduras, siguiera el mismo sistema de proporciones elegantes.

¿Puede demostrarse que esta construcción y sus usos son lo que la narración del 3er grado pretendía ocultar en un principio? Es casi seguro que tal prueba esté fuera de nuestro alcance. Que se sepa, entre los masones operativos escoceses o ingleses, de cuyo oficio desciende la masonería moderna, ninguno traicionó su confianza y reveló los secretos prácticos del Arte Real. A falta de tal revelación, los diagramas y explicaciones que he presentado son especulativos, esta vez en el sentido cotidiano de la palabra. Sin embargo, merece la pena mencionar que nunca he encontrado la construcción que acabo de describir en ninguna fuente antigua, medieval o moderna. No se encuentra en las obras de Euclides y no la conocía cuando empecé la investigación que condujo a este escrito; se desarrolló paso a paso, mientras trataba de averiguar cómo la narración del grado de Maestro Masón podría tener sentido geométrico. También es más simple, más elegante y más práctica para usos arquitectónicos, que cualquier otra construcción alternativa que haya encontrado para la misma proporción.

También merece la pena subrayar que, aunque este fuera el secreto operativo de la historia del "Hijo de la viuda", dicha historia no se limita a una relevancia puramente geométrica o arquitectónica. Sus significados morales, filosóficos y espirituales permanecen, y con toda probabilidad eran conocidos por los mismos masones operativos que también lo utilizaban para recordar un secreto central de su arte práctico. Como ya se ha mencionado en este ensayo, el arte de los albañiles operativos medievales no consistía simplemente en amontonar piedras, y tomó forma en una cultura que aún recordaba que un símbolo o una historia puede tener muchos significados.

Como el resto de la cultura medieval, y como las antiguas culturas que la precedieron, la masonería operativa de nuestros primeros hermanos fusionaba lo físico y lo metafísico a través de una geometría que unía materia y mente. Enseñaba la construcción de ambos templos, el hecho con las manos en el reino del tiempo y el cambio, y el hecho sin manos, eterno en los cielos. Vivimos en una época en la que el concepto mismo de tal unidad del ser se tacha de anacronismo, en la que se ha levantado un "muro de Berlín" mental entre los aspectos material y espiritual de la realidad. Sin embargo, la masonería, entre otras muchas virtudes, es una cápsula del tiempo que nos llega de una época anterior al levantamiento de ese muro y sugiere otra manera, tal vez mejor, de aceptar la realidad. Como tantas otras tradiciones espirituales, nos invita a buscar, como se dice que rezó Sócrates, que el hombre exterior y el interior sean uno[11].

NOTAS AL APÉNDICE A

1. Robert Hahn, *Anaximander and the Architects: The Contributions of Egyptian and Greek Architectural Technologies to the Origins of Greek Philosophy* (Albany: SUNY, 2001).
2. Herbert P. Bangs, *The Geometry of the Visible Lodge, Heredom* 7 (1998): 115.
3. Citado en *Proportion*, de Richard Padovan (Londres: E & FN Spon, 1999), 158.
4. Valerie Flint, *The Rise of Magic in Early Medieval Europe* (Princeton: Princeton University Press, 1991).
5. J. Patrick Greene, *Norton Priory: The Archaeology of a Medieval Religious House* (Cambridge: Cambridge University Press, 1989).
6. Ver Stephen R. Greenberg, "The Ultimate Implement of Freemasonry", *Proceedings of the Illinois Lodge of Research,* no. 10 (n.d.), y Bob J. Jensen, "The Missing Working Tools in American Masonry," *Walter F. Meier Lodge of Research Masonic Papers,* vol. 6, no. 12 (diciembre de 1992).
7. La descripción del diseño de la iglesia del Priorato de Norton procede de Greene, *Norton Priory,* 81–83.
8. Ver *Geometría sagrada: Filosofía y práctica*, de Robert Lawlor (Debate, 1996), para un análisis de estas proporciones.
9. Ver Padovan, *Proportion,* 308–16, y Matila Ghyka, *The Geometry of Art and Life* (Nueva York: Dover, 1977).
10. Ver Nigel Hiscock, *The Wise Master Builder: Platonic Geometry in Plans of Medieval Abbeys and Cathedrals* (Aldershot: Ashgate, 2000), 186–95.
11. Platón, *Fedro,* 279b.

APÉNDICE B

Simbologia de las tablas de caballete y los grados

LAS DISTINTAS TABLAS DE CABALLETE, también conocidas como tablas de trazado, varían en la masonería de una época a otra, así como entre jurisdicciones y ritos. La siguiente sinopsis de los símbolos y su significado básico se ofrece como una guía, más que como un listado definitivo o un conjunto de interpretaciones. Estudiar cuidadosamente los símbolos y las tablas en las que aparecen, así como dibujarlos con tiza o lápiz, ayudará a quienes tengan una orientación más mística a comprender cómo las herramientas mundanas del constructor pueden transformarse en enseñanzas internas de moralidad y ética, base de todo desarrollo espiritual genuino. A partir de esta nueva percepción, se hace posible transformar cualquier aspecto de la vida en una enseñanza espiritual, lo cual nos permite ver la divinidad en todo y en todos.

GRADO DE APRENDIZ

Mandil. El mandil conecta a los masones con la fraternidad y con los antiguos gremios de la construcción. Representa el trabajo, tanto material como espiritual, para la mejora personal y de la humanidad.

Ornamentos de la logia. Entre ellos se encuentran el piso de tablero de ajedrez, o de mosaico, el borde dentado y la estrella flamígera. El piso de tablero de ajedrez o mosaico representa la dualidad de este mundo o el bien y el mal; el borde dentado es compañerismo y unión;

Simbología de las tablas de caballete y los grados · 223

la estrella flamígera es la divinidad en el hombre. Estos adornos no se mencionan en los antiguos rituales ni en las referencias bíblicas dentro de los rituales masónicos, por lo tanto, no está claro su origen en el ritual masónico.

Velas encendidas. Cada logia tiene tres luces alrededor del altar, que representan la luz del sol, que rige el día; la luna, que rige la noche; y el maestro, que rige la logia.

Las tres joyas inamovibles. Son los tres oficiales principales de una logia: el maestro, el primer vigilante y el segundo vigilante, que portan la escuadra, el nivel y la plomada, respectivamente. Representan la moralidad, la igualdad y la integridad personal. Se les llama "inamovibles" porque estos tres oficiales deben estar presentes para que se abra una logia.

Joyas móviles. Son el sillar bruto, el sillar perfecto y la tabla de caballete o de trazado. Se llaman "móviles" porque pueden estar ausentes y la logia puede ser abierta por los oficiales presentes. El sillar bruto representa la naturaleza cruda y básica de un hombre que aún no está refinado. El sillar perfecto o pulido representa al hombre educado que se eleva por encima de lo irreflexivo y lo común; lo ha hecho utilizando las herramientas del Aprendiz para limar las asperezas de su personalidad y carácter, y las ha refinado mediante las enseñanzas de las artes y ciencias liberales, como se instruye en el grado de Compañero. La tabla de caballete representa la aplicación de la razón, la planificación y la previsión en nuestra vida para poder reflejar las verdades aprendidas a través de la hermandad masónica.

Santos Juanes. San Juan Bautista y san Juan Evangelista son los dos santos patronos a quienes se dedican las logias masónicas. No está claro por qué fueron elegidos en lugar de otros santos o incluso del rey Salomón; puede que tenga que ver con que sus fiestas coinciden con los solsticios de verano e invierno. La de san Juan Bautista es el 24 de junio y la de san Juan Evangelista el 27 de diciembre. Ambas fechas desempeñan un papel importante en la masonería.

Punto dentro del círculo. El punto dentro de un círculo, situado entre dos líneas paralelas (se dice que representan a los dos san Juanes), recuerda a los masones que deben mantener sus acciones circunscritas y guiadas por el Volumen de la Ley Sagrada que descansa sobre él. La construcción de edificios requiere la habilidad de hacer un cuadrado perfecto y se comprueba utilizando el punto central del círculo, y este método se consideraba un secreto que solo conocían los Maestros Masones operativos. Albert Mackey afirma que el punto es la voluntad, la energía creadora de Dios y el poder divino en cada persona; el círculo es todo lo que está bajo su dominio, y las líneas paralelas son la sabiduría y el poder.

Herramientas de trabajo del Aprendiz. Las herramientas de trabajo que se le explican al Aprendiz Ingresado son la regla de veinticuatro pulgadas y un mallete común. La regla representa las horas del día, el paso del tiempo y cómo lo utilizamos. El mallete representa el poder y su uso correcto y constructivo en la vida.

GRADO DE COMPAÑERO

Las tres joyas. En el grado de Aprendiz, las tres joyas inamovibles están presentes, pero no se explican. En el grado de Compañero se dan los significados de la escuadra, el nivel y la plomada. Son las herramientas de un artesano, que debe exhibir un nivel de destreza superior al del obrero.

Los dos pilares. El pilar de Jaquín se revela al Aprendiz, y ahora el pilar de Boaz se revela al Compañero. Juntos representan los Pilares del Pórtico, situados fuera del Templo de Salomón, y significan: "Estableceré (Jaquín) en la fuerza (Boaz)". Esta es una referencia al poder y la presencia del poder divino, el reino de Dios. Al comprender la importancia del poder y el control o la autodisciplina, el Compañero se encuentra entonces con la escalera de caracol.

Escalera de caracol. La escalera consta de quince escalones, aunque algunas ilustraciones muestran siete. Los tres primeros escalones representan las herramientas de trabajo del Compañero; los cinco siguientes, las cinco órdenes de arquitectura y los cinco sentidos; y los siete últimos son las siete artes y ciencias liberales. Combinados, estos escalones conducen al Compañero a la Cámara Media.

Órdenes de arquitectura. Estos son: toscano, dórico, jónico, corintio y compuesto.

Artes y ciencias liberales. Las siete artes y ciencias liberales son necesarias para que una persona tenga una educación completa y sea capaz de resolver los problemas prácticos de la vida diaria. Estas son: gramática, retórica, lógica, aritmética, geometría, música y astronomía (o astrología).

Cámara Media. La Cámara Media representa la recompensa resultante de nuestro trabajo. En la vida, se dice a los masones que recibiremos exactamente el pago que solicitemos. Si pedimos más de la vida, recibiremos más; si pedimos poco, recibiremos poco. Como arquitectos y constructores de nuestra propia vida, depende de cada uno de nosotros decidir qué obtendremos de ella.

Salario del Compañero. El vino, el maíz y el aceite se dan como salario del Compañero. El maíz era desconocido por los antiguos al ser originario de las Américas, por lo que a menudo se usaba trigo en su lugar, y es más probable que sea el alimento real que se da en pago por el trabajo. El maíz o el trigo representan la abundancia y a la diosa Ceres, el vino representa el refrigerio de un día de trabajo y el aceite representa la alegría y la felicidad en la vida.

Oído atento, lengua instructiva y corazón fiel. Estos símbolos representan la necesidad de los Compañeros masones de estar atentos al escuchar las instrucciones del Maestro, de ser edificantes en sus palabras hacia sus Compañeros y hacia los Aprendices a su cargo, y fieles en su adhesión a lo que han recibido. Demuestran la tradición de la instrucción oral en el ritual masónico.

GRADO DE MAESTRO MASÓN

Escuadra y compás. Con estas herramientas el Maestro Masón puede cuadrar un círculo y crear una base firme y perfecta para construir su vida espiritual interior y, al mismo tiempo, estar al servicio de su familia y su comunidad. El compás traza el círculo, y su punta nos recuerda que debemos estar centrados y equilibrados si queremos construir con éxito la vida que deseamos. La escuadra nos proporciona los medios para trazar una línea recta, es decir, tomar decisiones firmes, mientras que el compás sirve como medio para probar la fuerza.

Las tres luces. Estas tres luces forman un triángulo alrededor del altar, ante el cual cada masón pasa y se arrodilla tres veces en su recorrido. Es el antiguo símbolo de la deidad y la inspiración divina que busca cada masón.

Herramientas de trabajo del Maestro Masón. Estas son todas las herramientas de la masonería combinadas, en particular, la espátula. La espátula esparce cemento para unir las piedras, de la misma manera que el Maestro Masón esparce amor y afecto fraternal para apoyar y sostener a sus hermanos y mantener la armonía en la logia.

Calavera y huesos cruzados. Según la tradición judía, todo lo que se necesita para la resurrección física de una persona son su cráneo y sus fémures. Aquí representan la muerte de Hiram, así como el egoísmo y el egotismo que impiden a cada persona experimentar la maestría de la vida que busca.

Rama de acacia. La acacia representa la vida perenne o eterna y la inmortalidad del alma o consciencia del Maestro Masón.

Cámara interior y velo. Este es el templo construido sin las manos; la parte más profunda de nosotros mismos y nuestra conexión con Dios.

APÉNDICE C

Fragmentos de *Moral y dogma* sobre los tres grados de la masonería

LOS SIGUIENTES FRAGMENTOS de *Moral y dogma*, de Albert Pike, se pueden encontrar en muchas de las Biblias que se entregan a los miembros del Rito Escocés. Se utilizan secciones adicionales para profundizar aún más en la importancia de los grados del Rito de York y el Rito Escocés, y así fomentar el estudio de los símbolos presentados.

I. EL APRENDIZ

LA FUERZA, no regulada o mal regulada, no solo se desperdicia en el vacío, como la de la pólvora que se quema al aire libre y el vapor no confinado por la ciencia, sino que golpeando en la oscuridad, sus golpes solo encuentran aire, retroceden y se lastiman a sí mismos. Es destrucción y ruina. Es el volcán, el terremoto, el ciclón, no el crecimiento y el progreso. Es Polifemo ciego, dando golpes al azar y cayendo de cabeza entre rocas afiladas por el ímpetu de sus propios golpes.

La Fuerza ciega del pueblo es una Fuerza que hay que economizar y también regular, como se hace con la Fuerza ciega del vapor, que levanta los pesados brazos de hierro y hace girar las grandes ruedas para perforar y estriar los cañones y tejer los más delicados encajes. Debe ser regulada por el intelecto. El intelecto es al pueblo y a la Fuerza del pueblo, lo que la delgada aguja de la brújula es al barco: su alma, siempre orientando a la enorme masa de madera y hierro y siempre apuntando al norte. Para atacar las ciudadelas construidas por todas partes contra la raza humana por las supersticiones, despotismos y prejuicios, la Fuerza ha de tener un cerebro y una ley. Entonces, sus actos de audacia producen resultados permanentes y se obtiene un progreso real. Luego hay conquistas sublimes. El pensamiento es una fuerza, y la filosofía debe ser una energía que encuentre su objetivo y sus efectos en la mejora de la humanidad. Los dos grandes motores son la Verdad y el Amor. Cuando estas Fuerzas se combinen, y sean guiadas por el intelecto y reguladas por el Derecho y la Justicia, así como por el movimiento y el esfuerzo combinados y sistemáticos, comenzará a marchar la gran revolución preparada por los tiempos. El PODER de la Deidad misma está en equilibrio con su SABIDURÍA, de ahí que [los] únicos resultados [sean] la ARMONÍA.

* * *

Aunque la masonería no usurpa el lugar de la religión ni la imita, la oración es una parte esencial de nuestras ceremonias. Es la aspiración del alma hacia la inteligencia absoluta e infinita, la única deidad suprema caracterizada débil y erróneamente como el "ARQUITECTO". Ciertas facultades del hombre se dirigen hacia lo desconocido: el pensamiento, la meditación, la oración. Lo desconocido es un océano, del cual la consciencia es la brújula. El pensamiento, la meditación, la oración, son las grandes y misteriosas puntas de la aguja. Es un magnetismo espiritual que conecta así el alma humana con la Deidad. Estas majestuosas irradiaciones del alma perforan la sombra para buscar la luz.

* * *

Una "Logia" se define como "una asamblea de masones, debidamente congregados, en posesión de las sagradas escrituras, la escuadra y el compás, y un acta constitutiva que los autoriza a trabajar". La sala o lugar donde se reúnen, que representa una parte del Templo del Rey Salomón, también se llama Logia, y es la que estamos considerando ahora.

Se dice que está sostenida por tres grandes columnas, la SABIDURÍA, la FUERZA o FORTALEZA y la BELLEZA, representadas por el Maestro, el Primer Vigilante y el Segundo Vigilante, y se dice que estas son las columnas que sostienen la Logia.

II. EL COMPAÑERO

EN EL ANTIGUO ORIENTE, toda religión era más o menos un misterio y no había divorcio entre ella y la filosofía. La teología popular, tomando la multitud de alegorías y símbolos como realidades, degeneró en una adoración a las luminarias celestes y a deidades imaginarias con sentimientos, pasiones, apetitos y lujurias humanas, así como ídolos, piedras, animales y reptiles. La cebolla era sagrada para los egipcios, porque sus diferentes capas eran un símbolo de las esferas celestes concéntricas. Por supuesto, la religión popular no podía satisfacer los anhelos y pensamientos más profundos, las aspiraciones más elevadas del espíritu ni la lógica de la razón. La primera, por lo tanto, fue enseñada a los iniciados en los misterios. Allí también se enseñaba por medio de símbolos. La vaguedad del simbolismo, capaz de muchas interpretaciones, alcanzó lo que el credo palpable y convencional no pudo. Su indefinición reconocía lo abstruso del tema; trataba ese tema misterioso de forma mística, se esforzaba por ilustrar lo que no podía explicar, por provocar un sentimiento apropiado si no podía desarrollar una idea adecuada, y por hacer de la imagen una mera transmisión subordinada de conceptos, que en sí misma nunca llegó a ser obvia o familiar.

Así, el conocimiento que ahora se imparte por medio de libros y letras, antiguamente se transmitía por medio de símbolos, y los sacerdotes inventaron o perpetuaron un repertorio de ritos y exhibiciones, que no solo eran más atractivos a la vista que las palabras, sino que a menudo eran más sugestivos y estaban más cargados de significados para la mente.

La masonería, sucesora de los misterios, aún conserva la antigua manera de enseñar. Sus ceremonias son como los antiguos espectáculos místicos: no se trata de la lectura de un ensayo, sino de la apertura de un problema que requiere investigación y que constituye la filosofía del expositor. Sus símbolos son la instrucción que imparte. Las lecturas son intentos, a menudo parciales y unilaterales, de interpretar estos símbolos. Quien quiera llegar a ser un masón consumado no debe conformarse con oír las lecturas, ni siquiera con entenderlas; con la ayuda de ellas y habiéndole ellas, por así decirlo, marcado el camino, debe estudiar, interpretar y desarrollar estos símbolos por cuenta propia.

* * *

El cristianismo enseñó la doctrina de la FRATERNIDAD, pero repudió la de la IGUALDAD política, inculcando continuamente la obediencia al César y a quienes legítimamente detentaban la autoridad. La masonería fue el primer apóstol de la IGUALDAD. En el monasterio hay **fraternidad** e **igualdad**, pero no **libertad**. La masonería añadió eso también y reclamó para el hombre la triple herencia de LIBERTAD, IGUALDAD y FRATERNIDAD.

III. EL MAESTRO

COMPRENDER literalmente los símbolos y alegorías de los libros orientales en lo que se refiere a los asuntos antehistóricos, significa cerrar voluntariamente los ojos a la luz. Traducir los símbolos en trivialidades y lugares comunes es la torpeza de la mediocridad.

Toda expresión religiosa es simbolismo, puesto que solo podemos describir lo que vemos, y los verdaderos objetos de la religión son LO VISTO. Los primeros instrumentos de educación eran símbolos y ellos, y todas las demás formas religiosas diferían y todavía difieren según las circunstancias externas y la imaginería, y según las diferencias de conocimiento y cultivo de la mente. Todo lenguaje es simbólico, en la medida en que se aplica a los fenómenos mentales y espirituales y a la acción. Todas las **palabras** tienen, en primer lugar, un sentido **material**, por más que después adquieran, para el ignorante, un **sinsentido** espiritual. "Retraerse", por ejemplo, es retroceder, pero aplicado a una afirmación es simbólico, tanto como lo sería la imagen de un brazo echado hacia atrás para expresar lo mismo. La propia palabra "espíritu" significa "aliento", del verbo en latín *spiro*, "respirar".

Presentar un símbolo visible al ojo de otro no necesariamente implica informarle del significado que ese símbolo tiene para ti. De ahí que los filósofos pronto añadieran a los símbolos explicaciones dirigidas al oído, susceptibles de mayor precisión pero menos eficaces e impresionantes que las formas pintadas o esculpidas que se esforzaba por explicar. A partir de estas explicaciones surgieron gradualmente diferentes narraciones, cuyo verdadero objeto y significado fueron

Fragmentos de *Moral y dogma* sobre los tres grados de la masonería ▮▮▮ 231

olvidados poco a poco o se perdieron en contradicciones e incongruencias. Y cuando estas fueron abandonadas y la filosofía recurrió a definiciones y fórmulas, su lenguaje no fue más que un simbolismo más complicado, que intentaba en la oscuridad lidiar con ideas imposibles de ser expresadas o ilustradas. Porque al igual que con el símbolo visible, lo mismo ocurre con la palabra: al pronunciarla para ti, no te informa del significado **exacto** que tiene para **mí**, y así la religión y la filosofía se convirtieron en buena medida en disputas sobre el significado de las palabras. La expresión más abstracta de la DEIDAD que el lenguaje puede proporcionar, no es más que un signo o símbolo de un objeto más allá de nuestra comprensión, y no más veraz y adecuada que las imágenes de OSIRIS y VISHNU o sus nombres, solo que menos sensual y explícita. Evitamos lo sensual recurriendo a la simple negación. Llegamos por fin a definir el espíritu diciendo que no es materia. El espíritu es... espíritu.

Notas

PENETRAR EL MARAVILLOSO MISTERIO: PRÓLOGO A LA EDICIÓN DE 2021

1. John Locke, *Ensayo sobre el entendimiento humano* (1689).
2. Arturo de Hoyos, *Albert Pike's Morals and Dogma: Annotated Edition*, segunda edición (Washington, D.C.: Supreme Council, 33°, 2013), ensayo 2, p. 34.
3. De Hoyos, *Albert Pike's Morals and Dogma*, ensayo 32, p. 81.
4. Arturo de Hoyos, *Albert Pike's Esoterika: The Symbolism of the Blue Degrees of Freemasonry* (Washington, D.C.: Scottish Rite Research Society, 2005, 2008), xxx.
5. De Hoyos, *Albert Pike's Esoterika*, xxxvi.

INTRODUCCIÓN: ¿CUÁL ES EL SECRETO DE LA MASONERÍA?

1. John Anthony West, prólogo para *The Return of Sacred Architecture: The Golden Ratio and the End of Modernism*, de Herbert Bangs (Rochester, Vermont: Inner Traditions, 2007), x.

2. EL TEMPLO DE SALOMÓN Y LA LEYENDA DE HIRAM ABIFF

1. John Michell, *The Temple at Jerusalem: A Revelation* (York Beach, Maine: Samuel Weiser, Inc., 2000), 46.
2. Michell, *The Temple at Jerusalem*, 60.

3. Flavio Josefo, *Antigüedades de los judíos*, (California, BN Publishing, 2012), y en *The Works of Flavius Josephus*, vol. 1, trad. William Whiston (Londres: Chatto & Windus, 1897), 329.

4. Edward Rice, *Captain Sir Richard Francis Burton: The Secret Agent Who Made the Pilgrimage to Mecca, Discovered the Kama Sutra*, and *Brought the Arabian Nights to the West* (New York: Charles Scribner's Sons, 1990), 462–63. [*El capitán Richard F. Burton*, Madrid: Siruela, 2024].

5. Rice, *Captain Sir Richar Francis Burton*, 160.

6. Frances A. Yates, *La tradición hermética y Giordano Bruno* (Barcelona: Easmus Ediciones, 2023).

7. Gershom Scholem, *La cábala y su simbolismo* (Madrid: Siglo XXI, España Editores, 2009).

8. Scholem, *La cábala y su simbolismo*.

9. Scholem, *La cábala y su simbolismo*.

10. Scholem, *La cábala y su simbolismo*.

11. Scholem, *La cábala y su simbolismo*.

12. A. E. Waite, *Nueva Enciclopedia de la Francmasonería*, (Barcelona: Ediciones Obelisco S.L., 2018).

3. INICIACIÓN MASÓNICA Y LA LOGIA AZUL

1. Joscelyn Godwin, *The Pagan Dream of the Renaissance* (Grand Rapids, Michigan: Phanes Press, 2002), 85.

2. Albert G. Mackey, *Enciclopedia de la Francmasonería* (Buenos Aires: Ediciones Masónicas, Argentina, 2021).

3. Andre Nataf, *The Wordsworth Dictionary of the Occult* (Hertfordshire, Reino Unido: Wordsworth Editions, 1991), 67.

4. Waite, *Nueva Enciclopedia de la Francmasonería*.

4. LA VISIÓN DEL MUNDO EN EL RENACIMIENTO: EL MUNDO ESTÁ VIVO, Y LA MAGIA ESTÁ EN MARCHA

1. Cita de Jolande Jacobi en *Textos esenciales de Paracelso*, (Madrid, Siruela, 2001).

2. Mark Stavish, "Modern Shamanic and Hermetic Practices," en la página web www.hermetinstitute.org.

3. Cita de *Tipos psicológicos Vol. 6 Obra Completa*, Carl Jung (Madrid: Editorial Trotta, 2021).

4. Mark Stavish, "Wisdom's Bliss: Developing Compassion in Western Esotericism", en la página web www.hermeticinstitute.org.

5. Valerie Flint, *The Rise of Magic in Early Medieval Europe* (Princeton, New Jersey: Princeton University Press, 1991).

6. Caitlin y John Matthews, *The Western Way: A Practical Guide to the Western Mystery Tradition* (Londres: Arkana/Penguin Books, 1986), 290.

7. Matthews, *The Western Way*, 294.

8. Peter Dawkins, *Arcadia*, 5 vol. (Stratford-upon-Avon: Francis Bacon Research Trust, 1988).

9. Véase Noel Cobb, *Prospero's Island: The Secret Alchemy at the Heart of the Tempest* (Londres: Coventure, 1984).

5. GEOMETRÍA SAGRADA, CATEDRALES GÓTICAS Y ARTES HERMÉTICAS EN PIEDRA

1. Titus Burckhardt, *Sacred Art in East and West* (Louisville, Kentucky: Fons Vitae, 2002), 61.

2. Arthur Edward Waite, trad., *The Hermetic and Alchemical Writings of Paracelsus the Great* (Londres: James Elliott, 1894), 138, 140.

3. Heinrich Cornelius Agripa, *Filolosofía oculta*, (Chula Vista, California: Ediciones Salomón, 2023).

4. Véase Andre Vandenbroeck, *Al-Kemi: A Memoir: Hermetic, Occult, Political, and Private Aspects of R. A. Schwaller de Lubicz* (Great Barrington, Massachusetts: Lindisfarne Press, 1987), y Geneviève Dubois, *Fulcanelli and the Alchemical Revival: The Man behind the Mystery of the Cathedrals* (Rochester, Vermont: Inner Traditions, 2006).

5. Fulcanelli, *El misterio de las catedrales* (Madrid: Editorial Nous, 2018).

6. Frater Achad, *The Egyptian Revival; or, The Ever-Coming Son in the Light of the Tarot* (York Beach, Maine: Weiser, 1974), capítulo 8.

7. Frances Yates, *La filosofía oculta en la época isabelina* (México, D.F.: Fondo de Cultura Económica, 1982).

8. Edmund Spenser, *La reina de las hadas* (Los Angeles, California: Createspace Independent Publishing Platform, 2015), Libro 2, canto 9, estrofa 22.

9. Claude Lecouteux, *Witches, Werewolves, and Fairies: Shapeshifters and Astral Doubles in the Middle Ages* (Rochester, Vermont: Inner Traditions, 2003), vii–viii.

10. D. Michael Quinn, *Early Mormonism and the Magic World View* (Salt Lake City, Utah: Signature Books, 1998).

11. Agripa, *La filosofía oculta o las ceremonias mágicas (Libro IV)* (Luis Carcamo Editor, 2002).

12. Michell, *Temple at Jerusalem*, 11.

13. Agripa, *La filosofia oculta*.

14. Charles T. McClenachan, *The Book of the Ancient and Accepted Scottish Rite of Freemasonry* (Nueva York: Masonic Publishing Co., 1884), 412–13.

6. LA PALABRA PERDIDA Y LA BÚSQUEDA MASÓNICA

1. Charles T. McClenachan, *The Book of the Ancient and Accepted Scottish Rite of Freemasonry* (Nueva York: Masonic Publishing Co., 1884), 186.

2. Johann Reuchlin, *On the Art of the Kabbalah*, trad. Martin y Sarah Goodman (Lincoln: University of Nebraska Press, 1983), xix.

3. Scholem, *La cábala y su simbolismo*.

4. Christopher McIntosh, *Los Rosacruces: Historia, mitología y rituales de una orden oculta* (Madrid: Edaf, colec. *La Tabla de Esmeralda*, 1988).

5. Albert Mackey, *Simbolismo de la masonería* (Barcelona, Ediciones Obelisco S.L., 2019).

6. Mackey, *Enciclopedia de la Francmasonería*.

7. Pike, 697.

8. Mackey, *Enciclopedia de la Francmasonería*.

9. Jean Dubuis, *The Fundamentals of Esotericism*, Philosophers of Nature, libro 1, trad. Brigitte Donvez (Wheaton, Illinois: Triad Publishing, 2000), 10–11.

7. EL RITO ESCOCÉS Y EL SURGIMIENTO DE LA MASONERÍA ESOTÉRICA

1. Mackey, *Enciclopedia de la Francmasonería*.

2. Mackey, *Enciclopedia de la Francmasonería*.

3. Albert Pike, *Moral y dogma del Rito Escocés Antiguo y Aceptado de la masonería*.

236 ▎■▎ Notas

4. Eliphas Levi, citado por Jean Dubuis en *Qabala*, *Philosophers of Nature*, libro 4, trad. Brigitte Donvez (Wheaton, Illinois: Triad Publishing, 2000), lección 61, p. 4.
5. Michel Caron y Serge Hutin, *The Alchemists*, trad. Helen R. Lane (Nueva York: Grove Press, 1961), 163–64.
6. Dubuis, *Qabala*, lección 60, 2.
7. Bernard Haisch, *La teoría de Dios* (Madrid: Gaia Ediciones, 2007).
8. Haisch, *La teoría de Dios*.

8. LA MASONERÍA OCULTA EN EL SIGLO XVIII

1. Manly P. Hall, *El enigma de los rosacruces* (Buenos Aires: Editorial Kier, 1962).
2. *Masonería egipcia del conde de Cagliostro* (Oviedo: Editorial Masónica, 2024).
3. *Masonería egipcia del conde de Cagliostro*.
4. Jean Dubuis, *Mineral Alchemy*, *Philosophers of Nature*, libro 3, trad. Brigitte Donvez (Wheaton, Illinois: Triad Publishing, 1987), lección 30.
5. *Codex Rosae Crucis D.O.M.A.*, con comentario de Manly P. Hall (Los Angeles: Philosophical Research Society); *Cosmology*, de Franz Hartman (Pomeroy, Washington: Health Research; con láminas a color); y *Secret Symbols of the Rosicrucians of the 16th and 17th Centuries* (San Jose: Rosicrucian Order/AMORC).
6. Agripa, *La filosofía oculta o las ceremonias mágicas*.
7. Antoine Faivre y Jacob Needleman, eds., *Espiritualidad de los movimientos esotéricos modernos* (Barcelona: Ediciones Paidós, 2000).
8. Waite, *Nueva Enciclopedia de la Francmasonería*.
9. McClenachan, *Book of the Ancient and Accepted Scottish Rite*, 400.
10. Antoine-Joseph Pernety, *An Alchemical Treatise on the Great Art*, prólogo de Todd Pratum (York Beach, Maine: Weiser, 1995), 127.

9. EL RITO DE YORK Y LA SUPERVIVENCIA DE LOS CABALLEROS TEMPLARIOS

1. Gustav Davidson, *A Dictionary of Angels, Including the Fallen Angels* (Nueva York: Free Press, 1971; orig. pub. 1967), 106.
2. D. Michael Quinn, *Early Mormonism and the Magic World View*, 21.

Bibliografía

Abbé, N. de Montfaucon de Villars. *Comte de Gabalis*. Paterson, New Jersey: The Brothers, 1914.

Achad, Frater. *The Egyptian Revival; or, The Ever-Coming Son in the Light of the Tarot*. Nueva York: Weiser, 1974.

Agripa, Cornelius. *La filosofía oculta o las ceremonias mágicas (Libro IV)*. Luis Carcamo, editor, 2002.

Agripa, Heinrich Cornelius. *La filosofía oculta*, Chula Vista, California: Ediciones Salomón, 2023.

Anónimo. *Los símbolos secretos de los rosacruces: de los siglos XVI y XVII.* Barcelona Ediciones Rosacruces, 2023.

Aveni, Anthony. *Behind the Crystal Ball: Magic, Science, and the Occult from Antiquity through the New Age*. Boulder: University Press of Colorado, 1996.

Baigent, Michael y Richard Leigh. *The Temple and the Lodge*. Arcade Publishing, 2011.

Beresniak, Daniel. *Symbols of Freemasonry*. Editions Assouline, 1997.

Berman, Ric. *Schism: The Battle That Forged Freemasonry*. Sussex Academic Press, 2013

Birch, Una. *Secret Societies: Illuminati, Freemasons and the French Revolution*. Editado por James Wasserman. Newburyport, Massachusetts: Ibis Press, 2007.

Burckhardt, Titus. *Sacred Art in East and West*. Fons Vitae, 2002.

Burman, Edward. *The Templars: Knights of God*. Rochester, Vermont: Destiny Books, 1986.

Caron, Michel, y Serge Hutin. *The Alchemists*. Traducción de Helen R. Lane. Nueva York: Grove Press, 1961.

Bibliografía

Churchward, Albert. *The Arcana of Freemasonry: A History of Masonic Signs and Symbols*. Nueva York: Red Wheel/Weiser, 2005; orig. pub. 1915.

Churton, Tobias. *Gnostic Philosophy: From Ancient Persia to Modern Times*. Rochester, Vermont: Inner Traditions, 2005.

———. *The Golden Builders: Alchemists, Rosicrucians, and the First Freemasons*. Nueva York: Red Wheel/Weiser, 2005.

———. *The Magus of Freemasonry: The Mysterious Life of Elias Ashmole-Scientist, Alchemist, and Founder of the Royal Society*. Rochester, Vermont: Inner Traditions, 2006.

Cobb, Noel. *Prospero's Island: The Secret Alchemy at the Heart of the Tempest*. Londres: Coventure, 1984.

Collins, Andrew. *From the Ashes of Angels: The Forbidden Legacy of a Fallen Race*. Rochester, Vermont: Bear & Co., 1996.

Cooper-Oakley, Isabel. *El conde de Saint Germain*. Cuernavaca, Morya Ediciones, 1970.

Couliano, Ioan P. *Eros y magia en el Renacimiento*. Madrid: Siruela, 1999.

Davidson, Gustav. *A Dictionary of Angels, Including the Fallen Angels*. Free Press, 1971; orig. pub. 1967.

Dawkins, Peter. *Arcadia*. 5 vols. Francis Bacon Research Trust, 1988.

———. *A Commentary on the Great Instauration: The Universal and General Reformation of the Whole Wide World through the Renewal of All Arts and Sciences*. Francis Bacon Research Trust, 1983.

Day, Christopher. *Places of the Soul: Architecture and Environmental Design as a Healing Art*. Aquarian Press, 1990.

De Hoyos, Arturo. *Albert Pike's Morals and Dogma: Annotated Edition*, segunda edición. Supreme Council, 33°, 2013.

———. *Esoterika de Albert Pike: El simbolismo de los Grados Azules de la Masonería*. Westphalia Press, 2023.

Dubois, Geneviève. *Fulcanelli and the Alchemical Revival: The Man behind the Mystery of the Cathedrals*. Rochester, Vermont: Inner Traditions, 2006.

Dubuis, Jean. *Mineral Alchemy. Philosophers of Nature*, libro 3. Traducido por Brigitte Donvez. Triad Publishing, 1987.

———. *Qabala. Philosophers of Nature*, libro 4. Traducido por Brigitte Donvez. Triad Publishing, 2000.

———. *Spagyrics. A Practical Course in Plant Alchemy* (2 vols.). Traducido por Brigitte Donvez. Triad Publishing, 1987.

———. *The Fundamentals of Esoteric Knowledge. Philosophers of Nature*, libro 1. Traducido por Brigitte Donvez. Triad Publishing, 2000.

DuQuette, Lon Milo. *The Key to Solomon's Key: Secrets of Magic and Masonry.* CCC Publishing, 2006.

Faivre, Antoine. *Access to Western Esotericism*. Nueva York: State University of New York, 1994.

Faivre, Antoine y Jacob Needleman, *Espiritualidad de los movimientos esotéricos modernos*. Barcelona: Ediciones Paidós, 2000.

Fix, William. *Lake of Memory Rising: Return of the Five Ancient Truths at the Heart of Religion*. Council Oak Books, 2000.

Fleming, John V. *The Dark Side of the Enlightenment: Wizards, Alchemists, and Spiritual Seekers in the Age of Reason*. Norton, 2013.

Flint, Valerie. *The Rise of Magic in Early Medieval Europe*. New Jersey: Princeton University Press, 1991.

Fulcanelli. *El misterio de las catedrales*. Traducido por Rosa Sinespina. Editorial Nous, 2018.

———. *Las moradas filosofales*. Traducido por Núria Gracia i Amat. Sincronía JNG Editorial, S.L., 2017.

Fuller, Jean Overton. *The Comte De Saint-Germain: Last Scion of the House of Rakoczy*. East–West Publications, 1988.

Gelb, Michael J. *Atrévase a pensar como Leonardo Da Vinci*. Punto de lectura, 2000.

Godwin, Joscelyn. *The Pagan Dream of the Renaissance*. Phanes Press, 2002.

———. *The Theosophical Enlightenment*. Nueva York: State University of New York, 1994.

Grand Lodge of California. *California Cipher: A Valuable Aid to Memory*. F & A. M., 1990.

Guénon, René. *Consideraciones sobre la Iniciación*. A. C. Pardes, 2014.

Haisch, Bernard. *La teoría de Dios: Universos, campos de punto cero y qué hay detrás de todo ello*. Gaia Ediciones, 2007.

Hall, Manly P. *Claves perdidas de la masonería*. Santiago de Cuba: Editorial Oriente, 2009.

———. *Codex Rosae Crucis D.O.M.A.* Los Angeles: Philosophical Research Society, 1938.

240 ▮▮▮ Bibliografía

———. *El enigma de los rosacruces.* Buenos Aires: Editorial Kier, 1962.

———. *Freemasonry of the Ancient Egyptians.* Los Angeles: Philosophical Research Society, 1937.

———. *Masonic Orders of Fraternity.* Los Angeles: Philosophical Research Society, 1950.

———. *The Most Holy Trinosophia of the Comte de St. Germain.* The Phoenix Press, Los Angeles, California, 1933.

Hartmann, Franz. *Cosmology.* Health Research, 1969.

Howe, James Robinson. *Marlowe, Tamburlaine and Magic.* Ohio University Press, 1976.

Hutchens, Rex. *A Glossary to Morals and Dogma.* Supreme Council, Ancient and Accepted Scottish Rite of Freemasonry, Southern Jurisdiction of the United States of America, 1993.

Jacobi, Jolande. *Textos esenciales de Paracelso.* Madrid: Siruela, 2001.

Jacobs, Margaret C. *The Origins of Freemasonry: Facts and Fictions.* University of Pennsylvania Press, 2006.

Jameux, Charles B. *Memory Palaces and Masonic Lodges: Esoteric Secrets of the Art of Memory.* Rochester, Vermont: Inner Traditions, 2019.

Josefo, Flavio, *Antigüedades de los Judíos.* California BN Publishing, 2012.

Jung, Carl. *Tipos psicológicos* Vol. 6 *Obra Completa de C.G Jung.* Madrid: Editorial Trotta, 2021.

Kernan, Alvin, ed. *Two Renaissance Mythmakers: Christopher Marlowe and Ben Jonson.* Baltimore: Johns Hopkins University Press, 1977.

Kristeller, Paul Oskar. *Renaissance Thought and Its Sources.* Nueva York: Columbia University Press, 1979.

Lawlor, Robert. *Geometría sagrada: Filosofía y práctica.* Madrid: Debate, 1996.

Leadbeater, C. W. *Antiguos ritos místicos.* Abraxas Press, 2000.

Lecouteux, Claude. *Witches, Werewolves and Fairies: Shapeshifters and Astral Doubles in the Middle Ages.* Rochester, Vermont: Inner Traditions, 2003.

Line, Jill. *Shakespeare and the Ideal of Love.* Rochester, Vermont: Inner Traditions, 2006.

Lomas, Robert. *El colegio invisible: El papel de la masonería en el nacimiento de la ciencia moderna.* México: Grijalbo, 2003.

———. *Turning the Hiram Key: Rituals of Freemasonry Revealed.* Fair Winds Press, 2005.

Mackey, Albert. *Enciclopedia de la Francmasonería*. Buenos Aires: Ediciones Masónicas Argentina, 2021.

———. *Cathedral of the Black Madonna: The Druids and the Mysteries of Chartres*. Rochester, Vermont: Inner Traditions, 2004.

Marshall, Peter. *The Magic Circle of Rudolf II: Alchemy and Astrology in Renaissance Prague*. Walker & Company, 2006.

Matthews, Caitlin y John. *The Western Way: A Practical Guide to the Western Mystery Tradition*. Arkana/Penguin Books, 1986.

McCalman, Iain. *Cagliostro: El último alquimista*. Editorial Crítica, 2004.

McClenachan, Charles T. *The Book of the Ancient and Accepted Scottish Rite of Freemasonry*. Masonic Publishing Co., 1884.

McIntosh, Christopher. *Eliphas Levi and the French Occult Revival*. Nueva York: Weiser, 1972.

———. *Los Rosacruces: Historia, mitología y rituales de una orden oculta*. La Tabla de Esmeralda, 1988.

———. *The Rose Cross and the Age of Reason: Eighteenth-Century Rosicrucianism in Central Europe and Its Relationship to the Enlightenment*. E. J. Brill, 1992.

McLean, Adam, ed. *A Compendium on the Rosicrucian Vault*. Hermetic Research Series, 1985.

Mebane, John S. *Renaissance Magic and the Return of the Golden Age: The Occult Traditions and Marlowe, Jonson, and Shakespeare*. University of Nebraska Press, 1992.

Michell, John. *The Temple at Jerusalem: A Revelation*. Nueva York: Samuel Weiser, Inc.: 2000.

Moore, Thomas. *The Planets Within: The Astrological Psychology of Marsilio Ficino*. Lindisfarne Press, 1993.

Murphy, Christopher, y Shawn Eyer, eds. *Exploring Early Grand Lodge Freemasonry: Studies in Honor of the Tricentennial of the Establishment of the Grand Lodge of England*. Plumbstone, 2017.

Nataf, Andre. *The Wordsworth Dictionary of the Occult*. Wordsworth Editions, 1991.

Naudon, Paul. *The Secret History of Freemasonry: Its Origins and Connection to the Knights Templar*. Rochester, Vermont: Inner Traditions, 2005.

Naydler, Jeremy. *Temple of the Cosmos: The Ancient Egyptian Experience of the Sacred*. Rochester, Vermont: Inner Traditions, 1996.

Ophiel. *El arte y la práctica de la visualización creativa*. Mirach, S.L., 2014.

Parker, Geoffrey, *La guerra de los treinta años*. A. Machado Libros S. A., 2014.

Partner, Peter. *The Knights Templar and Their Myth*. Rochester, Vermont: Destiny Books, 1990.

Patai, Raphael. *The Hebrew Goddess*. Wayne State University Press, 1990; orig. pub. 1967.

Pike, Albert. *Moral y dogma del Rito Escocés Antiguo y Aceptado de la Masonería*. Ediciones varias, publicación original 1871.

Pincus-Witten, Robert. *Occult Symbolism in France*. Garland Publishing, 1976.

Purce, Jill. *The Mystic Spiral: Journey of the Soul*. Londres: Thames and Hudson, 1980.

Quinn, D. Michael. *Early Mormonism and the Magic World View*. Signature Books, 1998.

Reuchlin, Johann. *On the Art of the Kabbalah*. Traducción de Martin y Sarah Goodman. University of Nebraska Press, 1983.

Rice, Edward. *El capitán Richard F. Burton (El ojo del tiempo)*. Siruela, 2009.

Ridley, Jasper. *The Freemasons: A History of the World's Most Powerful Secret Society*. Arcade Publishing, 2011.

Saint-Martin, Louis Claude de. *Theosophic Correspondence 1792–1797*. Traducción de Edward Burton Penny. Theosophical University Press, 1982.

Scholem, Gershom. *La cábala y su simbolismo*. Madrid: Siglo XXI, España Editores, 2009.

Schuchard, Marsha Keith. *Restoring the Temple of Vision: Cabalistic Freemasonry and Stuart Culture*. Brill, 2002.

Schwaller de Lubicz, R. A. *The Temple of Man. Rochester,* Vermont: Inner Traditions, 1998.

Seligmann, Kurt. *The History of Magic and the Occult*. Gramercy Books, 1997.

Seznec, Jean. *The Survival of the Pagan Gods: The Mythological Tradition and Its Place in Renaissance Humanism and Art*. New Jersey: Princeton University Press, 1995; orig. pub. 1940.

Shesso, Renna. *Math for Mystics: From the Fibonacci Sequence to Luna's Labyrinth to the Golden Section and Other Secrets of Sacred Geometry*. Nueva York: Red Wheel/Weiser, 2007.

Sitwell, Sacheverell. *Gothic Europe*. Holt, Rinehart, and Winston, 1969.

Smoley, Richard y Jay Kinney. *Hidden Wisdom: A Guide to the Western Inner Traditions*. Wheaton, Illinois: Quest Books, 2006.

Stoddard, Whitney S. *Art and Architecture in Medieval France*. Nueva York: Icon, 1972.

Tourniac, Jean. P*rincipes et problèmes spirituels du rite écossais rectifié et de sa chevalerie templière* [Principios y problemas espirituales del Rito Escocés Rectificado]. París: Dervy, 1969.

Trowbridge, W. R. H. Cagliostro: *The Splendour and Misery of a Master of Magic*. Boston: E. P. Dutton & Co., 1910.

Vandenbroeck, Andre. *Al-Kemi: A Memoir: Hermetic, Occult, Political, and Private Aspects of R. A. Schwaller de Lubicz*. Stockbridge, Massachusetts: Lindisfarne Press, 1987.

Waite, Arthur Edward. *Nueva Enciclopedia de Francmasonería*. Barcelona: Ediciones Obelisco S.L., 2018.

———. *The Brotherhood of the Rosy Cross*. University Books, 1973.

———. Trad. *The Hermetic and Alchemical Writings of Paracelsus the Great*. Londres: James Elliott, 1894.

———. *The Unknown Philosopher: Louis Claude de St. Martin*. Hudson, Nueva York: SteinerBooks, 1987; orig. pub. 1901.

Wallace-Murphy, Tim y Marilyn Hopkins. *Templarios en América: De las cruzadas al nuevo mundo*. Ediciones Obelisco, 2008.

Wasserman, James. *An Illustrated History of the Knights Templar*. Rochester, Vermont: Inner Traditions, 2006.

———. *The Templars and the Assassins: The Militia of Heaven*. Rochester, Vermont: Inner Traditions, 2001.

White, Michael. *The Pope and the Heretic: The True Story of Giordano Bruno, the Man Who Dared to Defy the Roman Inquisition*. Nueva York: William Morrow, 2002.

Wilson, Colin. *Lo oculto*. Arkano Books, 2006.

Wilmhurst, W. L. *El significado de la masonerí*a. Ediciones varias, publicación original, 1922.

Wittemans, Fr. *A New and Authentic History of the Rosicrucians*. Londres: Rider and Company, 1938.

Wolf, Fred Alan. *The Spiritual Universe: One Physicist's Vision of Spirit, Soul, Matter, and Self.* Portsmouth, New Hampshire: Moment Point Press, 1999.

Yates, Frances A. *El arte de la memoria*. Madrid: Siruela, 2011.

———. *El iluminismo rosacruz*. Madrid: Siruela, 2018.

———. *La filosofía oculta en la época isabelina*. México D.F.: Fondo de Cultura Económica, 1982.

———. *La tradición hermética y Giordano Bruno*. Erasmus Ediciones, 2023.

Índice analítico

Abiff, Hiram. *Ver* Hiram Abiff

Academia de Conocimiento Masónico, 201

Academia de los Verdaderos Masones, 160

actitud, 60, 127–28

Agripa, Heinrich Cornelius, 73, 93–94, 102–4

alfabeto enoquiano, 171

alquimia

    arte real y, 138–42

    estudio de, 19

    femenina, 43–45, 95

    masonería y, 138–39

    métodos operativos de, 17

Anderson, James, 20–21

Andreae, Johann Valentin, 151

ángeles, 83–84, 156, 162, 169

anima mundi, 44

Antigua y Mística Orden de la Rosa Cruz (AMORC), 190–91, 195–96

Antiguos, Gran Logia de los, 25–26

Antiguos y Modernos, 25–26

Apple Tree, taberna, 19–20

aprendiz. *Ver también* grados

acerca de, 59

asistir a las logias, 64

el punto dentro del círculo y, 223–24

exposición a la luz, 60

herramientas de trabajo del, 61–62, 224

ilustración de grado, 63

joyas inamovibles y móviles y, 223

Logia Azul y, 58–59

mandil y, 61–62, 222

Moral y dogma y, 227–28

ornamentos de la logia y, 222–23

puerta de iniciación, 59–64

romper juramentos y, 60–61

santos Juanes y, 223

símbolos, 222–24

tabla de caballete, 63

velas encendidas y, 223

venda para los ojos, 60

vestimenta, 59–60

Aprendizaje Experimental Físico-Matemático, Colegio para la Promoción del, 16

Árbol de la Vida, 47–48, 59, 112, 205

Arcana Arcanorum ("Secreto de los Secretos"), 156–57

246 ▮▮▮ Índice analítico

aritmética, 65, 169

arquitectura

como música congelada, 110

en el mundo moderno, 31–32

espiritualidad en la, 205

gótica, 94, 208

griega, 208

principios esenciales de, 209

Renacimiento, 208–10, 213–14

sagrada, 91–92, 213

simbolismo y, 5

templo egipcio, 95

Asera, 45

Ashmole, Elias, 16–18, 28, 150, 171

astrología

cartas natales y, 83

estudio de, 19

métodos operativos de, 17–18

simbolismo azul y, 59

astronomía, 66, 85, 169

atuendo para ritual, 101

Bacon, Francis, 16, 18–19, 148–49

Bernardo de Claraval, san, 92

Besant, Annie, 184–87

Blavatsky, Helena Petrovna, 185–87

Bodas alquímicas, 151

Burckhardt, Titus, 92

Burton, *sir* Richard Francis, 39

cábala

acerca de, 111–13

Árbol de la Vida, 47–48, 59, 112, 205

escritura mágica, 113

escuelas españolas de, 112

estudio de, 19

gematría, *notarikon, temura,* 106

permiso, 183

práctica, 112–16

relación alfanumérica, 98

Reuchlin y, 113–15

vínculo masónico con, 36, 124

"cábala cristiana", 114

Caballero del Sol, 105, 161, 162

Caballeros Templarios

acerca de, 173–77

caída de, 174–77

cargos, juicios e interrogatorios, 176

descubriendo los secretos del Templo, 104

Edad Media y, 37

en el Rito Masón de York, 177

gremio masónico y, 14–15

ocultismo y, 177–79

origen de, 173–79

OTO y, 194–96

Rito de la Estricta Observancia y, 177–79

Cagliostro, Alessandro di, 154–56, 158, 192

Cámara de Reflexión

aislamiento y, 54–56

definición, 53–55

muerte y, 56

objetos, 55–56

propósito de, 53–55

símbolos, 53–56

ubicación de, 54

Canning, Charles S., 204–6

Capítulo Rosacruz, 134

caridad, 7, 24–25, 62, 72, 199

Caron, Michel, 140

cartas natales, 83

Índice analítico ▮▮▮ 247

catedrales góticas
    características arquitectónicas,
        94–95
    cristianismo y, 95–96
    estilo, 91–92
    iconografía de, 3, 27
    Marcas de Masón y, 214
    Notre Dame, 94–95
    "Nuestra Señora" y, 95
    ventanas de Chartres, 94
Chartres, 94
Cinco Puntos de la Hermandad, 73, 104
Clavicula Salomonis, 42–43
"código secreto", 12–13
codos, 33
Compañero. *Ver también* grados
    acerca de, 64
    artes y ciencias liberales y, 65–66,
        225
    Cámara Media y, 64–66, 225
    escalera de caracol y, 66–67, 224
    herramientas de, 66, 68
    ilustración de grado, 65
    Logia Azul y, 58–59
    los dos pilares y, 224
    Moral y dogma y, 229–30
    salarios para, 225
    símbolos, 224
    tabla de caballete, 67
    tiempo de, 66
compás, 23, 24, 225
conocimiento
    desarrollo personal a través del,
        26–27
    hermético, 105–6
    matemáticas y, 15

saber divino, humano y natural, 19
    transmisión de, 13–14
    unificado, teoría de, 100
conocimiento hermético, 105–6
Consejo de Kadosh, 134
Consejo de Príncipes de Jerusalén, 134
Consistorio de Príncipes del Real
    Secreto, 134, 135
Constituciones de los masones, Las, xi
Constituciones Góticas, x, 20
Constituciones, Libro de las (Anderson),
    20–22, 25–26, 105–6
Coulomb, Emma, 186, 187
Crowley, Aleister, 194–96
cuadragésimo séptimo problema de
    Euclides, el, 105–7

Davidson, Gustav, 169
Da Vinci, Leonardo, 84
De Cathewik, Hugh, 211–12
Dee, John, 84–86, 150–51
Desaguliers, John T., 16
descentralización centralizada, 6
druidismo, 210
Dubuis, Jean, 125–26

egipcios, 39, 82, 91, 115, 122–23
Einstein, Albert, 92
Elus Cohen
    acerca de, 151–52
    elementos de, 153–54
    fenómenos psíquicos y, 152–53
    grados, 152–54
    siete poderes angelicales principales
        y, 156
    visión del mundo material, 153

248 ■I■I Índice analítico

energía de punto cero, 141
escritura mágica, 113
"escritura ocular", 113
escrituras herméticas, 158–59
escuadra, 23, 24, 66, 68, 224
espátula, 69, 71, 226
espiritualidad, 182–83, 205–6
Estrella de David, 43
Estrella Flamígera, 58, 73, 104
estupas, 103
"experimentos enoquianos", 17

filosofía griega, 208
Flint, Valerie, 210
Fludd, Robert, 117–18
Fulcanelli, 3, 94–95, 98

G, letra, 91
gemas, 41
gematría, 106
"genio de la masonería", 83, 96
geometría
 arte de, 208–9
 como clave del arte y la ciencia, 106
 como femenina, 44
 como "reina de la ciencia", 65–66
 como sólidos platónicos, 99–100
 cuadragésimo séptimo problema de
  Euclides y, 105–7
 de templos paganos, 209–10
 dominio de la proporción, 209
 expresión personificada de, 96
 "Hijo de la viuda" y, 214–18
 importancia de, 96–97
 masonería y, 15, 207–21
 sagrada, 96–108, 207–21
 significado de, 91
 triángulos pitagóricos y, 210–12

Giorgi, Francesco, 100
Godwin, Joscelyn, 54–55
grados. *Ver también* grados específicos
 caballerescos, 172–73
 crípticos, 169–72
 Elus Cohen, 151–54
 jurisdicciones y, 6
 Real Arco, del, 168–69
 Rito Escocés y, 134–35
 templarios, 177
gramática, 65
Gran Arquitecto del Universo, 21, 23,
 27, 71, 102, 120–21, 122
grandes logias, xi, 22, 25, 168, 202–3
Gran Logia de Francia, 152, 155, 159–60
Gran Logia de Inglaterra
 como primera gran logia, 19–20
 formación de, 15, 98–99, 159
 primer Gran Maestro y, 20
 vestimenta especial y, 102
Gran Logia de Pensilvania, 201
Gran Logia Unida de Inglaterra, 26
"Gran Símbolo de Salomón", 162
gremios, 13–14, 26, 91, 213, 222

Haisch, Bernard, 141–42
Hall, Manly P., 146
Hermes el Tres Veces Grande, 158, 159,
 170–71
hermetismo, 14, 27, 142, 158–61, 205
hexagrama, 42–43, 161–62
"Hijo de la viuda", 214–18. *Ver también*
 geometría
Hiram Abiff
 acerca de, 45–48
 como arquitecto del Templo, 44
 como símbolo, 13

Índice analítico ▮ 249

Hiram el constructor y, 47–48
Hiram rey de Tiro y, 46
Hutin, Serge, 140

Iglesia católica romana, 21–22, 80, 87, 145
Ilustración Rosacruz, 14
Ilustre Orden de la Cruz Roja, 173
imaginación, 54–55, 78, 92–93
iniciación
    acerca de, 24
    aprendiz, 59–64
    Cámara de Reflexión y, 53–56
    cambio a través de la experiencia de, 53
    compañero, 64–68
    definición, 52–53
    diferencias de, 22–23
    divina, 52–53
    imágenes, sonidos y acciones de, 93
    Maestro Masón, 68–71
    símbolos de, 53, 101
    venda para ojos en, 60, 110–11
insignias, 101

Jaquín y Boaz, 35–36, 38, 47, 224
jurisdicciones, xv, 2, 6, 7, 23, 51, 61, 167

Kelley, Edward, 84–86

Leadbeater, Charles Webster, 185
Lecouteux, Claude, 98–99
Le Droit Humain, orden, 202
"lenguaje verde", 123
Levi, Eliphas, 139–41, 162, 187–88
Lilly, William, 17

Logia Azul, 58–59, 152
logias
    cantidad de membresías y, xv
    como templos, 1
    definición, x
    de Investigación, 201
    del Colegio de Ritos, 201
    de la Observancia Tradicional, 201–2
    simbolismo geográfico de, 35
    Templo de Salomón y, 35–36
    ubicación dentro de las, 35
Logias de Perfección, 134
logias operativas, 15
lógica, 65, 168, 208
luz, ix–x, 6–8, 56, 59, 60
Luz Interior, Fraternidad de la, 193

Mackey, Albert, 23, 55, 118–20, 138–39, 158
Maestro Masón. *Ver también* grados
    acerca de, 68–70
    confianza en Dios, 69
    en el mundo, 71–72
    escuadra y compás y, 225
    herramientas de trabajo de, 69, 71, 226
    ilustración de grado, 68–69
    iniciación, 68–69
    las tres luces y, 226
    Logia Azul y, 58–59
    Moral y dogma y, 230–31
    Palabra Sustituta, 119
    pilares de la vida, 69
    Rito Egipcio, 156
    símbolos, 225–26
    tabla de caballete, 70

Índice analítico

Maestro Real, 170

Maestro Selecto, 170

magia. *Ver también* cábala

    angelical, 83–86

    como ceremonia sagrada, 80

    como expresión del macrocosmos, 81

    diferencias entre misticismo y, 115–17

    estudio de la, 17–18

    natural, 82

    practicantes de, 80

magia natural, 82

magia salomónica, 39

magos, 77–80, 93–94

"magos guiados por las estrellas", 81

mallete, 61–62, 224

mandalas, 103

mandil, aprendiz y, 61, 62, 222

mantra yoga, 123–24

Manuscrito Regius, x

Marcas de Masón, 214

Marlowe, Christopher, 99

martinismo, 188–89, 191

masonería. *Ver también* tipos específicos de masonería

    clandestinidad obligada, 22

    como ecléctica, xi

    como el "Arte Real", 138–42

    como la mayor organización fraternal, ix, xvi

    como marcha y lucha hacia la luz, ix–x

    como metáfora de desarrollo personal, 26–27

    construir y, 4–6

    definición, 3

    evolución humana y, 138–42

    filosofía universal, 10

    lecciones universales, 6

    moderna, 199–203

    orígenes de, 10

    secreto de, 1–11

masonería adoptiva, 157–58

masonería caballeresca, 172–73

masonería capitular, 118–19

masonería críptica, 169–72

masonería de alto grado, 154, 159

Masonería de la Observancia Tradicional, 201–2

masonería egipcia, 154–57

masonería especulativa, 14–15, 57, 100, 207–8

masonería mixta

    acerca de, 182–84

    líderes, 184–87

    mujeres y, 184

    orientación esotérica, 202

    rituales, 184–85

masonería operativa, 15, 205, 207, 212–13

masones

    código moral, 24

    en el mundo, 71–72

    especulativos, 13–16, 57, 100, 205, 207–8

    interés/desinterés y, xvi

    operativos, 14–15, 57, 100, 205, 207–8, 213

    superación personal y, 7

    virtudes de los, 7

matemáticas, 15, 65–66, 93, 141

Mathers, Samuel Liddell, 191–94

McClenachan, Charles T., 161–63

McMurtry, Grady, 196

membresía
como herejía, 2, 54
como privilegio, 51–52
cuotas por, 14, 23
disminución de, xv, 200, 202
solicitud de, xv
voluntaria, 203
mil y una noches, Las, 40
misticismo, 40, 115–17, 188, 205.
Ver también cábala
Mitchell, John, 33–34
mónada jeroglífica, La (Dee), 85
Moral y dogma (Pike), xvii, 137–38, 227–31
Moray, Robert, 16
muerte
Cámara de Reflexión y, 54–56
el pequeño yo, 72
misterios de la, 68
soledad como símbolo de, 55
música, 65, 110, 125–26

naturaleza, 19, 80, 81–82, 83
Newton, Joseph Fort, 4
nivel, 66, 68
no masones, lectores de este libro, 10–11
notarikon, 106
Notre Dame, 94–95
"Nuestra Señora", 95

"orden a partir del caos" (*Ordo ab chaos*), 133
Orden Cabalística de la Rosacruz, 189–91
Orden de los Caballeros de Malta, 168, 172–73
Orden de los Caballeros Masones, 151

Orden Hermética de la Aurora Dorada, 164, 191–94
Orden, la
acerca de, xi–xii
aspecto filosófico, reconstrucción, 202–3
aspectos esotéricos, xiv, xv, 8
choque cultural y, 200–201
conducta de los miembros, 20–21
primeras crisis, 25–26
Orden del Templo Oriental (OTO), 195–96

palabra de masón
acerca de, 118–21
como símbolo, 12–13
identificación de, 121
poder creativo de, 121–28
revelación, 119
sílabas, 119–20
palabra, la, 110, 118–29, 206
Palabra Perdida, la
amor, 80, 127, 138
búsqueda de, 71
como la Palabra Verdadera, 111
como Yod Heh Vau Heh (YHVH), 123
encuentro de, 111
escuchar internamente, 121–22
Maestro Masón y, 72, 118–19
masonería críptica y, 169–72
verdad y, 121
Palabra Sustituta, la, 119, 121, 126
Palabra Verdadera, la, 111, 120
Papus, 145, 188–89
Paracelso, 92–93
Pasqually, Martinez de, 145, 151–54

pentagrama, 73, 104, 105, 218

Pernety, Antoine-Joseph, 160–61, 163–64

Picatrix, 40–41

Pike, Albert, ix, xi–xii, xvii, 120, 135–37, 139–40, 142

Pitágoras, 211

plomada, 66, 68

Plummer, George Winslow, 194

Príncipe Adepto, 105, 161

proporción áurea, 213, 215

proporciones, geometría sagrada y, 209, 213

Quinn, D. Michael, 171–72

Ramsay, caballero Andrew Michael, 132, 177

Real Arco, 167–69

Real Sociedad / Royal Society, 16, 18–19, 28, 87–88

"reforma universal", 148

regla, 61–62, 224

reina de las hadas, La, 97–98

Renacimiento
    filosofía, 15
    filósofos antiguos y, 98
    fin del, 87
    formas geométricas y, 103
    magia angelical y, 83–86
    magia natural y, 82–83
    magia y, 77–86
    mente, naturaleza de la, 77

retórica, 65

Reuchlin, Johannes, 113–15

Reuss, Theodor, 195–96

rima, 110

Rito de la Estricta Observancia, 177–79

Rito de York, 159, 167–68, 177

Rito Escocés
    acerca de, 131–33
    Albert Pike y, 135–37
    en el Nuevo Mundo, 132
    en Francia, 153, 159–60
    extensión del, 133
    grados y, 134–35
    Moral y dogma y, 137–38
    Ordo ab chaos, 133

Rito Escocés Rectificado, 179

rituales. *Ver también* iniciación
    como centro de actividades, 51
    como expresiones locales, 6–7
    de avance, 13
    imágenes, sonidos y acciones de, 93
    masonería mixta, 184–85
    primeros relatos de, xi
    raíces de experiencia, 8

rosacruces
    como "fraternidad invisible", 148
    como mito, 146–47
    CRC y, 147, 148, 151
    Fludd, Robert, y, 117–18
    historia, 147–48
    manifiestos, 148, 150
    Masonería de la Estricta Observancia y, 179
    masonería y, 10
    resurgimiento, 187–91

rosacrucismo, 146–51

Rosenkreutz, Christian, 147–48, 151

Índice analítico ▮▮▮ 253

sabiduría, 64–65, 96, 115, 148

Salomón. *Ver también* Templo de Salomón
    adoración del cosmos y, 44
    Asera y, 45
    como mago, 38–41, 83–84
    divinidad femenina y, 44–45
    sobre la construcción del Templo de, 105

Scheffler, Johann (Angelus Silesius), 78–79

Scholem, Gershom, 116

Sefer Yetzirah, 36–37

Sello de Salomón, 43

ser supremo, ix, xv, 3, 11, 21

Shakespeare, William, 99, 128

shekinah, 43–44

siete, número, 156

Sillar Liso, 56

simbolismo masónico, preguntas y respuestas, 9

símbolo de la estrella, 42–43

símbolos, 22–24
    Cámara de Reflexión y, 53–56
    claves para el mejoramiento en, 26–27
    especulación y, 13
    iniciación y, 53, 101
    instrucción masónica a través de, 55–58
    raíces de los, 3

sistemas de arquitectura sagrada, 213

Societas Rosicruciana in Anglia (SRIA), 192–94

sólidos platónicos, 99–100

Spenser, Edmund, 97

Súper Excelente Maestro, 170

"superiores desconocidos", 178

tablas de caballete
    acerca de, 56–58
    bien dibujadas, 60
    ilustradas, 57
    orígenes, 57
    para el grado de Aprendiz, 63
    para el grado de Compañero, 67
    para el grado de Maestro Masón, 70
    templos como representaciones de, 101
    transición a, 57–58
    variaciones de, 222

talismanes, 41–43, 101–2

tapetes, 57–58, 101

templarios. *Ver* Caballeros Templarios

Templo de Salomón
    como revelación divina, 104
    construcción de, 34
    culto al cosmos y, 44
    importancia de, 32–33
    Jaquín y Boaz, 36, 38
    leyes del universo y, 104
    logias masónicas y, 35–36
    Primer Templo, 37, 38
    reconstrucción, 37
    secretos del, 167–68
    shekinah y, 43–44

templos. *Ver también* Templo de Salomón
    como talismanes, 101–2
    egipcios, 14, 91, 96–97
    en la tabla de caballete, 101
    griegos, 208
    interiores, xiv

logias como, 1

masonería operativa y, 205

para estimular la mente subconsciente, 93

temura, 106

teoría del conocimiento unificado, 100

teosofía, 185–87

tetragrámaton, 9, 120

Torre de Babel, 126–27

Tres Grandes Luces, 23

Tres Pequeñas Luces, 23–24

Tríada de Menfis, 122

triángulos pitagóricos, 210–11, 212, 217

vestimenta, 101, 102

"viajeros", 40–41

virtudes, xiii, 7, 24, 111

Volumen de la Ley Sagrada (VLS), 23, 62

Waite, A. E., 3–4, 46, 73, 160–61, 195

West, John Anthony, 5

Westcott, William Wynn, 191–92

Willermoz, Jean-Baptiste, 179

Woodford, A. F. A., 192

Wren, Christopher, 16

Yates, Francis, 77

Yod Heh Vau Heh (YHVH), 114, 123